풀리는 말더듬,
풀리는 인생

풀말

북트리

풀리는 말더듬, 풀리는 인생

초판 1쇄	인쇄 2024년 09월 27일
초판 1쇄	발행 2024년 10월 17일

지은이	풀말

펴낸이	김지홍
디자인	최이서

펴낸곳	도서출판 북트리
주소	서울시 금천구 서부샛길 606 30층
등록	2016년 10월 24일 제2016-000071호
전화	0505-300-3158
팩스	0303-3445-3158
이메일	booktree11@naver.com
홈페이지	www.booktree11.co.kr

값	18,000원
ISBN	979-11-6467-169-4 (03810)

• 이 책은 저작권에 등록된 도서로 저작권법에 따라 무단전재와 복제와 인용을 금지합니다.
• 이 책 내용의 전부 및 일부를 이용하려면 저작권자와 도서출판 북트리의 서면동의를 받아야 합니다.
• 잘못된 책은 구입하신 서점에서 바꾸어 드립니다.

풀리는 말더듬,
풀리는 인생

풀말

북트리

머리말

이 책을 발간하는 우리 모임은 "풀말"이다.

뜻은 풀리는 말더듬 모임이라는 뜻이다. 우리 모임은 대구에서 약 10년 정도의 정기적인 치료를 위한 자조 모임을 가져왔다. 그 어렵다고 하는, 말더듬 극복의 수준까지 도달하는 몇몇 분들을 배출해 냈다. 지금은 대전에서 매월 모임을 하고 있고, 수도권과 대구에서 비정기적인 모임을 하고 있다. 아마 우리 모임에 왔다가 스쳐 간 사람들이 30여 명이고, 극복의 수준까지 도달한 사람들이 7~8명 수준이면, 치료 확률이 20% 정도를 넘어가는 것 같다. 이 정도이면, 말더듬 극복을 눈을 씻고 찾아봐도 불모지인, 거의 확률이 0%인 지금에서 얼마나 치료율이 높은 것인가 한다.
20%가 아닌, 5~10% 수준이어도 사실, 엄청난 희망인 것이다.

30여 명 중에서, 몇 번 모임을 나오거나, 잠시 스쳐 간 사람들이, 자조 모임에 계속 나오며, 자신을 성찰하며 배우고 익혔다면 더 치료 확률이 올라가지 않았을까 한다. 같은 말더듬 중에서도 다양한 서로 다른 기질이 있다는 것에 많이 놀랐으며, 치료에 대한 동기와 절박성이 모두 달랐다.

또한 마음공부와 단단한 몸을 만들어야 하는 치료 과정을 소화시키는 능력도 모두 다른 듯하다.

책을 발간하면서 고민을 했다. 대중적인 인지도를 위해, 좀 더 화려하고 감동적이며 눈길을 사로잡는 방향으로 할까, 아니면 말더듬이들을 위해 실질적인 도움이 되는 방향으로 할까 하다가 말더듬 고민을 하는 사람들을 위해 작성하기로 했다.

어느 한 사람의 치료 경험담보다는, 다양한 사람들의 다양한 시각으로 작성하는 것이, 보다 여러 각도에서 바라볼 수 있고 도움이 되리라 믿는다. 우리 모임의 많은 분들이, 소중한 시간들을 내주어 작성해 주어서 너무 감사드린다. 고통을 알기에 선뜻 시간을 내어 본인의 치료 경험담을 적어준 것이다. 읽어보면 알겠지만, 참 다양한 사람들이 많은 각도에서 말더듬을 바라보았다.

아마 책을 다 읽고 나면, 몇십년의 여러 사람의 노하우를 단번에 습득하는 느낌이지 않을까 한다.
또한 책을 발간하는데, 개인적인 시간과 노력을 해준 동생에게도 고맙다는 말을 하고 싶다.

이 책의 발간을 시작으로, 더 진전된 치료 방법으로 대한민국의 모든 말더듬으로 고민하는 사람들에게 실질적인 도움을 주고 싶다. 치료보다는 돈을 버는 데 목적을 둔 치료기관이 아닌, 사회공헌을 위한 저렴한 비용으로 치료 장소와 치료를 제공하고자 한다. 말더듬는 사람을 치료하고 회복시키기 위한 사단법인도 추진하려 한다.

자조 모임을 계속하는 이유는,
말더듬 극복 / 완치 후에 유지관리가 반드시 필요하며, 혼자보다는 정기적인 모임에서보다 쉽게 할 수 있기 때문이다. 모임 사람들부터 배울 수 있고, 내가 도움을 줄 수 있는 그런 자조 모임인 것이다.

우리 모임의 카페 주소는 아래와 같다.
https://cafe.naver.com/overcomingstutter
치료를 위한 마음공부를 위한 카페를 하나 더 추가하니, 참조 바란다.
https://cafe.naver.com/moveto
카페를 살펴보면, 연락처를 알 수 있을 것이다.

치료를 마치고 나서는, 꾸준히 마음공부와 단단한 몸을 단련해야 한다. 그러기 위해서 풀말 모임은 영원히 계속되며 많은 사람들에게 도움을 주고 싶다.

    인생은 그리 불공평하지 않는 것 같다.
    말더듬 장애를 꾸준히 노력하여 극복해 내는 사람은, 이미 몸과 마음이 튼실해져 있고, 하나의 성공으로, 계속되는 성공을 만들어 낼 수 있다.
    '공짜는 없다'라는 말의 의미가, 아마 노력한 대가가 반드시 주어진다는 의미이고, 마음 또한 아주 단단해져서 내려놓는 인생의 깨달음까지 얻어 가는 것 같다.

    이 책이 많은 사람들에게 도움이 되기를 바랍니다.
    감사합니다.

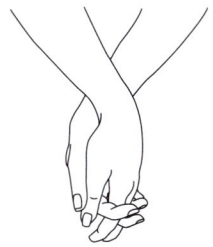

제 1부 호흡과 발성, 그리고 마음 자세편

1장	퍼니가이 님	10
2장	민트 님	85
3장	도전 님	123
4장	치와와 님	175
5장	고니 님	196
6장	스틸맨 님	218
7장	흐르는 강물처럼 님	236

제2부 심리와 명상편

| 1장 | 울오리 님 | 249 |
| 2장 | 소리 님 | 313 |

부록 말더듬의 육각형

제1부
호흡과 발성, 마음 자세편

1장
퍼니가이 님

✸ 걸림돌에서 디딤돌로

1. 들어가는 말

사람은 변할 수 있다고 생각하면 변할 수 있고, 변할 수 없다고 생각하면 변할 수 없다. 둘 다 맞는 말이다.

그 사람의 의식 무의식이 생각하는 방향으로 움직이기 때문이다. 예전에 새집으로 이사를 갔는데 무의식중에 오래 살았던 옛날 집 방향으로 몇 번씩이나 운전한 기억이 난다. 무의식이 이렇게 무서운 것이다.

말 고침도 마찬가지이다.

고칠 수 있다고 생각하면 고칠 수 있는 방향으로 생각과 몸은 이동하고, 고칠 수 없다고 생각하는 순간 고칠 수 없는 방향으로 나아갈 것이다.

이제, 말더듬을 고칠 시간이 도래한 것 같습니다.

고칠 방법도 있고 도와줄 동지도 있고 함께 할 학원도 있지 않습니까? 도망도 많이 다녀봤다.

그동안 너무 많은 생각을 했었다. 이제 생각을 멈추고 행동할 때이다. 모든 게 완벽한 시기는 없다. 지금이 가장 좋은 때이다.

그동안의 억울했던 버팀과 인내에 대한 보상을 받을 시기가 왔다. 모든 의심을 던져버리고 말고침의 세계로 자신을 던져야 한다.

어느 누군가에게는 그렇게 쉽게 나오는 말이 또 어떤 사람에게는 한 자 한 자 뱉어내는 게 죽을 만큼 힘들 수 있다는 것이 말더듬의 문제이다. 말더듬에 더 이상 매몰되어 있지 말고 표현할 자유를 다시 찾아와야 한다. 우리 내면의 마음과 생각을 마음껏 뿜어낼 수 있는 표현의 자유 즉 모든 평범한 사람들에게 열려 있는 말하는 자유를 누릴 수 있기를 간절히 기대해 본다. 말더듬 따위 엿이나 먹어라!

2. 말더듬의 기억과 학창 시절 그리고 초기 치료 과정

말더듬이 언제 시작되었는지는 정확히 기억나지 않는다. 하지만 누님이 이런 말을 했던 것 같다. 아주 어릴 적 동네에 말을 아주 심하게 더듬는 아저씨를 따라 하다가 말을 더듬게 되었다고 한다. 우리 집, 우리 친척 집 통틀어 말을 더듬는 사람이 없으니까.

말더듬을 인지하면서부터 나의 인생은 굴곡진 삶이 시작되었다. 초등학교 때부터 책 읽기 시간이면 무척이나 괴로운 기억이 묻어 있다. 그래도 초등학교 때는 모른다고 하면 대충 넘어갔지만, 중학교 이후부터는 공포의 시간이었다. 특히 그날 해당 날짜에 따라 책 읽기를 시키는 국어, 영어 수업은 공포의 시간이었다. 체벌도 심한 시절이라 내 출석번호가 오늘이면 등교 전부터 식은땀이 흘렀고 너무 힘들고 긴긴 하루였다. 말이 안 나오니 별다른 꿈을 꿀 수도 없었고, 그냥 기술이나 배워 살아가야겠다는 생각이었다. 하지만 고등학교에 입학하면서 어떻게 살아야겠다는 의지가 조금씩 생기기 시작했다. 고등학교 때 부산 외삼촌 집에서 처음으로 말더듬 학원이라는 곳을 다닌 기억이 어렴풋하게 난다. 학원 입구에 들어가기 전 누가 쳐다보지나 않을까 하는 노파심에서 주변을 서성거리다가 학원에 들어갔던 기억이 아직도 남아있다. 별다른 효과를 기대할 수 없었다. 우선 나 자신이 말더듬에 대해 지식이 전혀 없었고, 말더듬은 창피 그 자체였고 고치겠다는 강력한 의지도 없었기 때문이다. 공업고등학교를 졸업한 뒤 대부분의 친구들은 좋은 기업체로 취업하여 나갔지만, 난 대학에 가겠다고 다짐하고 있었다.

초등 6학년 때 아버지가 돌아가신 이후 대학 진학을 포기했지만, 어머님께서 대학을 가라고 했기 때문이었다. 어머님의 의중을 파악한 뒤 대학 시험을 준비하기 시작했다. 막상 대학이란 원대한 꿈을 꾸게 되었지만, 문제는 실력도 실력이지만 말이 문제였다. 국어책을 읽으면서 암기하는데도 말이 계속 막혀 이중 삼중으로 힘든 시간을 견디고 버텨야만 했다. 질문은 꿈도 꿀 수가 없었다. 아무튼 삼수를 한 뒤 힘들게 대학에 입학하게 되었다. 합격이라는 환희는 그렇게 오래가지 않았다. 왜냐하면 이제부터는 그동안의 생활방식에서 벗어나 친구들과의 교제, 수업 시간에 발표도 해야 했기 때문이다. 물론 대학에 입학하면서 성격이 다소 활발하게 변한 것도 있었지만, 말이 나오지 않는 건 여전히 난제였다.

그래서 대학로에 있었던 삼생원이란 곳에 가서 언어치료를 받게 되었다. 그 당시 할아버지 원장님이 지도를 하고 계셨다. 그분도 지독한 말더듬으로 고생하였고, 완치를 하신 분이셨다. 과거의 치료 방식처럼 한 사람이 중앙에 있는 커다란 차트를 넘기면서 읽으면 다른 사람들이 따라 하는 방식이었다. 상당한 효과를 본 것 같다. 하지만 완화는 되었지만, 완치는 아니었다.

우연히 전봇대에 붙은 말더듬 고침(완치 후 지불)이란 광고를 보았다. 그래서 한 달 동안 부천에 있는 가정집에서 합숙하면서 치료를 받게 되었다. 여기의 방법 역시 방에 커다란 차트를 두고 선생님이 읽으면 크게 따라 읽는 전통적인 방식이었다. 하지만, 첫말은 거의 숨만 내보내면서 시작하는 방식이었다. (우~리나라) 이렇게 발성하면 말은 잘 나왔지만, 첫 자를 줄여나가는 게 관건이었다. 집에서 훈련한 뒤, 동네 가게, 재래시장 등지로 선생님과 실습을 나갔다. 접근방식은 좋은 방법이었지만, 역시 적용이 잘되지 않았다. 지하철을 타려고 표를 사기 위해 줄을 기다릴 때 말이 잘 나올까 나오지 않을까 하는 두려움이 여전히 굳게 자리 잡고 있었다.(그 당시는 줄을 서서 표를 사는 시대였다) 용기를 얻기 위해 지하철 실습을 했었다. 지하철 실습을 하는 도중 학과 친구를 만나기도 했다. 물론 이러한 치료 과정을 거치면서 말더듬은 많이 좋아졌고 호전되었다. 대학을 다니면서 휴학 기간 동안 레스토랑에서 아르바이트를 했었다. (이 당시는 거의 24시간 영업을 하다 보니 오전 근무, 야간근무로 운영되었다) 아르바이트를 하면서도 말막힘과 싸우면서 일을 했지만, 말막힘은 역시

나 쉬운 일은 아니었다. 그 이후 개인과외, 학원 강의를 하며 힘차게 대학 생활을 했었다. 대학 시절 교생실습 당시 다른 학생들이 회피하던 교생대표 수업을 자원하여 했었다. 이러한 열정적인 생활 자체가 말막힘을 교정하는 데는 많은 도움을 준 건 확실해 보였다. 막힘도 확실히 많이 줄어들었고, 상당히 호전되었다. 하지만 꼭 필요할 때는 역시나 막힘이 있었고, 어색한 상황이 연출되는 건 피할 수가 없었다.

3. 사회생활의 시작

악전고투 끝에 대학을 졸업했고, 시골에 있는 학교에서 교직 생활을 시작하게 되었다. 말 문제로 힘들었지만, 꿈꾸고 도전해 보고 싶었던 직업이 교직이었기에 가슴 벅찬 기대감을 안고 선생님으로 우뚝 서게 되었다. 교직 생활을 시작하면서 말에 대한 불안과 두려움은 여전히 있었지만, 꿋꿋하게 밀고 나갔다. 물론 소수의 학생들은 '우리 선생님은 말이 자유롭지 못한 것 같다'라고 눈치를 챈 것도 같다. 시골 학교에서 3년을 근무한 뒤 좀 더 큰 도시의 학교로 옮기게 되었다. 옮기는 과정에서 여전히 불안하고 요동치는 마음은 어쩔 수 없었다. 이곳 학교에서 잘할 수 있을까? 물론 여전히 말이 문제였다. 한 가지 확실한 건 몸이 건강한 상태에서는 어느 정도 버틸 수 있는 힘이 있다는 사실이다. 체력이 무너지면 진짜 위험한 상황에 처한다는 사실을 그 당시엔 왜 몰랐을까?

아무튼 이곳에서 생동감 있는 교직 생활이 시작되었다. 규모도 큰 인문계 고등학교라 주말에도 학생들이 등교하고, 선생님들도 함께 출근하는 것이 일상적인 분위기였다. 그래도 체력이 있는 30대 중반이었기에 충분히 차고 나갈 수가 있었고 좋은 선생님이 되려고 노력했었다. 그리고 해당 날짜에 책을 읽게 하는 쓰레기 같은 이상한 짓은 학생들에게 강요하지 않았다. 그렇게 원했고 기대했던 교직에 나왔지만, 여전히 마음속 깊은 곳에는 말에 대한 불안과 공포는 여전히 뿌리 박혀 있었다. 특히 교무실에서의 발표나 연구수업 같은 건 여전히 힘든 일이었다.

40대 말부터 건강이 크게 흔들리기 시작했다. 그와 더불어 말막힘이 스멀스멀 올라오고 있었다. 수업 시간에 별로 막히지 않았던 단어들이 막히고 말이 힘든 시간이 늘어나고 되풀이되었다. 왜 이럴까? 공포심이 온몸을 휘감는 싸한 느낌이 들었다. 이때부터 아침에 일어나면 발성 연습을 하고 출근하기 시작했다. 그럼에도 불구하고 수업 시간이 힘든 것은 여전히 마찬가지였다. 돌파구를 찾기 위해 친분이 있는 선생님의 전도를 받아 교회를 다니기 시작했다. 집사람도 내 상황을 심각하게 인식했는지 함께 교회를 다니기 시작했다. 정말 힘든 고난의 시기가 시작되었다. 말에 대한 상황은 계속 악화되어 갔다.

어느 날 두 시간 연강이 있는 2학년 어느 반 수업에 들어갔는데 첫 시간 때 목성이라는 단어부터 말이 나오지 않았다. 입은 완전히 냉동되어 있었고 말은 나오지 않았고 등 뒤에는 식은땀이 비 오듯 흘러내리고 있었고, 학생들은 내 얼굴만 빤히 쳐다보고 있었다. 공포스러운 한 시간을 마친 뒤 그다음 시간에는 "선생님이 몸이 좋지 않아 이번 시간은 자습을 좀 해야겠다."라고 말하고 땅이 꺼져라 한숨만 쉬었다. 두 번째 수업 시간이 끝나는 종이 울렸다. 종이 울리자마자 이 상태로는 더 이상은 안 되겠다고 생각하고 바로 사표를 내기 위해 교감 선생님을 찾았지만, 그날 출장을 갔다고 했다. 그날 나를 교회로 인도해 준 선생님께 말에 대한 고통스러운 이야기를 하니 함께 기도하자고 했다. 실컷 하나님께 기도를 하니 눈물이 흐르면서 마음이 조금은 편안해지는 걸 느꼈다. 이때가 40대 말이었던 것 같다.

4. 본격적인 말더듬 치료의 시작

이때부터 말더듬에 대해 본격적으로 알아보고 길을 찾기 시작했다. '말더듬바이블'을 알게 된 게 이때였던 것 같다. 토요일 어느 날 무작정 서울행 고속버스를 타고 '말더듬바이블' 모임에 참석했다. 그때 '말더듬바이블' 특강 모임을 서울에서 한다고 해서 양재동 카페로 갔던 기억이 난다. 거기서 많은 사람을 본 것 같다. 부산, 목포 전국 각지에서 많은 사람들이 참석했었다. 여러 가지 궁금한 점도 물어보고 훈련을 열심히 하기로 결심했다. 그 당시 진해에 계신 *구님이 말을 완치했다고 하는 반가운 소식이 '말더듬바이블' 게시판에 올라왔다. 나도 이분과 똑같은 방법으로 훈련하면 완치할 수 있겠다는 희망을 갖게 되었고, 말더듬바이블 책을 기준으로 훈련을 하고 매주 토요일 혹은 일요일 날 부산으로 야외실습을 나가게 되었다.

야외실습을 나가면 하루 종일 지하철 스피치를 하고 사람들이 많은 부산역 광장, 서면 버스 정류장 등지에서 스피치 실습을 한 뒤 녹초가 된 몸으로 집으로 돌아왔다. 혼자 하는 실습이라 지하철에서 한번 스피치를 시작하면 10분 이상 했던 것 같다. 횟수로는 30번 정도 지하철 실습을 했었다. 사람들의 항의도 많이 받았고 저항에도 많이 부딪쳤다. 그 당시는 너무나 절박한 상황이고 몸의 격렬한 저항이 밀려왔지만 간절함과 절박함이 그 모든 것을 압도했던 것 같다. 처음에는 실습의 효과가 나타났지만 시간이 지날수록 효과가 반감되었다. 돌파구가 막혀 있던 중 *구님이 진해에서 말더듬 학원을 오픈했다는 희망의 소식이 들려왔다. 2010년 49세였던 것 같다. 5월 5일(어린이날) 바로 차를 몰고 학원 등록을 하고 치료를 받기 시작했다. 하나라도 더 배우고 온 몸을 던져 말더듬을 고치겠다고 다짐하고 또 다짐했었다. 매주 토요일 퇴근 후 진해학원에 간다는 설레임이 있었고 고칠 수 있다는 확신도 들었다. 왜 그분과 똑같이 할 자신감도 있었으니까 매시간 테이프로 녹음을 하고 반복해서 듣고 말더듬에 대해 파고들었다.

그때 만난 사람들이 지금 대구 풀말 모임의 소중한 분들이다. 1년 이상 동안 모든 다른 것은 다 포기하고 오직 훈련에만 올인했으며 실습을 통해 거의 완치했다고 생각했었다. 하지만 한순간 모래성을 쌓아 올렸다는 사실을 깨달았다. 문제는 호흡이었다. 당시 *구님은 호흡이 정말 깊고 부드러웠지만, 나 자신뿐만 아니라 다른 분들도 경직된 호흡에 거의 다 걸려들고 말았다. 그 이후 호흡을 제대로 인식하고 깨닫기까지 엄청난 넘어짐과 좌절과 혹독한 고통의 시간이 기다리고 있었다.

말더듬 치료 시작 이후 거의 3년 동안 모든 만남, 전화 통화 등 모든 관계를 다 끊고 말더듬 고침에 전력했었다.

진해학원에서의 올인했던 훈련과 노력 때문에 몸은 완전히 망가져 있다는 사실을 늦게 깨달았다. 몸과 호흡을 망가뜨리는 경직된 훈련을 반복했기 때문이다. 3년 이상 동안 미친 듯이 훈련했지만 몸은 완전히 망가졌고 실패로 끝났었다. 잘못된 방법이었다는 것을 너무 뒤늦게 깨달았다.

거의 3년 동안 하루 평균 3시간 이상은 훈련했던 것 같다. (훈련일지는 약 5년 정도 작성했었다.)

말더듬 치료에 실패한 뒤, 몸은 동태가 되었고, 호흡은 거의 들어가지 않았다. 정확히 말하자면, 숨을 마시지를 못했다. 경직이 이렇게 무섭다는 사실을 뼈저리게 깨달았다.

호흡하기가 힘드니 허 허 허 허 겨우 이렇게 호흡했었다.

물론 몸이 좋고 호흡이 어느 정도 되었다면 치료가 되었을 수도 있었다고 생각한다.

동태와 생태의 차이를 아시나요?

동태는 반드시 해동을 시켜야만 요리할 수 있는 반면에 생태는 바로 요리할 수 있습니다.

우리 몸도 마찬가지입니다.

몸이 심하게 경직되어 있다면 먼저 몸의 경직부터 풀어야만 호흡이 제대로 됩니다.

호흡이 풀리지 않으면 성인 말더듬은 고칠 수 없는 것 같습니다.

다시 본론으로 돌아가서, 이러한 처절한 실패를 통해 다시 말더듬과의 긴 전쟁이 시작되었다.

공부는 실패해도 우리의 뇌 속에 기억이라는 흔적이 남아있지만, 말더듬은 잘못된 방법으로 훈련하면 몸이 망가지고 말더듬을 더욱 악화시킨다는 사실을 처절한 실패 뒤에 뼈저리게 깨닫게 되었다. 그래서 대전 *약사님의 조언을 듣고 1년간 휴직을 하고 다시 말더듬에 도전하기도 했다. 휴직을 한 뒤 몸 상태는 망가질 대로 망가졌는지 정상적으로 작동되지 않았다. 한 달 동안 설사만 했으며 극심한 불면증으로 정신신경과 약을 먹지 않으면 잠을 잘 수가 없었고, 우울증, 무기력이 함께 찾아왔다. 식욕도 다 떨어지고 무언가 하고 싶은 의욕은 사라지게 되었다. 이 당시 학교 학생들이 너무 무서웠고, 식당에 가서 소주를 시키고 싶었을 때 말이 나오지 않는 제 모습을 보고 집사람이 소주를 대신 주문해 주었다. 휴직을 한 뒤 홍성 *약사님 원룸에서 2개월간 함께 생활하면서 아침, 저녁으로 국선도에 다니면서 몸을 이완시키면서 호흡을 다시 배우게 되었다. 그리고 전주 국선도 원장님을 찾아가 조언도 듣고, 울산 국선도 법사님을 통해 호흡에 대해 깊은 깨달음을 얻게 되었다. '호흡은 저렇게 하는구나! 내가 지금까지 한 건 호흡이 아니고 몸을 계속 경직시키는 호흡을 하고 있었구나' 하는 걸 그때 서야 비로소 깨닫게 되었다. 그 뒤 국선도에 계속 다니면서 국선도 원장님께 호흡에 대해 많은 걸 배우게 되었다.

너무나 힘든 1년간의 휴직 기간을 보냈다. 과연 내가 다시 학교로 돌아갈 수 있을까 하는 의구심이 계속 들었다. 누군가는 1년이 긴 시간이라 생각하지만, 몸과 말이 완전히 망가진 상태에서 1년은 그렇게 긴 시간이 아니었다.

휴직했을 당시 '내 인생은 여기서 끝나는구나'라고 생각을 여러 번 했었다. 모든 것이 다 멈추었다. 말도 멈추었고, 건강도 멈추고, 희망도 멈추고, 방법도 없었고 해결책도 전혀 보이지 않았다. 그때 나를 일으켜 세운 건 바로 하나님에 대한 믿음과 진심으로 나를 도와준 사람은 풀말 회원들이었다.

아무튼, 힘들게 복직을 한 뒤 2년 정도는 하루하루 힘든 생활을 해나갔던 것 같다. 복직한 후 제 발성이 너무 어눌하고 이상하니 학생들이 제 발성을 많이 따라 했었다.

한 학생이 교무실로 들어오더니 선~~생~님~! 안~~녕~하~십~니~까? 주변의 모든 선생님들이 다 처다보았다.

사랑하는 여러분!

몸이 많이 굳어 있고 호흡이 힘든 분들은 먼저 몸부터 이완시켜야 합니다. 몸이 충분히 이완되지 않으면 발성 훈련은 효과를 보지 못하고 몸과 호흡을 경직시킬 수 있습니다.

몸을 이완시키고, 경직 없는 호흡을 하는 게 정말 정말 중요합니다. 몸이 이완되고 호흡이 어느 정도 되면 발성은 엄청 쉬울 거라고 생각합니다.

말더듬은 사람마다 정말 특이하고 증세도 엄청 다양합니다.
그래서 말더듬의 실체를 알고 자신의 몸 상태, 호흡 상태를 정확히 알아야 올바르게 치료에 접근할 수가 있다고 확신합니다.
아무튼, 이 고통스러운 긴 암흑의 시기를 극복할 수 있었던 건 대구 풀말 모임의 형제들 덕분이다. 다시 한번 고개 숙여 감사를 드립니다.

진해학원이 선생님의 개인 사정으로 문을 닫고 난 뒤, 열정적인 두 사람(도전님, 산차이의 남친님)과 함께 대구에 있는 웅변학원을 빌려서 모임을 계속 이어 나갔다. 나 자신은 매주 일요일 하루도 빠짐없이 2시에 학원에 도착해서 6시까지 훈련을 하고 집으로 돌아왔다. 왕복 3시간 거리였다. 매주 일요일 날 학원에 갔으며 결석한 날은 없었던 것 같다.
그리고 매일 매일 훈련일지를 5년 정도 작성했었다.
훈련일지 예시는 다음과 같다.

*아침 6:30~7:00 30분 발성 훈련한 뒤 출근
*점심시간 1시간 발성 훈련(차 안에서)
*퇴근 후 저녁 시간 1시간 30분 정도 발성 훈련

*중간중간 전화 실습 20~30분 정도(식당, 호텔, 렌트카, 부동산 등등)

*누워서 복식호흡 30분 정도

*주말 야외실습 나감(지하철, 공원, 가게 등)

*하루 3시간 이상 3년간 꾸준하게 훈련

이렇게 열정적으로 몸을 갈아 넣었지만, 말더듬 치료는 완벽한 실패로 막을 내리게 되었다.

어디서부터 무엇이 잘못되었단 말인가?

문제는, 문제는 호흡이었다.

몸을 풀어주고 이완시키는 호흡이 아니라 몸을 경직시키는 호흡을 하고 있었다. 무엇보다도 호흡에 대해 전혀 알지도 못했고 깨닫지도 못했다.

이때부터 대구풀말학원에 열정적인 실패자들이 참여하기 시작했다. 대전에서 온 호흡의 대가인 *약사님, 청도에서 온 국선도 고수님 민트님 등 여러 명이 함께 모임에 참석했다. 여러 명의 열정적인 실패자들이 모이면서 말더듬 치료의 방법이 획기적으로 발전하기 시작했다. '왜 지금까지 우리는 실패를 되풀이했던가?'에 대한 근본적인 질문과 함께 어떻게 하면 실패를 줄이고 완치의 길로 나아갈 수가 있을까에 대해 머리를 맞대고 연구하고 매주 발표하고 효과적인 여러 가지 방법을 적용하기 시작했다. 이러한 치열한 토론과 모든 걸 갈아 넣은 훈련 덕분에 여러 명이 완치를 할 수 있었다. 지금 풀말이라는 축구장에 있는 분들은 직장에서 승진도 하고 말더듬의 공포로부터 벗어나 행복한 직장생활을 이어가고 있다. 풀말 모임을 지금까지 인도해 온 완치자인 도전님을 포함해 많은 분들이 우리 모임의 산증인들이다. 직접 와서 이분들의 이완 호흡 발성을 듣고 고칠 기회를 붙잡기 바랍니다. 아무튼 고치겠다는 절박함을 갖고 풀말학원과 함께 여러분의 미래를 열어가기를 간절히 바랍니다.

5. 대구풀말학원에 대해

말더듬을 고치려면, 먼저 말이 왜 막히고 말이 왜 더듬는지 말더듬의 본질, 핵심을 구체적으로 알고 접근해야 됩니다. 말더듬의 실체를 대충 이해하면 대충 노력밖에 할 수 없습니다.

가장 빠른 방법은 처절하게 실패한 뒤 말더듬을 고친 사람으로부터 배우면 됩니다.

우리 모임이 존재하는 이유가 여기에 있습니다.

말더듬의 실체를 정확히 이해하고 정확하게 덤벼야 제대로 된 효과를 얻을 수 있습니다.

누가 이걸 먼저 깨닫고 행동하느냐의 싸움입니다. 물론 깨달음은 순간 순간 자기반성, 알아차림을 통해 온다고 생각합니다.

매 순간 매 시간 정확한 방법으로 꾸준히 줄기차게 훈련하면 됩니다.

1년 정도 진짜 노력을 한다면 일상생활에서의 말더듬, 말막힘의 공포는 거의 사라질 거라고 확신합니다.

불행하게도 우린 너무 일찍 포기하는 습관이 있는 것 같다.

말더듬 너무 빨리 포기하지 마세요!

충분히 고칠 수 있는데 말입니다.

대구 풀말 모임은 그동안 실패자들이 모여 지난 10년 이상 동안 계속 수정 보완하면서 말더듬 로드맵을 발전시켜 왔다. 지난 10년 동안 모임이 지속되어 왔다는 게 하나의 강력한 증거입니다.

지금 우리나라에서 활동적인 말더듬 모임이 있는지 모르겠습니다.

우리 풀말 모임은 모든 귀중한 자료들을 다 오픈하고 있고, 고치겠다는 의지를 가진 모든 분들을 기꺼이 도와드리고 있습니다.

인생에서, 쉽게 얻을 수 있는 것에는 큰 의미와 가치가 없다고 생각합니다.

정말 힘들고 고통스러운 것을 선택하는 지혜를 배우시기를 바랍니다.

여기에 성장이 있고 인생의 진정한 의미와 가치가 있고 인생의 지혜가 숨어 있습니다.

한 가지 놀라운 것은, 학원에 오시는 분들 중 많은 사람들이 말더듬의 실체를 모르고 있다는 사실입니다. 말더듬에 대해 아무리 쉽게 설명해도 제대로 이해를 못 하는 사람들이 너무 많다는 게 놀라운 현실입니다.

본인이 연구하고 파헤쳐 알려고 해야 하는데 다른 사람들에게 전적으로 의지하고 수동적으로 듣고 배우고 치료하려고 합니다.

더욱 놀라운 것은, 말더듬을 고쳐본 적도 없는 전문가들의 이론과 방법에 의지하기도 합니다. 여기에는 단지 완화만 있을 뿐입니다.

사실, 말더듬을 고친 사람들의 방법을 그대로 따라 한다고 해도 고친다고 장담하기 힘든 게 말더듬 치료의 현실입니다.

왜냐하면, 각각의 사람마다 증상도 다 다르고, 몸과 호흡도 다 다르고, 기질도 다 다르기 때문입니다.

그럼에도 불구하고 우리 대구 풀말 모임은 지난 10년 이상 동안 치료 확률을 최대한 높일 수 있는 방향으로 발전해 왔고 우리 모임 덕분에 지독한 말더듬에서 해방된 분들도 여러 명 활동하고 있습니다.

무엇보다도 여기 계시는 열정적인 실패자들 덕분에 우리 풀말 모임은 말더듬 완치를 위한 로드맵을 매년 업그레이드 시켜왔다는 사실이다.

한 사람의 삶도 성장이 없는 인생은 발전이 없는 것과 마찬가지로, 우리 풀말 모임도 성장이 없는 모임을 지양하고 있다. 연 1회 1박 2일 워크숍을 진행하고, 매달 2주 1회 정기모임을 한다. 이러한 모임을 통해 계속해서 말더듬 완치를 위한 방법을 발전시키고 있다.

왜 말더듬을 고치지 않습니까?

이렇게 훈련하면 되는데, 이런 획기적인 방법으로 훈련하면 고칠 수 있는데….

뭐가 문제라도 있나요?

하루하루 매일매일 힘들다고 했잖아요.

말더듬 고침의 세계로 힘차게 뛰어드시기 바랍니다.

진정한 희망을 가져보시기 바랍니다.

제 친구가 이런 말을 했습니다.

2년 전 목디스크로 너무 아파 한의원에 가서 대침을 맞았다고 합니다. 대침을 맞는 그 순간은 엄청 아프고 너무 고통스러워 고함을 질렀다고 했습니다.

"난 대침이 너무 무섭고 두려워 못 맞겠는데"라고 말하니…

"그런 생각을 한다는 것은 덜 아파서 그래! 정말 죽을 만큼 아프면 대침 맞을 수 있어!"라고 말했습니다.

의미 있게 들리시나요?

죽을 만큼 힘들지 않으니까.

아직 견딜 여분이 있으니까.

충분히 이해가 갑니다.

그런데 여러분!

제 나이까지는 고침의 시기를 미루지 마시기 바랍니다.

훈련하고 고치고 싶어도 체력이 고갈되면, 고치겠다는 열정은 봄철에 눈 녹듯이 다 사라지게 됩니다. 체력이 있을 때, 함께 하는 동지가 있을 때, 말더듬 치료에 뛰어드시기 바랍니다.

많은 사람들이 말더듬을 고치는 데 실패하는 가장 핵심적인 이유가 무엇일까요?

먼저, 말더듬이 어떤 놈인가를 몰라요.

왜 말이 막히는지, 어떻게 하면 풀어낼 수 있는지를 몰라요.

그냥 학원에 가서 수동적인 자세로 쉽게 고치려고 해요!

아닌가요?

진짜 부딪히고 깨지면서 말더듬을 파헤쳐 본 적이 있습니까?

그냥 학원에서 원장님이, 혹은 완치자가 시키는 대로 도전하고 훈련하고 고통스럽게 도전하지만, 거의 대부분의 사람들이 완화만 있고 또다시 지독한 말막힘으로 돌아가는 게 말더듬의 현실입니다.

완치자인 본인은 고쳤지만, 어떤 측면에서는 정확하고 구체적으로 설명을 못 해줄 수도 있습니다. 특히 호흡에 대해서는… 이완 호흡, 경직 없는 호흡은 아무리 강조해도 지나치지 않습니다.

대구학원이 왜 강한지 아세요?

거대한 도전을 한 실패자들이 모여 방법을 고민하고 또 고민하고 처절한 시행착오를 거치면서 지금의 로드맵을 만들었습니다. 완벽하다고 절대 생각하지 않습니다.

하지만 지금까지는 최강이라고 생각합니다.

대구 모임을 한 지 10년이 넘게 흘렀습니다. 그동안 계속 말더듬 말막힘의 본질에 대해 연구하면서 성장 발전해 왔습니다.

요즘 사람들은 자신한테 도움이 안 되면 모임에 참석하지 않습니다. 효과가 없으면 모임에 나오지 않습니다. 눈치 빠른 사람은 '이 모임은 뭔가 있구나'라고 생각하셔야 합니다. 전국적으로 말과 관련된 많은 모임들이 사라진 걸로 알고 있습니다.

왜 지속되지 못하고 사라졌다고 생각하시나요?

그 모임의 본질인 말더듬의 핵심 가치를 놓쳤기 때문입니다. 더 구체적으로 말하면 말더듬의 본질을 잃어버린 채 성장 발전하지 못했기 때문입니다.

그 후 친목 모임으로 진행되고 말더듬의 아픔, 고통, 직장생활에 대해 하소연하다가 서서히 사라졌겠죠.

핵심인 말고침을 최우선 과제로 해야 생존할 수 있는 세계가 말더듬 분야입니다. 우리 대구 풀말 모임이야말로 우리나라뿐만 아니라 전 세계에 내놓더라도 손색이 없다고 생각합니다.

저 자신이 어떻게 지내고 있는지 궁금하십니까? 30년의 교직 생활을 무사히 끝마치고 명퇴를 하고 서울에서 제2의 도전적인 삶을 살아가고 있습니다. 명퇴를 한 건 말로 인해서가 아니라 50대 초반 말과 더불어 몸이 완전히 망가진 후유증으로 더 이상 버티면 인생 자체가 망가질까 봐 명퇴를 결심하게 되었습니다. 명퇴 전 제 수업 발성은 꽤 괜찮았습니다.

6. 말더듬 치료 방법에 대해

무엇 때문에 말더듬 치료가 어렵고 힘들다고 생각합니까?

자기 객관화가 정말 중요합니다.

자신의 몸 상태, 호흡 상태를 정확히 알고 실천한다면 치료의 속도가 빨라질 거라 생각합니다.

아마도 우리는 이미 호흡도 망가졌고, 몸도 망가졌고, 발성도 망가졌고, 심리도 다 망가졌다고 볼 수 있습니다.

이와 같이 우리는 발성과 관련된 모든 신체 기관(몸과 호흡)과 심리적인 면이 다 망가졌는데도 일반인처럼 매끄러운 발성으로 고칠 수 있다는 환상에 사로잡혀 있는지도 모르겠습니다.

우선 무엇보다도, 망가진 신체 기관(몸, 호흡)부터 원래 상태로 돌려야만 합니다.

만약 가장 중요한 몸의 이완과 경직 없는 호흡을 등한시하고 빠른 치료를 위해 자연스러운 발성의 스킬만을 배우려 한다면 혹독한 현실과 마주할 수가 있습니다.

그럼, 본론으로 들어갑니다.

1) 말더듬을 고치기 위해서는

(1) 몸 이완

(2) 이완 호흡(경직 없는 호흡)

(3) 이완된 발성 — 이 3가지가 핵심입니다.

(4) 생각 이완(마음공부)

이 모든 것의 핵심은 매 순간 알아차림입니다.

'알아차림'은 제자리로 돌아가게 해줍니다. (매 순간 호흡으로 돌아가야 합니다.)

몸이 아주 이완되어 있고, 호흡이 좋으면 말이 좀 빨라도 차고 나갈 수 있습니다. 몸과 호흡이 약간 빠른 발성을 받아낼 수 있습니다.

그래서 사람마다 몸도 다르고 호흡도 다르기 때문에 자신만의 막히지 않는 발성을 만들어 가야 합니다.

2) 말더듬을 어떻게 고칠 수 있을까요?

말고침의 가장 중요한 것은 경직 없는 호흡+이완된 발성법(공통점은 이완입니다)이라고 강조했습니다.

먼저, 몸을 이완하고 이완된 호흡으로 이완된 발성을 하면 됩니다. 아주 간단해 보이지만 몸이 풀리지 않으면 호흡이 제대로 작동하지 않습니다.

경직 없는, 이완된 호흡을 하기 위해선 국선도의 도움을 받는 게 효과적이라 생각합니다. 대구 풀말 회원들 대부분은 국선도를 다녔고, 국선도의 도움을 받았습니다. 국선도는 몸을 이완시키고, 이완된 호흡을 배울 수 있는 곳입니다. 여기만큼 몸을 잘 이완시키고 호흡을 제대로 배울 수 있는 곳은 없다고 생각합니다.

3) 발성 훈련 시 주의 사항

발성할 때 의념은 아랫배 단전에 둡니다. 쉽게 말하자면 배꼽 아래쪽을 바라보면서 훈련해야 효과가 있습니다.

자음, 모음 발성을 매일매일 해야 합니다.

왜 자모음 발성을 해야 하나요?

힘 빼는 방법을 터득하기 위해서 훈련합니다.

(1) 발성하는 방법

가~~~~날숨 4~5초 정도 발성한 뒤,

잔 숨 다 빠지게 기다리고(숨은 멈추는 개념이 아니고 계속 빠지고 있다는 느낌임) 들어오는 숨을 3초 정도 마십니다.(억지로 마시면 안 됨)

다시 반복

이때 날숨은 치골(꼬리뼈나 항문) 쪽으로 빠지고, 들숨은 단전으로 들어온다는 느낌으로 하세요.

호흡을 억지로 힘을 주며 마시면 절대 안 됩니다.(물론 약간의 힘은 들어갈 수 있음)

자모음 훈련할 때 중요한 사항은, 가~~~~마지막 호흡이 아랫배로 쭈~욱 빠지는 느낌 즉, 항문 쪽으로 호흡이 쭉 빠지는 느낌이 들어야 합니다.

다시 말해, 호흡이 아랫배로 꺼지는 느낌, 호흡이 아랫배로 떨어지는 느낌, 호흡이 아랫배로 빠지는 느낌이 들어야 합니다.

이것을 힘빼기 호흡이라고 합니다.(구체적인 방법은 학원에서 조언을 구하시면 됩니다.)

힘 빼는 방법을 알면 치료 효과가 빠르게 나타납니다.

(2) 발성 철칙

발성을 할 때 복부(아랫배)를 이완시키면서 발성해야 합니다. (발성할 때 절대 과도하게 힘주면 안 됨)

어느 정도의 느림과 다름은 반드시 필요합니다.

즉, 복부(아랫배)를 이완시키면서, 첫 자를 더 느리게 이완하면서 한자씩 한자씩 말하고 끝 자를 쭈~욱 올려주면서 잔 숨을 다 빼면서 발성해야 합니다. (이때 이완이 핵심임)

그리고 들어오는 숨을 반드시 기다립니다.

이것을 이완 발성, 풀림 발성이라고 합니다.

*배꼽으로 발성한다고 생각하세요!
*단어는 힘을 주변서 하는 배변 활동이 아니다. (즉 말은 힘을 주면서 하는 게 아닙니다.)
*복부를 이완시키면서 발성하라! 이완이 핵심입니다.
*복부 가슴 후두 다 이완시켜야 합니다.

(3) 발성(연습)을 잘하는 방법

첫 자를 아주 느리게 이완되게 발성하고 리듬감 있게 끝 자를 쭈~~욱 빼면서 올려주어라! 그래야 잔 숨을 잘 뺄 수가 있습니다.

한자씩 한자씩 아랫배(복부)를 이완시키면서 발성하세요!

즉 복부(직장)를 이완시키는 느낌으로 발성(아랫배 의념 두고)해야 됨니다.

(아랫배/직장으로 힘이 쭈~~욱 빠지는 호흡 발성을 해야 함)

즉, 후두를 항상 개방한다는 생각으로 아랫배 느린 호흡 이완 발성을 하세요!

흡기는 치골(꼬리뼈)에서 단전으로 숨이 들어온다는 느낌으로 하고, 호기는 단전에서 치골(꼬리뼈)로 숨이 빠진다는 느낌으로 하세요!(물론 실제로 호흡은 폐로 들어오고 나갑니다.)

4) 발성 속도에 대해

발성 속도를 1~10까지라고 가정한다면, 1-------------------------------10(일반인 발성 속도) 우리의 발성은 최소 일반인보다 2~5% 정도 부족한 7~8 정도의 속도로 해야 합니다.

즉 느림과 다름, 이완이 있어야 하고, 어느 정도의 저항을 느낄 수 있는 발성이어야 현실에서 뚫고 나갈 수 있습니다.

몸과 호흡이 어느 정도 이완되고 풀리면 호흡 발성이 됩니다. 호흡 발성이 된다는 말은 발성을 할 때 힘이 빠지는 것을 느낄 수 있다는 말입니다. 힘이 빠지는 느낌을 알게 되면 이때부터 호흡 발성으로 다양한 전화실습, 야외실습(지하철, 공원 등등)을 통해 현실적용 즉 실습 훈련을 하시면 됩니다. 혼자 하기 힘들면 대구 풀말 회원님들과 함께하시면 됩니다. 이완 호흡 발성이 되면 야외훈련은 두려운 것이 아닌 즐거운 훈련으로 변하게 됩니다.

5) 현실에서 발성법 적용에 대해

평범한 노력을 하면 평범한 결과를 얻고, 비범한 노력을 하면 최소한 평범한 결과 이상을 얻는다고 합니다. 그런데 많은 사람들은 평범한 노력을 하면서 비범한 결과를 얻으려고 합니다.

여러 번 강조한 내용입니다.

말을 고치는 것은, 말만 고치는 게 아니라, 자신의 인생을 고치는 과정이라 생각하면 더욱 열심을 낼 것이라 생각합니다.

발성법이 왜 어려울까요?

'평범한 노력을 하고 있지는 않은가?'라고 자신한테 물어봐야 합니다.

비범한 노력을 하는데도 효과가 없다면 방법에 문제가 있다고 생각하시면 됩니다.

몸과 마음을 줄기차게 이완하고 발성법의 드러냄을 꾸준하게 실천하면 됩니다. 근데 이 말의 의미를 진정으로 이해를 해야 됩니다. 대충 이해하면 대충 그 자리에 머무르게 됩니다.

그리고 일상생활에서 작은 성공을 계속 경험해야 탄력이 붙게 됩니다.

작은 성공이란? 예를 들어, '내 발성에 대해 상대방이 이상하게 쳐다보면 성공했다.'라고 생각하시면 됩니다.

대충 발성하면 상대는 내 발성에 대해 아무런 관심도 없습니다.

이러한 발성이 바로 저항이 있는 발성이고 성공을 축적하는 과정인 것 같습니다.

저항 있는 발성이란?

2% 부족한 발성이라 생각합니다. 이완을 동반한 약간 느리고 어눌한 발성이라 할 수 있습니다.

다음과 같이 생각하시면 도움이 됩니다.

'난 2% 부족한 사람이다. 그래서 난 이런 발성을 하는 게 당연한 거야!' 라고 생각하시면 좀 더 적용하기가 쉬울 수 있습니다.

모든 사람들은 누구나 부족한 부분이 있고, 아픔이 있고, 인정하기 싫은 구석이 있습니다.

현재 자신의 부족함을 수용하고 인정하고 받아들이면 성장 발전으로 이어지고, 이걸 인정하지 않으면 성장 발전은 멈추고 자신만의 경직된 세상에 갇힐 수도 있습니다.

자신이 부족하다는 것을 과감하게 인정하고 받아들이면서 2% 부족한 발성에 과감하게 도전장을 던져 보십시오. 상대가 나의 발성에 대해 이상하게 쳐다보면 창피한 게 아니라 '이번에도 성공했구나!'라고 자신을 격려하고 칭찬해 주면 자존감도 올라갑니다. 발성법도 아닌 일반발성도 아닌 중간 지점에서 너무 오래 머무르지 마십시오. 어설픈 썩은 동아줄 같은 일반발성에서 과감하게 탈출하시면 인생이 달라지고 자신만의 막히지 않는 멋진 발성법을 갖게 될 것입니다. 뿐만 아니라 이러한 적용 과정을 통해 깨달음이라는 많은 부산물도 덤으로 얻게 됩니다.

7. 횡격막 호흡(복식호흡)에 대해

횡격막은 호흡을 할 때 쓰이는 근육(조직)이고 돔 모양으로, 가슴과 배를 가르는 가로막이 횡격막입니다. 숨을 들이마시면 횡격막이 아래로 내려가고 내쉴 때는 위로 올라가는 운동성을 가지게 됩니다. 평상시 우리의 몸은 여러 이유로 상당히 경직되어 있습니다. 그래서 경직된 몸을 이완하는 게 먼저이고, 그래서 몸을 이완시키는 횡격막 호흡이 중요한 이유입니다.

횡격막 호흡을 할 때 주의 사항은 배에 힘을 주지 않는 것입니다. 횡격막 호흡의 목적은 이완하는데 있기 때문이죠. 많은 사람들이 인위적으로 호흡량을 늘리기 위해 많은 양의 호흡을 마시고 힘을 주어 내쉬는 경향이 있는데 이것은 호흡을 경직시키고 몸을 망치는 결과를 가져올 수 있다는 사실을 기억해야 합니다.

호흡하는 행동에 집중하는 것을 알아차림(명상)이라고 부른다. 이러한 횡격막 호흡의 효과는 부교감신경을 활성화시키고 스트레스를 감소시키는 이점이 있습니다. 그래서 횡격막 호흡을 호흡 이완이라고도 합니다.

숨을 마실 때, 횡격막이 하강해서 배를 안쪽으로 밀어 누르니까, 자연스레 배가 나온다고 생각하면 됩니다. 숨을 내쉴 때 숨이 나가기 때문에 배가 들어간다고 보시면 됩니다. 그래서 호흡을 하면 배가 나왔다 들어갔다 하는데, 실질적인 호흡은 폐 속에 있는 약 3~5억 개의 폐포에서 일어납니다. 즉 흡기, 호기시 폐로 마시고 나가는데, 의념은 단전에 두면 된다는 말입니다.

예전에 세 살 조카의 호흡을 관찰한 적이 있습니다. 호흡할 때 등판이 통 채로 움직이고 진폭이 아주 큰 호흡을 하고 있어 굉장히 놀란 적이 있습니다. 어릴 때는 이렇게 온몸으로 호흡을 하는데, 나이가 들면서 많은 스트레스로 인해 우리의 호흡은 온몸을 이완시키는 복식호흡에서 멀어지고 가슴에 의존하는 흉식 호흡으로 변해 있다는 사실을 깨닫게 됩니다. 그래서 예전 호흡인 복식호흡으로 돌아가는 게 중요합니다. 아랫배가 탄력적으로 움직이는 복식호흡을 하면 우리는 몸을 이완시켜 주고 횡격막을 움직일 수 있는 진정한 호흡을 할 수 있게 됩니다.

8. 카톡에 올린 도움 되는 글들

1) 뇌를 속이는 발성법

일반발성으로 말더듬을 고치기 힘든 이유를 아시나요?
우리의 뇌는 굉장히 똑똑합니다.
일반발성으로 아무리 느리게 말을 한다고 해도, 발성 부위와 관련된 모든 조직이 더듬고 경직되게 움직입니다. 말을 더듬는 사람의 뇌는 이렇게 더듬는 방식으로 오랫동안 고착화되고 습관화되어 있습니다.

다시 말해, 일반발성으로 훈련하면 아하 이건 '더듬는 발성'이야 라고 뇌가 인식하는 있다는 것입니다.

우리의 몸은 더듬고 막히는 발성을 정확히 기억하고 있습니다.

그래서 기존의 막히고 더듬는 발성으로부터 최대한 멀어지는 발성을 해야 합니다.

더 다르게, 더 느리게, 더 이완되게 저항을 느끼는 발성법을 사용해야 합니다.

느림, 다름, 이완, 저항이 반드시 있어야 합니다.

우리의 뇌가 전혀 다르게 인식해야 막히지 않는답니다.

예를 들면, 노래할 때는 보통 더듬지 않는다고 합니다.

두만강이란 노래를 부르면서 자신의 호흡을 자세히 관찰해 보십시오. 배의 호흡이 정확히 노래의 느린 속도에 맞춰 기계적으로 움직인다는 것을 알게 됩니다.

그런데 요즘 랩같이 빠른 노래는 막힘이 올라올 겁니다. 왜냐하면 랩은 일반 말투랑 비슷하고 굉장히 빠르잖아요.

다시 한번 강조해서 말하면, 첫 자부터 예전과는 완전히 다른 발성을 쓰게 되면 우리의 뇌가 '아하, 이건 예전과 다른 발성이네'라고 다르게 인식을 합니다.

그래서 막힘이 줄고 뚫고 나갈 수 있습니다. 뇌를 속이는 느린 이완 호흡 발성법을 사용해야 효과적으로 말더듬을 고칠 수 있습니다.

다시 한번 말하자면, 발성을 할 때, 더 느리게, 더 다르게 더 어색하게 발성을 해야 성공의 가능성을 높일 수 있습니다.

2) 말더듬을 진짜 고치기를 원하시나요!

말더듬을 진짜 고치기를 원하시나요? 그렇다면 말더듬을 암이라고 생각하시면 됩니다.

말더듬을 간절하게 고치기를 원한다면, 압도적인 시간을 쏟아부어야 합니다.

자신의 모든 걸 갈아 넣어야 합니다.

이러한 마인드, 이러한 자세, 이러한 태도로 접근해야 됩니다.

말더듬을 고친다는 마음가짐이 투잡이나 부업 정도로 생각한다면, 혹독한 고통과 시련이 기다릴지도 모르겠습니다.

말더듬을 고치는 건 단지 말이라는 껍데기뿐만 아니라 여러분의 인생을 개조하는 것이라고 여러 번 강조했던 것 같습니다. 즉 여러분의 삶 자체를 리모델링하는 과정이라는 것을 기억하시기 바랍니다. 말더듬을 고치는 과정에서 경직된 생각이 깨지고, 삶의 마인드가 바뀌고 여러분의 인생 역전이 일어납니다.

사랑하는 여러분!

깨짐, 실패를 두려워하지 마십시오.

인생의 진짜 깨달음은 깨짐을 통해서 오고, 이러한 깨짐을 통해 생각하는 힘이 생기고, 삶에 대한 마인드가 단단해지고, 여러분의 마음의 그릇이 커지게 됩니다.

말더듬을 고치는 것이 시간 낭비가 아니라, 여러분의 하자 있는 인생을 개조한다는 사실을 다시 한번 더 기억하는 시간이 되기를 바랍니다.

말로 인해 더 이상 아파하지도 마시고, 말로 인해 더 이상 억울해하지도 마시고, 하고 싶은 말을 마음껏 표출하면서 표현하는 적극적인 삶을 살아가기를 바랍니다.

끌려다니지 않은 삶, 주체적인 삶, 자기 자신에게 충실한 삶을 열어가시길 바랍니다

지금 이 글을 읽는 여러분 모두의 인생에 터닝포인트가 되기를 간절히 바랍니다.

3) 마음공부 왜 필요한가!

말더듬, 말막힘을 치료한다는 것은 말의 껍데기만 고칠 뿐만 아니라 하자 있는 인생 자체를 뜯어고치는 과정이라 얘기를 했습니다.

삶의 경직은 인생의 모든 영역에서 언제든지 올 수 있기 때문입니다.

몸과 호흡이 탄탄하고 생각하는 힘이 있다면 심한 스트레스와 같은 경직을 쉽게 풀어낼 수 있습니다.

몸과 호흡의 기초가 약하면 다시 더듬는 일반발성으로 바로 돌아갈 수 있습니다.

그래서 말뿐만 아니라 삶의 다른 경직이 왔을 때 그것을 풀어낼 수 있는 마음공부가 필요하다는 것입니다.

마음공부(알아차림)란?

간단히 말씀드리자면, 매일매일 자기반성, 자기성찰을 통해 자신의 생각과 행동을 돌아보면서 취할 건 취하고 버릴 건 버리고 좋은 건 계속 훈련해서 자신의 것으로 만들어 가는 과정입니다. 마음공부가 어느 정도 되지 않으면 인생은 크고 작은 갈등, 깨짐을 끊임없이 반복할 수밖에 없습니다.

마음공부가 되면 생각하는 힘이 생기고, 마음이 이완되고, 생각이 이완되고, 감정을 조절하고, 스트레스도 조절할 수 있습니다.

그래서 말 훈련뿐만 아니라 마음공부를 통해서 여러분들의 삶의 마인드, 자신의 그릇을 계속해서 키워야 합니다.

그래야 말더듬뿐만 아니라 현실의 경쟁에서 승리할 수 있답니다

일반 직장인들, 일반 사람들 말 잘합니다. 능력도 있습니다.

그들과의 경쟁에서 승리하기 위해서는 마음공부가 필요하다는 것입니다.

결국, 인생은 체력+마인드의 싸움이라고 생각합니다.

마인드가 탄탄해야 휘둘리지 않는 삶, 밀려나지 않은 삶을 살아갈 수 있습니다.

'워라밸' 이런 거 찾지 마시고, 체력과 일의 능력을 계속 키워가면 우상

향하는 삶을 살아갈 수 있습니다.

태도가 인생을 결정한다고 합니다.

영화 <킹스맨>의 명대사입니다.

Manner makes Man. (태도가 당신을 만든다)

4) 말더듬 왜 고치려 하나요?

행복해지기 위해서입니다.

근데 말더듬을 고친다고 진짜 행복해지지 않습니다. 얼마 동안은 행복하겠죠.

너 자신을 알라! (=메타인지)

사람은 자기 자신을 알아야 비로소 행복해질 수 있습니다. 자기 자신을 안다는 것을 메타인지라고 합니다.

그래서, 자기 자신을 잘 아는 사람 즉, 메타인지가 높은 사람은 자신의 삶을 매 순간 복기하면서 성장하는 삶을 살아갈 수 있습니다.

결국, 자기반성, 자기성찰을 해야 알아차림도 잘되고 알아차림이 잘 되면, 자기반성, 자기성찰도 잘할 수 있고, 생각하는 힘이 있는 사람이 성장 발전하는 삶을 살아갈 수가 있습니다.

사랑하는 여러분!

나는 지금 성장 발전하는 인생을 살아가고 있는가? 에 대해 끊임없이 자신에게 질문하셔야 합니다.

자신의 생각, 자신의 행동, 하루하루의 삶을 끊임없이 돌아보고 복기하시기 바랍니다.

지금 나의 생각, 지금 나의 행동이 성장 발전하는 삶인가를 계속 자신에게 물어보고 자기반성 자기성찰을 하면서 나아간다면 여러분의 삶은 계속 우상향할 것입니다.

반면에, 자기반성 자기성찰이 뭐야? 메타인지가 뭐야? 라고 한다면, 여러분의 삶은 지금 그 자리에 계속 머물러 있거나, 아니면 우하향한다고 보시면 됩니다. 왜냐하면 알아차림(=깨달음=자극)이 없는 삶은 성장 발전할 수가 없기 때문입니다.

5) 워라밸에 대해

사랑하는 여러분!
워라밸 그런 거 찾지 마세요.
좋은 거잖아요?
워라밸이란? 워라밸이 뭔가요?
일이 힘들다고 가정하니까 일과 휴식의 균형인 워라밸을 찾는 것입니다.
만약 일이 힘들다면 일을 효과적으로 할 수 있는 방법을 찾고, 업무능력을 키워야만 일에 대한 즐거움도 느낄 수 있고 직장생활도 능동적으로 차고 나갈 수 있습니다.

성공을 원하신다면, 압도적으로 자신의 모든 것을 갈아 넣으세요.

피땀, 노력, 시간, 희생 다 갈아 넣어야 성공할 수 있습니다.

어떤 직장, 어떤 모임에서 본인이 없어도 잘 돌아간다면, 그 사람은 중요한 사람이 아닙니다.

본인이 없으면 잘 돌아가지 않는 환경, 그런 환경을 만들어 가시기 바랍니다.

그 정도의 실력과 능력을 키우시기 바랍니다.

이건 말고침 뿐만 아니라 인생의 모든 영역에 해당하는 말입니다.

여러분이 말더듬을 극복하고 이겨내면 여러분 생각의 그릇은 그만큼 커져 있다는 것을 깨닫게 됩니다. 또한 말더듬을 극복하는 과정에서 무시무시한 부산물을 얻게 됩니다.

이겨내는 힘이 축적되고, 버티고 견디는 능력이 생겨납니다. 무엇보다 인생을 바라보는 차원이 달라질 것입니다.

6) 도전적인 삶을 살아야 하는 이유

시간을 더 길게 더 생산적으로 사용하기 위해서입니다.

나이 들수록 시간이 왜 빨리 갈까요?

10대, 20대, 30대는 비교적 시간이 느리게 가고, 40대 이후부터는 시간이 빨리 간다고 느낍니다.

왜 이렇게 세대마다 시간적 속도의 차이가 날까요?

사람의 마음은, 익숙한 것(경험)보다는 새로운 경험을 잘 기억하는 습성 때문에 익숙한 것에는 우리 감정이 둔해진다고 합니다. 행동의 변화가 없으면 어제 했던 일도 기억을 잘 못합니다.

그래서 나이가 들수록 시간이 점점 더 빨리 지나가는 것처럼 느낍니다.

어린 시절 우리가 배우는 것들의 대부분 즉, 인간관계 이런 것들은 다 새로운 것들입니다.

10대, 20대의 삶의 경험은 거의 처음으로 접하는 것들입니다.

그런데, 나이가 들면서 무덤덤해집니다. 왜냐하면 이미 다 경험한 것들이고, 재방송이기 때문입니다.

직간접적으로, 경험해 봤기 때문에, 거의 다 아는 것들이기 때문에, 나이가 들수록 일상이 둔감해집니다.

그래서 나이가 들수록 시간이 빨리 지나가는 것처럼 느끼게 됩니다.

그러면, 어린 시절처럼, 젊은 시절처럼 시간을 천천히 길게 흐르게 하려면, 매일매일 해보지 못한 새로운 경험, 새로운 배움, 새로운 시도, 새로운 도전을 하시기 바랍니다.

이렇게 하면 시간을 길게 천천히 흘러가게 할 수 있습니다.

예를 들면, 한 번도 가본 적이 없는 낯선 곳에 가서 새로운 사람을 만나고 낯선 음식을 먹고 낯선 문화를 접하고 새로운 환경들을 경험하면 그 하루가 굉장히 길게 느껴집니다.

새로운 사람을 만나고, 새로운 취미생활 만들고, 새로운 것을 배우고, 도전적인 삶을 살아간다면 여러분의 인생은 지금보다 훨씬 더 윤택하고 풍요로워질 것입니다. 즉, 일상의 루틴에서 벗어나 새로운 것을 만나면 우리의 삶을 풍요롭고 시간을 길게 느끼도록 만들 수 있습니다.

사랑하는 여러분!

인생 후반전을 전반전보다 행복하게 보내길 원한다면, 우선, 말더듬을 적극적으로 고쳐보시고, 새로운 것을 의식적으로 배우고 도전해 보시기를 바랍니다.

그럼 여러분의 시간이 길어지고 천천히 흘러갑니다. 뿐만 아니라 더 설레고 재미있는 삶을 살아갈 수 있습니다.

그리고 항상 언제나 학생의 태도로 살아가기를 추천합니다.

학생의 태도란?

항상 배우는 자세를 말합니다.

주변에 내가 좋아하든 싫어하든, 나보다 나이가 많든 적든 간에, 모든 사람은 나보다 무조건 잘 알거나 잘하는 게 있습니다.

과감하게 배우고 전진하시길 바랍니다.

7) 축구장에서 풀을 뽑고 있나요?

축구 선수로 뛰고 있는데 운동장 풀을 뽑고 있지나 않습니까?

다른 선수가 어떻게 뛰는지 구경하고, 관중은 어떤 생각을 할까?

또는 열심히 뛰고 있는 다른 선수를 향해 저런 좋은 찬스에서 골을 못 넣냐 바보 같이… 감독을 비판하고, 공격수를 험담하고 비난하고 있지나 않습니까?

만약 축구 선수가 이런 자세, 태도, 삶의 방식, 마인드를 지녔다면 언제 골을 넣겠습니까?

진짜 프로 축구 선수라면, 오직 골을 넣는 데에만 집중합니다.

여기 풀말 회원 모든 분들은 자신의 지식을 공유하고 언제라도 도움을 준 준비가 되어있습니다. 서로서로 희망, 꿈, 열정과 의지를 북돋아 주는 그러한 긍정의 에너지를 지닌 분들입니다.

사랑하는 여러분!

온라인을 너무 좋아하지 마시기 바랍니다.

진정한 깨달음은 오프라인에서 서로 만나 훈련하고 토론하고 소통할 때 전기 불꽃이 튄답니다.

가장 중요한 핵심은, 자기 자신에게 집중하시길 바랍니다.

어떻게 하면 골을 넣을 수 있을까?

즉, 어떻게 하면 말더듬을 고칠 수 있을까?

어떻게 하면 돌파할 수 있을까?

어떻게 하면 성장 발전할 수 있을까?

어떻게 하면 나 자신의 가치를 높일 수 있을까? 에 대해 매일 고민하고 노력하고 행동하고 무한반복 하시기 바랍니다.

생각은 대학 철학 교수 만큼하고 행동이 없다면 인생은 아무런 변화가 일어나지 않습니다.

생각은 그만하고 행동으로 옮기시기를 바랍니다. 인생의 본질에 올인하시기를 바랍니다.

여러분의 의지와 열정을 말더듬 고침에 갈아 넣는다면 말더듬을 넘어서고 여러분이 원하는 성공적인 삶을 살아갈 수 있습니다.

8) 인간관계에 대해

책을 암기만 해서는 세상을 살아갈 수 없습니다. 항상 생각하는 힘을 길러야만 합니다. 어떤 일을 대하는 마인드, 삶의 방향성이 정말 중요합니다. 인생은 속도가 아니라 방향성이라고 합니다.

인생의 마인드, 방향성에 절대적인 영향을 미치는 사람이 바로 여러분 주변에 있는 사람들입니다. 그래서 만나는 사람이 정말 정말 중요합니다.

사랑하는 여러분!

부정적인 사람, 비관적인 사람, 꿈이 없는 사람, 도전을 싫어하는 사람, 게으른 사람, 상습적으로 타인을 욕하고 험담하는 사람들을 아주 멀리하거나 손절하시기 바랍니다.

물론, 대안을 갖고 비판하고 조언을 해주는 사람들은 귀중한 사람들입니다.

남을 깎아내리는 데 민첩하고 마음이 굽은 사람들은 여러분의 마음을 갉아먹고 여러분의 성장을 가로막는 사람입니다.

만나면 스트레스를 주고, 불평을 늘어놓고, 부정적인 생각으로 남 탓하며 살아가는 사람들은 먼저 자신을 병들게 하고 세상을 비판하는데 모든 에너지를 낭비해 버린답니다.

특히 부정적인 사람을 만나면 썩은 생선 냄새처럼 부정적인 기운이 자신도 모르게 스며들고 배어들기 때문에 손절하거나, 그렇지 못한 상황이라면 거리 두기를 확실하게 하기 바랍니다.

모든 것을 남 탓, 세상 탓, 사회구조 탓, 누구 탓으로 돌리면 잠시 위로는 받을 순 있지만, 자신의 잘못, 책임을 다른 곳으로 전가시키는 것은 문제에 대한 해결책도 찾을 수가 없고 인생을 미궁 속으로 빠지게 합니다. 왜냐하면 남 탓을 한다면 자신의 잘못은 없기 때문입니다.

모든 걸 내 잘못, 내 탓으로 돌리는 순간 강력한 의지가 생겨나고 왜 실패했는지 복기를 하고 고민을 하고 마침내 해결책을 찾아내고 발로 뛰고 다시 도전하고 성공으로 나아갈 수 있습니다.

말더듬, 말막힘도 마찬가지라고 생각합니다.

왜 실패했는지 원인을 찾고 고민해 보고 복기를 해보고 되는 방법을 찾고 끊임없이 시도하시면 됩니다.

아무런 방법이 없을 때, 앞이 보이지 않을 때가 가장 힘들지 않나요?

지금은 고칠 방법도 있고, 앞도 보이고, 함께할 동지가 있는 지금이 말더듬을 고칠 최고의 시간이라고 생각합니다.

'모든 인간은 자신의 선택에 대한 대가를 지불받는다.'라고 합니다.

사랑하는 여러분!

최고의 선택을 하시고 최상의 대가 지불을 받으시기 바랍니다.

9) 체력의 중요성

유영만 교수님이 이런 말을 했습니다.

세상엔 두 종류의 인간밖에 없다고 합니다.

'정신 나간 사람과 정신 차린 사람'입니다.

우리는 꿈을 향해 나아가는 과정에서 많은 어려움을 겪고, 난관도 만나게 됩니다.

꿈을 향해 달려가는 과정에서 그 역경과 난관을 정신력으로 이겨내 보겠다. 라고 하면서 부딪치며 돌진하는 사람들, 이 사람들을 정신 나간 사람들이고 합니다.

반면에, 그 난관과 어려움을 체력으로 극복하겠다. 라고 말하는 사람은 정신 차린 사람이라고 합니다.

무슨 말인지 이해가 가시나요?

많은 사람들이 정신력이 중요하고 정신력으로 극복할 수 있다고 말하곤 합니다.

하지만, 체력이 뒷받침되어야 정신력이란 게 존재할 수 있습니다.

체력이 안 되는 정신력 즉 멘탈은 결국 힘을 잃고 무너지게 된다는 말입니다.

체력이 되면 스트레스를 이겨낼 수 있고, 의지도 생기고 집중력도 좋아지고 결국 난관을 극복할 수 있습니다.

체력이 되어야 힘도 잘 뺄 수 있고 발성도 잘할 수 있습니다.

체력이 뒷받침되지 않으면 의지도, 열정도, 꿈도 정신도 다 무너지고, 우리의 말더듬도 더욱 악화한다는 것을 기억하시기를 바랍니다.

사랑하는 여러분!

진정한 용기란?

어떤 일을 두려워하지 않는 게 아니라

두려움 속에서도, 그 일을 해나가는 게 진정한 용기라고 합니다.

우리 모두는 매일매일 체력으로 승리하는 하루, 이완 발성으로 승리하는 하루, 정신 차린 사람으로 살아가기를 바랍니다.

10) 저항에 대하여

백열전구 속에 있는 실처럼 가는 금속선인 필라멘트를 아시나요.

필라멘트의 저항이 없으면 빛과 열을 만들어 낼 수 없습니다.

전구는 필라멘트라는 저항을 만나 마침내 빛을 발하게 됩니다.

상업용 전구를 발명한 에디슨은 수천 번의 실패에도 도전을 멈추지 않았습니다.

2,744번의 실패를 했습니다. 그리고 2,745번째의 실험에서 마침내 성공을 했습니다.

마찬가지로, 우리 인생도 고난 역경 장벽 실패 고통이라는 저항에 부딪힐 때 비로소 우리의 인생은 빛이 나게 된답니다.

모든 성공과 역사는 이러한 저항과 실패로부터 나옵니다.

평온한 삶에서는 찬란한 인생의 빛이 나올 수가 없습니다.

안락한 인생은 숨겨진 내공과 삶의 스토리가 없으니깐요.

실패에 좌절하지 마시고 희망과 꿈을 꾸시기를 바랍니다.

피하거나 도망 다니지도 마세요.

자신을 믿고 사랑하면서 전진하시면 됩니다.

나는 할 수 있고 견딜 수 있다고 무한 반복하면서 나아가시면 됩니다.

지금 여러분의 삶이 고난과 실패의 연속이고 고통 속에 있다면 아주 잘 살고 있다는 증거입니다.

아무것도 하지 않으면 아무 일도 일어나지 않으며, 실패도 없으니깐요.

실패와 좌절을 견디면서 탄탄한 인생의 근력이 만들어진답니다.

인생은 고난, 실패, 좌절, 역경 속에서 찬란하게 피어납니다.

나무와 식물을 보세요!

따뜻한 햇볕만 받으면 죽게 됩니다.

비바람 때론 천둥 모진 바람과 태풍을 받아들이고 견디면서 성장하고 열매를 맺습니다.

온실 속 화초는 결국 시들거나 죽는답니다.

꽃길 순풍 평온 안락함 이런 삶을 너무 기대하지 마세요.

이런 평탄한 삶만 추구하면 인생은 무의미하게 흘러가고 망가질 수 있습니다.

언론에 등장하는 금수저 출신들의 기사를 보세요.

그들이 부족해서 망가진 삶을 살아가나요.

너무 풍족해서 너무 안락해서 그렇답니다.

그래서 때론 고난이란 삶에 숨겨진 축복이랍니다.

이러한 저항 고난 고통 실패 좌절 깨짐이 없다면 인생의 통찰력과 참된 가치를 깨닫지 못한답니다.

처절한 시련과 깨짐을 통해 자신을 성찰하고 불량 생각을 개선하고 행동으로 옮기게 된답니다.

고랭지 사과나 배추 등을 보세요.

엄청난 기온 차의 저항을 견디면서 성장한답니다.

과거에 이런 말을 했던 거 같습니다.

"저항이 없는 발성도 없으며

저항이 없는 인생도 존재하지 않습니다.

아무런 저항이 없는 삶은 이 세상의 삶이 아닙니다."

왜냐하면 인간은 태어나서 죽을 때까지 성장해야 하니깐요.

사랑하는 여러분!

저항과 도전을 멈추면 인생의 성장도 멈추게 된답니다.

게으름을 멀리하시고 저항의 내성을 키우면서 함께 나아가시죠.

동기부여 그리고 깨달음과 격려를 해주시는 여러분!

사랑하고 존경합니다.

함께 전진해 보시죠.

함께라면 그렇게 외롭거나 힘들지 않습니다.

우리 함께 저항 속으로 뛰어 들어갑시다.

11) 제일 쓸데없는 짓

사랑하는 여러분 기분 좋은 금요일입니다.

살아가면서 에너지 누수를 많이 시키는 것이 쓸데없는 논쟁인 것 같습니다.

말 잘하는 사람이 모르는 한 가지가 있습니다.

말로 상대방을 설득할 수 있다는 또라이 같은 생각입니다.

그 순간은 현란한 혀로 상대방의 생각을 잠시 마취시켜 설득할 수 있지만, 다음날 마취에서 깨어나 다시 자신의 생각으로 돌아갑니다.

쓸데없는 논쟁을 하면, 우선 상대를 설득하려고 합니다. 설득하려 할 수록 상대방은 더욱 자기방어를 하게 됩니다.

요즘은 멍청한 사람도 논객이 되어 갑론을박하는 시대입니다.

'무식한 사람이 소신을 갖게 되면 위험하다' 이경규 옹이 말했습니다. 지혜로운 깨달음인 것 같습니다.

최근 술집에서 큰 소리로 고함지르며 얘기하는 젊은 사람들을 보곤 합니다.

왜 저럴까?

아마도 '속에 화가 많이 차 있고 감정이 눌려 있고 직장에서 자신의 말을 들어주지 않으니까' 그렇겠죠.

내면이 강한 사람은 새된 소리로 고함지르며 말하지 않습니다.

직책이 높은 교양 있는 사람은 고주파로 소리치며 말하지 않습니다.

낮은 톤으로 말해도 다 들어주거든요.

그래서 내면의 힘을 키우는 게 중요한 거 같습니다.

'사람은 안 변해!'

'사람은 변할 수 있어!'

둘 다 맞는 말입니다.

'사람은 절대 안 변해'라고 단정적으로 자신 있게 말하는 사람은 자신이 변할 마음도 없고, 변하기 위해 고통스러운 노력을 해본 적이 없으니까요.

반면에 변할 수 있다고 믿는 사람은 변할 수 있습니다.

사랑하는 여러분!

오늘 하루도 '아랫배 호흡 발성'으로 내면에서 뿜어져 나오는 3,000cc급의 힘 빠지는 이완된 발성을 시도해 봅시다!

12) 거절을 잘해야 행복해집니다

사랑하는 여러분!

직장생활 안녕하십니까?

거절을 잘해야 행복해집니다!

이상하게 들리겠지만, 팩트입니다.

저도 직장 생활하면서 거절을 잘 못하는 편이어서 힘든 시절이 있었습니다. 근데 주변에 조금 까칠한 사람이 있었는데, 그 사람한테는 부탁을 거의 하지 않는 모습을 보았습니다.

그때 알았죠!

부탁을 다 들어주다 보면 자신의 일은 뒤로 밀리고, 결국 좋은 사람이 아닌 호구가 된다는 사실을…

더 나아가 중요한 것은 부탁을 들어준다고 승진이 빠르거나 주변 사람들이 나를 배려해 주지 않는다는 것입니다.

제 주변에는 부탁에 지쳐 좋은 직장까지 그만둔 분도 있습니다.

혹시 이런 생각 드시나요?

부탁을 거절하면 상대방이 "불쾌하게 생각하지 않을까?"

물론 이러한 부분은 받아들여야 합니다.

모두에게 좋은 사람이 될 이유도 없고, 좋은 인상을 줄 필요도 없습니다. 이런 삶을 살아간다면 인생은 고난의 행군이 될 것입니다.

그래서 적당한 거리 두기가 필요한 이유입니다.

상대방이 나에게 넘어올 수 없는 거리, 적당한 선을 지키도록 하는 거리 두기입니다.

그러면 선택과 집중력을 발휘할 수 있습니다.

멘탈이 강한 사람은 상대방의 감정까지 신경 쓰지 않습니다.

부탁을 거절했을 때 상대방의 감정은 나의 영역이 아니라, 상대방의 영역이라는 겁니다.

사랑하는 여러분!

오늘 하루도 슬기롭게 거절을 잘하면서 에너지 누수를 최소화하여 자기효능감을 강화시켜 나가기를 바랍니다.

13) 성공적인 멋진 삶을 원하시나요!

본능에 저항하는 삶을 사시면 됩니다.

본능과 정반대로 살아가시면 반드시 성공합니다.

우리의 본능은 편안함, 익숙함, 쉬움, 게으름, 도전을 싫어하는 삶 등등 이런 단어들을 아주 좋아한답니다.

그렇다면 해답이 나왔습니다.

지금부터 편안함을 멀리하고, 익숙함도 멀리하고, 새로운 것을 배우고 불편함에 적응하고, 도전하는 삶을 살아가시면 분명히 인생은 성공하는 방향으로 벌써 향하고 있을 겁니다.

제가 학생들에게 가끔 들려주는 내용입니다.

"공부를 잘하고 싶니?"

그럼 공부 잘하는 친구의 행동을 똑같이 따라 하면 너도 잘할 수 있단다.

그 친구가 공부하면 공부하고, 자면 자고, 놀면 놀면 된단다.

그 친구 옆에 껌딱지처럼 붙어 그 친구의 습관을 따라가다 보면 어느새 너도 그 친구와 비슷한 수준으로 올라갈 수 있단다.

그런데 말입니다. 아무리 이러한 평범한 노하우를 강조해도 실천을 하지 않습니다.

왜일까요?

본능대로 살아가는 걸 선택하기 때문입니다. (그전부터 해온 편안하고 쉬운 삶이잖아요.)

인간은 원래 본능에 저항하는 삶을 살아가는 것을 좋아하지 않습니다.

왜냐하면 그러한 삶이 힘들고, 불편하고 심지어 고통스럽기 때문입니다.

그래서 소수의 행동하는 사람들만이 성공적인 삶을 살아가는 것 같습니다.

그럼 좋은 방법이 있나요?

올림픽을 앞두고 많은 최고의 선수들이 태릉 선수촌에 모여 함께 훈련하는 이유를 잘 아시잖아요.

아무리 실력이 출중하다 할지라도, 혼자서는 그렇게 힘들고 고통스러운 훈련을 소화하고 견디기 힘들기 때문입니다. (함께 훈련하면서 자극도 받고 서로서로 배울 수 있습니다. 또한 그러한 과정 속에서 시너지 효과도 창출할 수가 있습니다.)

마찬가지로 우리 말더듬도 정말 고치기 힘듭니다.

왜냐하면 이건 일종의 암이거든요.

보기보다 말더듬 이놈은 정말 똑똑하답니다.

그래서 열정과 끈기를 지닌 좋은 사람들과 함께 모여서 훈련해야 정확한 방법을 터득하고 뚫고 나갈 수가 있습니다.

사랑하는 여러분!
인생에서 정말 좋은 것은 견딤과 인내와 고통을 수반하는 것 같습니다.

서정주 님의 '국화 옆에서'(1948년)

한 송이 국화꽃을 피우기 위하여
봄부터 소쩍새는
그렇게 울었나 보다

한 송이 국화꽃을 피우기 위하여
천둥은 먹구름 속에서
또 그렇게 울었나 보다… 중략

서정주 님은 1948년도에 인생의 진리를 꿰뚫어 보았나 봅니다.

한 송이의 국화꽃을 피우기 위해 소쩍새와 천둥도 이렇게 많은 시간을 울고 견디고 버팀의 시간을 보냈나 봅니다.

사랑하는 여러분!

우리는 소쩍새보다 조금 더 견디고 버팀으로 다 함께 승리합시다.

벌써 불금입니다. 이번 한 주 정말 고생 많았습니다.

14) 도전과 응전

토인비는 역사는 도전과 응전을 통해 발전해 왔다고 합니다.

인생에 있어 도전이 오면 도전을 피하든가, 아니면 도전에 응해 싸우든 선택을 해야 합니다.

우리의 두뇌는 선택하는 방향으로 향할 때 발전하고 힘이 길러집니다.

예를 들어 챔피언은 도전자의 도전을 피하지 않습니다.

도전을 피한다면 챔피언의 자격이 없겠죠.

회피를 하면 살찌는 호르몬이 나오고 우울해지고, 그리고 우울해지면 다음번에 투쟁 못 하게 만든다고 합니다.

회피를 하면 뇌는 회피하는 쪽으로 발전합니다.

그래서 도전이나 투쟁해야 합니다.

당연히 어렵고 힘들지만, 불안을 무릅쓰고 투쟁하는 훈련을 해야 뇌에서 그쪽 방향의 호르몬이 나오고 다음번에 더욱더 잘 투쟁할 수 있게 됩니다.

즉 인생을 살아가면서 우린 스트레스와 불안에 항상 노출되어 있습니다.

우리 몸은 스트레스와 불안에 반응합니다.

도망을 가든, 투쟁(싸움)을 하든 반응을 합니다.

모든 인간은 불안, 걱정과 동행을 합니다.

불안이 없는 사람이 최고로 위험합니다.

왜냐하면 만약 불안이 없으면 아주 위험한 8차선 도로에서 신호를 무시하고 다닐 수가 있습니다.

왜 불안이 없으니깐요.

그리고 외국에 나가서 밤에 막 돌아다닐 수도 있습니다.

왜 불안이 없으니깐요.

이것은 심각한 위험에 직면할 수 있답니다.

최악 경우 죽을 수도 있습니다.

그래서 어느 정도의 불안과 걱정은 우리에게 삶의 에너지를 끌어올려 줍니다.

지나친 불안이 문제겠죠.

그럼 어쩌라고?

끊임없이 불안 걱정이 몰려오는데 효과적인 대처 방법이 있나요?

중요한 것은 불안을 슬기롭게 조절해 나가야겠죠.

불안, 걱정이 없는 삶이란 존재할 수 없습니다.

익숙하지 않은 장소, 해보지 않은 일, 생소한 것들 이 모든 것들이 우리를 불안하게 합니다.

스트레스 그 자체가 우리를 죽이는 게 아니라 그로 인한 불안이 우리를 집어삼킬 수가 있습니다.

그래서 불안에 대해 어떻게 해석하고 받아들이느냐가 핵심이라고 합니다.

자신의 해석에 따라 불안의 크기도 달라집니다.

매일 떠오르는 과거의 상처 불안 등을 긍정적인 태도(관점)로 바꾸어 가시면 됩니다.

즉 불안, 걱정을 나쁘고 부정적으로 연결하는 것을 끊어버려야 합니다.

과거의 사건이나 상처는 없앨 수가 없겠죠.

하지만 그 불안에 대한 태도나 관점을 바꿀 수는 있습니다.

과거의 상처나 불쾌했던 일들, 나를 힘들게 했던 고통스러운 어떤 일이 떠오르면, 그땐 힘들었지, 그 일 덕분에 오늘날 내가 더 많은 경험을 할 수 있었고, 삶의 깨달음도 얻었고 나 자신이 더 단단해질 수 있었다.

그 사람 때문에 그 당시엔 엄청 고통스럽고 힘들었는데, 그 사람들 덕분에 세상에는 다양한 사람들이 존재하고 많은 나쁜 사람들도 있다는 것도 알게 되었고, 대인관계에 있어 더 잘 대응할 수 있는 방법을 배울 수 있었다.

또한 그런 사람들 덕분에 다른 이상한 사람들을 걸러내는 노하우도 배울 수 있었다. 정말 감사한 일이 아닌가. 이렇게 해석하면 우리의 생각은 한층 단단해진답니다.

이런 식으로 부정적인 관점을 계속해서 긍정적으로 바꾸어 나가면 과거의 나쁘고 부정적인 일들이 더 이상 고통이나 악몽이 되지 않을 겁니다.

반대로 자꾸 과거의 상처를 곱씹고 묵상하면 과거의 상처에 갇히고 우울해지고 공황장애까지 초래할 수 있답니다.

내가 왜 걱정을 해야 하나요?

내가 왜 불안해해야 하나요?

누구 좋은 일 시키려고…

내가 걱정하고 불안해하면, 좋아하는 사람은 누구인가요?

나를 싫어하는 사람들이겠죠.

나를 시기하는 사람들이겠죠.

나를 망하게 하려고 뛰어다니는 마귀 사탄이 좋아하겠죠. (하나님을 믿는 사람들에겐)

그래서 전 나 자신을 위해 걱정하거나 앞으로 일어나지도 않을 쓸데없는 미래의 불안에 대해 가불 걱정을 하지 않고 불안해하지 않으려고 노력합니다.

초 긍정적인 마인드로 감사하며 살아가려고 합니다.

쓸데없이 불안해하거나 걱정할 시간에 운동을 하면 됩니다.

불안과 걱정이 올라오면, 아하!

'불안이 또 찾아왔구나'라고 알아차리고 바로 발성 훈련이나 운동을 하시면 됩니다.

그리고 조금 전에 언급한 것처럼 부정적인 생각을 계속해서 긍정적인 태도로 바꾸어 간다면 우리 인생은 훨씬 더 풍요롭고 윤택해질 겁니다.

사랑하는 여러분!

우린 지금까지 아주 잘해왔고 앞으로도 잘해 나갈 수 있답니다.

걱정 지금 당장 뚝!

바로 지금 하는 일에 집중하시면 됩니다.

여러분!

사랑합니다. 응원합니다.

15) 체력과 마인드

꿈과 비전을 달성하는 과정은 녹록지 않습니다. 숱한 시련과 역경이 도사리고 있고 예기치 못한 장애물과 걸림돌이 곳곳에 지뢰밭같이 놓여 있습니다.

소수의 지혜로운 사람들은 이러한 난관을 극복해 내는 원동력이 체력에서 나온다고 믿고 자기 관리를 철저하게 실천하는 사람들입니다.

왜냐하면 몸이 망가지면 마음도 무너진다는 걸 이미 잘 알고 있습니다.

체력이 무너진다는 말은 어떤 일에 도전하겠다는 열망이 사라질 수 있다는 말입니다.

체력이 따라주지 않으면 자신이 추구하는 목표에 의구심이 들고 조바심이 생기고, 인내심도 바닥날 수 있다는 말입니다.

어떤 사람들은 정신을 몸보다 우선시하는 경향이 있는데 몸이 무너지면 모든 감정과 지성도 무너질 수 있다는 사실을 경험하지 못했기 때문입니다. 마인드로 몸을 통제하려다 결국 무너지기도 합니다. 몸이 심각하게 부실해지면 몸은 머리의 명령을 듣지 않습니다. 한계상황에 처할수록 몸은 머리의 명령을 듣지 않습니다. 왜냐하면 머리의 명령을 수행할 수 없을 정도로 몸이 망가져 있기 때문입니다.

이런 상태에서는 마인드 컨트롤도 작동되지 않습니다. 그 결과 인생은 부도날 수도 있답니다.

인생을 살아가면서 많은 불황이 오기도 합니다.

경제적 불황, 신체적 불황, 관계적 불황, 직업적 불황 등등.

또한 예기치 못한 전 세계적인 팬데믹 같은 불황 등이 올 수가 있습니다.

불황이 오면 심리적 공황이 올 수도 있고, 평상시와는 다르게 심리적 반경이 줄어들고 마음도 움츠러들게 됩니다.

그런데 말입니다. 이런 역경에도 불구하고 상황을 뚫고 나가는 사람들은 평소 단련된 탄탄한 몸으로 상황 돌파를 시도하고 또 시도하는 사람들입니다.

우선, 체력이 되면 마인드의 흔들림을 막을 수 있고, 놀라운 집중력을 발휘할 수 있기 때문입니다.

우선 무엇보다도, 통제할 수 있는 것만 통제하려고 하고, 통제할 수 없는 일에 에너지를 낭비하지 마세요!

지금 우리가 해야 할 일은 '통제'할 수 있는 일에 집중하는 것입니다.

쓸데없는 곳에 시간과 에너지를 쏟는 분들이 많은 것 같습니다. 자신이 지금 하고 있는 일이나 행동이 자신의 미래에 도움이 된다면 계속하시면 되고, 도움이 되지 않으면 에너지 낭비라고 보시면 됩니다.

어떤 사람들은 미래를 예측하려고 수많은 통계자료를 사용하고 복잡한 규칙을 동원합니다.

하지만 지금 사회는 예측하고 통제하기엔 너무 복잡하고 너무 빨리 변한다는 사실입니다.

그래서 자신이 '통제할 수 있는 것'에 초점을 맞춤으로써 예측이 아닌 대응하는 자세가 인생에서 성공할 가능성이 훨씬 더 높다고 합니다.

16) 독서와 실행력

많은 사람들이 오랫동안 시도하고 가끔은 처절하게 노력했음에도 불구하고 어떤 일에 성공하지 못한 것은 생각하는 뇌가 엉터리일 가능성이 높다고 얘기를 합니다.

그래서 생각하는 뇌를 고쳐야만 인생에서 성공할 수 있다고 말을 합니다.

그럼 어떻게 하면 생각하는 뇌를 고칠 수 있나요?

2가지가 있다고 합니다.

'시행착오'와 '독서'입니다.

행동과 실전을 통해서 무수한 시행착오를 겪으면서, 스스로 부딪히고 깨지면서 배울 수 있다는 것입니다. 거인들의 책을 반드시 읽어야 하는 당위성이 여기에 있습니다. 하지만 책만 통해서는 머리로는 이해할 수 있지만, 현장감 있는 깨달음까지는 얻지 못하는 경우가 많이 있는 것 같습니다.

실제로 부딪히고 깨지는 경험을 통해서 서서히 깨달음이 오는 것 같습니다.

이러한 깨짐과 시행착오를 통해 책에 쓰여있는 내용을 뒤늦게 깨닫는 경우가 많이 있습니다.

"아는 만큼 보이고 아는 만큼만 들리고 아는 만큼만 깨닫게 되고 깨달은 만큼만 행동하고 행동하는 만큼 획득하는 것 같습니다."

이 말의 진정한 의미는 자신이 어느 정도 깨닫는 수준까지 도달해야만 비로소 책 속에 있는 내용을 무릎을 칠 정도로 이해하고 깨닫게 된다는 말이기도 합니다.

그래서 자신의 수준이 깨치는 수준까지 도달하지 못했다면, 아무리 이야기를 해도 아무리 책을 읽어도 깨닫지 못한다는 것이 이해가 됩니다.

또한 알고 있는 것은 '잠재적 힘' 일 뿐, 행동으로 옮기지 않는다면, 아무런 유익이 없다고 합니다.

따라서 책을 읽고 그 내용을 깨닫고 행동할 수 있는 동력을 얻는다면 비로소 독서가 그 사람을 변화시킬 수 있다는 말입니다. 독서만 줄기차게 하고 행동이 수반되지 않는다면 그러한 지식은 말로만 떠드는 무덤 속 지식에 불과하다는 겁니다.

왜냐하면 행동은 언제나 지식을 능가하기 때문입니다.

독서가 중요한 이유는 자신의 잘못된 행동을 교정시켜 주고 인생의 가이드라인을 제시해 줄 뿐만 아니라 수많은 삶의 삽질과 시행착오를 줄일 수 있기 때문입니다.

독서를 통해 위대한 거인들을 만나고 인생의 올바른 길을 인도받을 수 있고, 자신의 삶의 과정을 성찰해 볼 수도 있습니다. 그래서 거인들의 책을 읽는 게 중요하다고 합니다.

　조금이라도 젊은 시절에 생각하는 뇌를 바꾸어야 합니다. 나이가 들면 들수록 유연성은 떨어지고 아집과 고집만 늘어나게 됩니다.

　시간이 날 때마다 독서에 시간을 투자하면 효과가 엄청날 수가 있습니다.

　왜냐하면 우리들의 경쟁자인 많은 사람들이 책 읽는 걸 좋아하지 않기 때문입니다.

　어쩌면 이것은 성공하기를 바라고 부유하게 살기를 원하는 우리에게 축복이 아닐 수가 없습니다. 모두 사람이 독서에 열중하고 치열하게 운동하고 자기 관리를 한다면 인생이 얼마나 더 치열해지겠습니까? 정말 감사한 일입니다.

　매일매일 조금씩 운동과 독서에 투자한다면 상대적 우위를 가질 수가 있습니다.

　사랑하는 여러분!

　올해는 정말 메리 크리스마스가 되기를 학수고대합니다!

　여러분의 성공을 두 손 들고 응원합니다!

　이번 한 주도 정말 고생 많았습니다.

9. 2019년 5월 25일 동학산장 워크샵 내용(말더듬 고침 핵심 내용)

오늘 제가 발표하는 내용들은 고수님들께서 전에 얘기한 것을 제가 정리한 것에 불과합니다.

그리고 오늘 이 내용들이 여러분의 말막힘, 말더듬 치료에 미력하나마 도움이 되었으면 합니다.

저는 2010년이 시작되면서 본격적으로 말더듬 치료에 뛰어들었습니다.

물론 대학 시절에도 서울에 있는 말더듬 학원 두 군데 정도 다니면서 지하철 실습을 하고 부단히 노력했지만, 근본적인 교정이 되지 않았습니다.

여러 가지 훈련을 하면서 말더듬 치료에 올인을 했지만 상태는 더욱 악화되어 갔습니다.

그래서 "내 인생은 여기서 끝나는구나"라고 생각한 적이 여러 번 있었습니다.

본론으로 들어가겠습니다.

적을 이기려면 반드시 적에 대해 알아야 하는 것처럼, 말더듬, 말막힘을 극복하려면 말더듬의 실체를 정확하게 알아야 합니다.

우리나라에서는 말더듬을 언어장애자로 분류하고 있습니다.

국가에서도 장애자로 인정하는 말막힘, 말더듬의 실체를 정확히 알아야만 말더듬에서 해방될 수 있다는 것을 알게 되었으며, 또한 마음으로 느끼고 체득하고 체화해야 한다는 사실을 뼈저리게 깨닫게 되었습니다.

그동안 제가 나름대로 정말 열심히 처절하게 훈련을 했지만 실패를 한 것은 바로 말더듬의 실체와 정확한 방법을 몰랐기 때문입니다.

2018년 9월 13일 대구 풀말 부회장님이 카톡에 현실 적용방을 만들자고 제안을 했습니다.

몇 년 동안 훈련을 해왔지만, 발전이 없었고 말더듬의 지독한 고통과 어둠 속에서 기진맥진해 있었을 때 과연 말더듬을 고칠 수 있을까? 라는 회의에 빠진 적도 있었습니다.

이러한 침몰해 가는 저를 일으켜 세운 것은 바로 강력한 현실적용이었습니다.

비록 몸은 많이 경직되어 있었지만, 현실적용을 통해 많은 효과를 보았고 지금도 계속 밀리고 또 전진하고 또 밀리고 또 전진하고 있습니다.

현실 적용방을 오픈했을 때 이런 생각을 했습니다.

그전에는 발성법을 대충 현실에 적용을 했지만 지금부터는 진짜 제대로 현실에서 발성법을 적용해 보기로 다짐했습니다.

몸은 많이 굳어 있었고 아랫배의 동력도 미미했지만 현실에서 발성법을 적용해 나갔습니다.

아랫배가 제대로 작동하지 않았으나 입으로 말을 서서히 풀어나갔던 것 같습니다.

그러면서 입으로 강력히 푸니 아랫배도 함께 연동된다는 사실을 깨닫게 되었습니다.

이제부터 아주 중요한 방법입니다.

먼저, 말막힘을 고칠 수 있는 방법은 크게 경직 없는 호흡(힘빼기 호흡)과 호흡 발성입니다.

그럼 발성법을 어떻게 하면 현실에 잘 적용할 수 있을까요?

첫 자 발성을 하기 전 입을 살짝 벌린 채 아랫배 부드러운 밀당이 세팅되어야 됩니다.

입을 벌린 채 아랫배 밀당을 계속 확인하고 발성을 할 때 힘이 빠지게 해야 효과가 제대로 나타납니다.

단전에서 항문 쪽으로 숨이 쑥 꺼지는(빠지는) 느낌으로 밀당하시면 됩니다. 이때 아랫배를 억지로 밀고 당기고 하시면 안 됩니다.

쉽게 말하면 풍선 꼭지를 항문이라고 생각하면 됩니다.

즉 아랫배 항문 쪽을 의식하면서 힘이 빠지는 밀당이 최고인 듯합니다.

잘 이해가 안 되시면 아랫배를 바라보면서 아랫배가 부드럽게 움직이고 이완되는 밀당을 계속하시면 됩니다.

두 번째로, 아랫배 밀당이 유지되는 상황에서 첫 발성을 할 때가 너무 너무 중요합니다.

첫 자는 반드시 느리게 어색하게 이완되게 풀어야 합니다.

예를 들면, 저는 첫 발성을 시작할 때 "여~흐 보세요"라고 시작하면 절대 막히지 않았습니다.

첫 자를 느리게 어색하게 확~ 풀지 못하면 심리는 눌리고 눈치 보는 어설픈 발성으로 전환될 겁니다.

첫 자를 확 풀면 발성과 관련된 여러 발성기관들이 함께 풀리기 때문에 말이 막히지 않습니다.

그리고 아랫배 힘빼기 밀당을 놓치면 말이 막힐 가능성이 아주 높습니다. 무호흡으로 말을 할 가능성이 높기 때문입니다.

아랫배 밀당을 어떻게 하면 잘할 수 있습니까?

아랫배 또는 항문에 의념을 둔 채, 아랫배가 이완되고 아랫배에 힘이 빠지는 부드러운 밀당을 해야 됩니다. 아랫배를 잡아당기거나 힘을 주어 배를 내밀어서는 절대 안 됩니다. 이렇게 하면 오히려 경직이 올 수 있습니다.

입을 살짝 벌린 채 아랫배가 이완되고 힘이 빠지게 해야 효과가 나타납니다. 항문 끝으로 숨이 쑥 빠지는 느낌으로 밀당을 하시면 됩니다.

다시 한번 말하자면, 아랫배 항문 쪽을 바라보면서(혹은 아랫배에 의념을 두고) 항문 쪽으로 힘이 쑥 꺼지는(빠지는) 밀당이 최고인 듯합니다.

왜 아랫배 밀당을 24시간 반드시 해야 합니까?

아랫배 주변에 있는 부교감신경을 활성화시켜 아랫배를 이완시켜 주기 때문입니다.

몸만 이완되면 호흡은 정말 쉽다고 합니다.

아랫배 또는 항문에 의념을 둔다는 말은 아랫배 의념 두기, 아랫배 바라보기, 아랫배 밀당, 아랫배 예열하기 등등 다 비슷한 말입니다.

순간순간 알아차림으로 아랫배 호흡 밀당을 줄기차게 한다면 말고침의 효과를 극대화시킬 수 있습니다.

현실적용을 어떻게 하면 잘할 수 있을까요?

다른 것은 내려놓지 못해도 자신의 발성법은 반드시 내려놓아야 합니다. 말이 안 나와 직장을 그만둘 정도의 처절한 고통보다는 5% 정도 부족한 발성법을 드러내고 인정하고 받아들이는 훈련을 해야 합니다.

계속해서 내 자신의 발성법을 인정하고 받아들여야 합니다. 자신의 약점을 드러내면 드러낼수록 몸은 더 이완되고 발성법은 더욱더 탄력을 받을 수 있을 겁니다.

발성법을 피하면 피할수록 심리는 눌리고 말은 빨라지고 발성법은 모래성처럼 허물어질 것입니다.

어차피 하자 많은 인생 아닙니까?

우리의 발성법이 좀 하자가 있고 어색하다고 해도, 여러분 주변의 사람들은 우리의 발성에 대해 별로 관심이 없습니다. 물론 관심이 있다고 해도 우리보다 더 하자가 많은 사람들, 내 인생을 결정하지도 못하는 그런 사람들을 의식해서 어설픈 발성법을 사용해서는 절대 안 됩니다. 그냥 편하게 무시하고 정면 돌파하시면 됩니다.

실제로 발성법을 적용하면 10명 중 3명 정도 관심이 있습니다. 그중에서 좀 예민한 반응을 보이는 사람은 한 사람 정도입니다.

내 인생에 아무런 가치가 없는 한두 명 때문에 발성법을 포기해서는 결코 안 됩니다.

오히려 그런 사람들을 내 말막힘 말더듬을 극복하는 데 적극적으로 활용하여 발성법을 저돌적으로 밀고 나가야 합니다. 그런 사람들은 내 발성법을 아름답게 만들어 주고 적용할 수 있는 최고의 사람들이라는 발상의 전환이 필요할 것 같습니다.

말을 매끄럽게 잘하는 것도 중요하지만, 조금 어눌하지만 표현하고 싶은 말을 마음껏 하는 것이 중요하다고 생각합니다.

그럼 어느 정도의 느림을 유지해야 하나요?

자신이 절대 막히지 않을 정도의 호흡과 연동이 되는 느낌을 가져가야 합니다.

대구풀말학원에서 우리가 사용하는 발성법의 50% 정도만 현실로 가져가면 현실에서 뚫고 나갈 수 있을 것으로 생각합니다.

예를 들어, 발성 속도가 1단계에서 10단계의 속도가 있다고 가정하면 일반 사람들은 보통 9~10단계의 발성 속도로 한다고 보시면 됩니다. 더 느린 사람은 8단계 정도이겠죠.

이건 자신의 몸과 호흡에 따라 다르다고 보시면 됩니다.

저 같은 경우는 5단계 속도의 발성 정도가 적당하다고 생각합니다. 아주 느린 발성법이라 할 수 있습니다. 이렇게 발성하면 막히지도 않고 심리적으로도 편안해집니다.

지금까지 너무나 많은 것을 얘기하고 강조하다 보니 무슨 말인지 잘 이해가 안 될 수가 있겠죠?

간단하게 요약해서 말하자면,

아랫배 부드러운 밀당을 계속하면서, 입을 살짝 벌린 채 첫 자를 느리게 어색하게 풀면서 한숨에 한 어절, 두 어절 정도 발성하고 들어오는 숨을 기다리면 됩니다. 발성이 쭉~쭉~ 뻗어나가면서 리듬을 타는 발성법을 추천합니다.

현실적용의 시기는 언제쯤 하면 되나요?
호흡이 어느 정도 안정되고 자신만의 발성의 틀이 어느 정도 잡히면 현실적용을 해야 합니다.
동태와 생태의 차이를 아십니까?
생태는 바로 탕으로 끓일 수 있지만, 동태는 해동 과정을 반드시 거쳐야 합니다.
해동 과정이 없이 동태를 탕으로 요리할 수는 없습니다.
마찬가지로 우리의 경직된 몸도 반드시 해동 과정 즉 이완을 시켜줘야만 합니다.
그렇게 하지 않으면 경직된 몸에서 경직된 발성이 계속된다는 겁니다.
이완된 몸을 계속 만들어 가야 합니다.
그래서 국선도 훈련도 하고 아랫배 이완 밀당도 계속 해야 하고, 이완되는 발성을 계속해야만 됩니다. 아랫배 호흡 밀당으로 아랫배를 계속해서 예열시키면 몸은 계속 이완이 될 거라 확신합니다.
몸과 호흡이 이완되지 않은 상태에서 경직된 발성을 사용해서 막히지 않고 말을 잘한다고 해도 심리는 계속 찝찝한 상태가 지속될 것이고 결국 막히게 됩니다.

빠른 발성 속도를 어떻게 하면 잡을 수 있을까요?

아랫배 밀당을 하면서 첫 발성을 느리고 어색하게 풀면서 한 호흡에 한~두 어절 한 뒤 들어오는 숨을 기다려야 합니다. 이때 한~두 어절 정도 발성을 할 때 리듬감 있게 발성하면서 끝 자를 쭉 끌어 올리면서 잔 숨을 다 빼고 들어오는 숨을 기다려야 됩니다.

아랫배 밀당을 놓치지 않고 아랫배를 계속 예열하고 이완시키면서 한 숨에 한~두 어절 정도 아랫배와 연동이 되는 발성을 한 뒤 들어오는 숨을 기다리면 어느 정도의 빠름은 잡을 수 있을 것 같습니다. 우리의 빠른 발성만큼 아랫배는 절대 그렇게 빨리 움직일 수가 없기 때문입니다.

그리고 말이 빨라질 것 같으면 중간중간에 발성을 멈추고 아랫배에 의념을 두고 호흡 밀당하고 있는지 확인해야 합니다. 그리고 말이 빨라질 것 같으면 발성을 멈추고 아랫배를 바라보며 호흡에 집중해야 합니다. 즉 이완되는 호흡 밀당을 계속 유지하고 있는지 확인하는 여유를 가져야 합니다. 저도 수업을 하면서 가끔 의도적으로 말을 멈추어 봅니다. 학생들이 고개를 들고 '왜 말을 안 하고 있을까'라는 반응을 보일 때까지 멈추곤 합니다. 아주 재미가 있습니다.

이러한 호흡 밀당을 하루 동안 얼마나 치열하고 잡느냐에 따라 치료의 효과가 달라질 것입니다.

왜 아랫배를 이완(예열)시키는 게 핵심 중의 핵심일까?

예를 들면, 운동선수들은 시합에 들어가기 전 반드시 준비운동(몸 예열)을 반드시 해야 합니다. 겨울철에 얼어있는 자동차는 반드시 예열을 한 뒤 출발해야 하는 것과 마찬가지입니다.

특히, 우리처럼 말에 대해 어려움이 있는 사람들은 발성을 하기 전에 경직된 몸은 반드시 예열 즉 이완시켜야 합니다. 예열이 안 된 상태에서 발성을 하면 경직된 발성이 나오기 때문입니다. 또한 발성법 자체도 예열을 시키는 게 훨씬 좋겠죠. 그러면 더욱더 부드럽고 우렁찬 발성법이 나옵니다. 또한 예열을 시키면 시킬수록 폐활량도 덤으로 늘어난다는 것입니다

학원에서 나온 질문 중 하나입니다.

어떻게 하면 폐활량이 늘일 수 있을까요?

여러 가지 방법이 있습니다.

1) 아코디언 호흡하기
2) 국선도 준비동작에서 하는 뒤로 뒹구르기를 한 번에 50번 정도 3회 하기
3) 수영하기

가장 좋은 방법은 국선도 호흡을 배우고 익히는 게 최고의 효과적인 방법이라고 생각합니다.

오랜 시간 훈련을 하고 현실적용을 하는데도 불구하고 효과가 크게 나타나지 않는 이유에 대해서 아주 조심스럽게 말해봅니다.

잘못된 방법으로 연습하고 있을 가능성이 아주 높다고 생각합니다.

우리는 일반사람들의 발성은 있는 그대로 인정하고 받아들이는 반면에, 자신의 어색한 발성법을 받아들이지 못하고, 현실에서 발성법을 제대로 적용하는데 소극적인 측면이 아마 크게 영향을 준다고 생각합니다.

예를 들면, 제 주변에 성격이 좀 특이한 사람이 있습니다.

옛날에는 그 사람들로 인해 스트레스를 많이 받았지만, 요즘은 그 사람들의 성격을 있는 그대로 받아들이고 인정하고 난 후로는 스트레스가 확 줄었습니다.

저 사람은 왜 저렇게 행동할까 왜 저렇게 생각할까, 왜 저럴까? 뭐 저런 사람이 있어? 등등 그런 것들을 곱씹고 묵상하면 스트레스는 계속해서 상승합니다.

그 사람을 있는 그대로를 받아들이고 인정해버리면 스트레스는 확 줄어듭니다.

저 사람은 저런 사람이구나. 끝.

즉 어떤 것을 그대로 인정하고 받아들이는 정도에 비례하여 스트레스의 강도가 좌우된다는 것을 느꼈습니다.

마지막으로, 막히지 않는 나만의 발성법 적용을 너무 두려워하지 마십시오.

이 말을 카톡에서 여러 번 한 것 같습니다.

우렁차고 당당한 발성법을 사용하면 상대방도 우리의 발성법을 두려

위한다는 겁니다.

　이 세상에 하나밖에 없는 나, 자신의 멋진 발성을 있는 그대로 받아들이고 인정하고 현실에 적용하면 됩니다.

　결론을 맺겠습니다.

　자신의 발성을 인정하고 받아들이고 현실에서 그대로 드러내면 끝입니다.

　그동안 우리는 말더듬 때문에 인생의 즐거움보다 항상 걱정과 불안에 휩싸여 살았습니다. 인간다운 삶 즉 의미 있는 삶, 나 자신을 소중히 여기는 가치 있는 삶을 살아야 할 때가 온 것 같습니다. 평생 말 걱정만 하고 살아갈 수 없지 않습니까. 말 고침의 세계로 기꺼이 뛰어들고 당당하게 고침의 행복을 누리는 우리 모두가 되었으면 합니다.

10. 맺음말

　말더듬 인구는 평균적으로 전체 인구의 1~2% 정도가 이 질환을 가지고 있다고 한다. 매년 10월 22일은 국제 말더듬 날이다. '말더듬의 날'이 있을 정도로 말더듬은 고치기가 어렵다고 생각할 수 있다. 소수의 사람은 고치고, 대부분의 사람은 고침을 포기하고 말더듬에 순응하며 살아가는 것이 현실이다. 나는 일생동안 다음과 같은 생각이 떠나지 않았다.

　왜 말더듬을 고쳐야만 하는가? 정말 고쳐야만 하는가?

그건 가장 기본적인 권리인 인간답게 사는 문제인 것이다.

바닷가의 테트라포드가 오랜 세월 파도에 깎이듯이, 말더듬을 고치는 고통스러운 과정을 통해 도저히 변할 것 같지 않은 나의 모난 부분의 많은 것을 변화시켰던 것 같다.

사람은 절대 안 변한다고들 한다.

전기 충격기로 3번은 지져야 변한다는 법륜스님의 말처럼 사람은 잘 안 변한다는 건 사실인 것 같다.

하지만, 수많은 깨짐과 실패, 죽을 만큼 힘든 훈련을 통과하면서 조금씩 깨달음이 오고 고정관념이 해체되는 과정에서 아주 서서히 변하는 것 같다.

살아오면서, 말막힘으로 인해 '내 인생은 여기서 끝나는구나'라고 생각했을 때가 있었다.

희망이 전혀 보이지 않았고 길도 없었고 방법도 찾을 수가 없었다.

누구보다 끈기와 인내심은 어느 정도 지닌 잡초인생이라 생각했는데다 무너졌을 때가 있었다. 1년간의 휴직 당시엔 말더듬에서 도망치면 칠수록 말더듬의 올무에 더 깊숙이 걸려들고 있었고, 몸부림치면 칠수록 더욱 깊숙이 빠져드는 죽음과도 같은 시기였다.

동토의 얼음 같은 경직의 덫이었다.

이게 얼마나 무서운지는 수년간의 깨짐을 통해 체득하게 되었다.

이런 처절한 깨짐의 과정을 통해 말더듬의 껍데기는 서서히 사라지고 말더듬의 실체와 마주할 수 있었다.

과연, 말더듬의 실체란 무엇인가?

말더듬의 본질이란 무엇인가?

왜, 거의 평생을 말더듬에 갇혀, 말더듬에 묶여, 말더듬에 집착하며 살아왔던가?

이건 피하면 피할수록 인생을 고통 속으로 몰아넣기 때문에, 피할 수도 없었고 도망갈 수도 없었다.

그럼 말더듬에서 어떻게 벗어날 수 있는가?

이완된 몸과 경직 없는 호흡, 발성의 경직을 피하고 이완으로 가야만 한다. 이게 핵심 중 핵심일 것이다.

이걸 깨닫지 못하면 평생 몸과 호흡을 경직시키는 훈련 즉, 몸을 망치는 훈련을 하다 결국 포기하게 되는 것이 아닌가? 아무런 성과도 없이….

'지피지기면 백전백승이다'라는 말이 있다. 우선 사람마다 다름을 알아야 한다.

사람마다 몸도 다르고,

사람마다 호흡도 다르고,

사람마다 기질도 다르고,

사람마다 성격도 다르고,

사람마다 마인드도 다르고,

사람마다 말더듬의 상태도 다 다른데,

이걸 다 무시하고 일괄적으로 일반화시켜 한 가지 방법으로 고치려고 시도하니 당연히 실패할 수밖에 없지 않겠는가?

아무튼, 경직이란 단어를 알기까지 50년 이상이 걸린 것 같다. 이 한 단어를 알기까지…

나 자신의 무지 때문인가?

아니면 말더듬 학원의 무지 때문인가?

나 자신의 무지 때문이라 생각한다.

이러한 무지 때문에 열정적인 실패자들과 함께 고민하고 또 고민하고 연구하고 또 연구하고 절박하게 방법을 찾았던 것 같다.

말더듬의 숨겨진 은밀한 내부를 해체하고 파헤쳐야만 진정한 고침의 방법에 도달할 수 있다는 것이다. 그렇지 않으면 말더듬의 껍데기에만 맴돌 뿐이다. 즉 기분 좋은 완화 정도만 맛보는 마취에서 끝날 것이다.

무엇보다도, 말더듬 자체가 한 사람의 꿈과 희망을 빼앗고 능력도 빼앗고 인생 자체를 송두리째 흔들 수 있다는 것을 하루빨리 깨달았으면 한다.

표현하지 못하는 능력이 얼마나 고통스럽고 참담한 일인가에 대해선 학창 시절 발표 시간에 충분히 경험이 있으리라 생각한다.

직장생활에서 알고 있는 내용을 표현하지 못해 성과를 빼앗기거나, 좋은 기회를 박탈당했거나 하는 일은 비일비재하여 일일이 언급하기도 귀찮을 정도이다. 심지어 군 생활에서 말이 나오지 않아 구타 등 인격 무시까지 당하여 모든 자존심까지 무너졌던 상황까지는 굳이 언급하고 싶지 않다.

이러한 한겨울의 삶을 살아오면서 말을 고치겠다는 열망과 절박함은 어디로 갔단 말인가? 죽을 만큼 힘들지 않아서일까? 아니면 방법이 없다고 단정한 채 하루하루 무탈하게 지나가기만을 바라며 살아왔던 것일까?

절박함의 문제인 것 같다. 정말 간절하고 절박하면 길을 찾는다. 왜 더 이상 버틸 여분이 없으니까.

사랑하는 여러분!

진정한 타짜는 자기 패 즉 자신의 환경, 상황을 탓하지 않는다고 합니다.

오로지 자신의 패로 이기는 데만 집중한다는 말입니다.

말더듬에 대한 어떤 핑계도 대지 마시기 바랍니다.

성공한 사람들의 공통점을 보면, 어떤 일을 하는 데 있어 핑계를 늘어놓지 않습니다.

안 되는 수만 가지 이유보다, 어떻게 하면 될까를 고민합니다.

마찬가지로, 어떻게 하면 말더듬 말막힘을 고칠 수 있을까?

어떻게 하면 이완된 몸을 만들 수 있을까?

어떻게 하면 이완된 호흡(경직 없는 호흡)을 할 수 있을까?

어떻게 하면 이완된 발성을 할 수 있을까?

어떻게 하면 훈련을 더 잘할 수 있을까?

여기에 집중한다면 여러분은 벌써 완치자의 삶을 살아가고 있다고 확신합니다.

여러분 모두 말더듬에서 해방되는 그날을 학수고대해 봅니다.

2장
민트 님

부모님께서는 2명의 자녀를 잃고 태어난 나에게 유달리 관심과 애정이 많으셨던 것 같다. 또한 어릴 적부터 나에게 응원이나 격려의 말보다는 늘 노심초사하며 걱정이나 염려의 말을 많이 하셨다.

남동생이 2명 있는데, 큰동생이 초등학교 때 말을 더듬었다. 부모님께서는 방학 때 부산 친척 집에 보내어 학원에 다니며 치료를 받게 하셨다. 그 결과 동생은 좀 나아진 듯했고, 내가 보기에는 지금도 막힘 현상이 자주 나타나는데, 본인은 전혀 불편을 느끼지 않는다고 한다.

나는 말수가 적어서 수줍고, 소극적이서 눈에 잘 띄지 않는 아이였다.

풀림 발성이 되던 즈음, 처음으로 어머니께 내가 언제부터 말을 더듬었는지 여쭤보았다. 어릴 때는 말도 잘 안 하고 해서 잘 몰랐다고 하셨다.

1. 말더듬은 유전인가

내가 결혼해서 자녀를 키워보니 둘째보다 양육 경험 없이 키우는 첫째 아이에게 관심이 온통 집중됨을 알게 되었다.

첫째 아이가 4살쯤, 언어 습득이 급격히 많아지는 시기에서 말하기를 힘들어하고 더듬거렸다.

나를 비롯하여 남편과 시모님은 모두 성격이 급한 사람들이다. 시어머니와 남편은 아이에게 더듬거리지 말라고, 똑바로 말하라고 다그쳤다.

휴일날 그 상황을 보고 나는 깨달았다. 아! 아마 나도 저 시기쯤 말더듬이 시작됐을 수도 있었겠구나!

성격 급한 부모님의 관심 집중 대상인 내가 언어 습득이 홍수 같은 그 어린 시절에 지금 내 아이에게처럼 다그쳤을 것이라는 생각이 들었다.

그런 알아차림이 있었기에 시어머님과 남편에게 "우리 모두 천천히 말합시다. 더듬거리는 거 지적하지 맙시다. 말을 끝까지 들어줍시다. 그러면 괜찮아집니다" 그렇게 다행히 그 시기를 잘 넘겼고, 지금은 장성하여 말도 잘하고, 발표도 잘한다.

2. 말더듬 시작

내가 말더듬을 인지한 것은……

초등학교 4학년 때까지 반장을 했고 교내 웅변대회도 나갔다. 언젠가부터 수업 시간에 손을 드는데 심장이 몹시 콩닥거리고 떨렸으며 그 이후로는 손들기를 주저했고, 그 외 초등학교 시절은 기억이 희미하다.

중학교 1학년 때 번호대로 일어나서 국어책 읽기 할 때 몸을 리듬 맞추듯 좌우로 흔들흔들거리면서 읽었는데, 이상하게 여기는 학급생들에게 짝지가 "말을 더듬어서 그런다"라고 작게 말하는 걸 들었다. 학교에서는 대체로 소심하고 내성적인 편으로, 조용히 공부만 하면서 지냈던 것 같다.

고등학교 1학년 첫 등교하는 날, 시골에서 자란 나는 아는 친구도 거의 없는 학급생들 틈에 잔뜩 의기소침해 있었다.

첫 영어 시간, 내가 일어나서 읽을 차례가 되었다. 방학 동안 외울 정도로 예습도 했고, 안 보고도 잘 읽을 수 있는 문장들임에도, 심하게 남을 의식하며 바짝 긴장했고, 그로 인해 발성기관이 경직되어 떨리는 목소리로 떠듬떠듬 진땀을 빼며 겨우 읽었다. 반 학생들의 모든 시선이 나에게 집중되는 것 같았다. 이것이 말막힘으로 뇌에 강하게 기억나는 첫 장면이다.

수업 시간에 읽기를 시키는 국어, 영어 시간이 특히 싫고 두려웠다. 내 번호가 해당하는 날짜나 순번이 되면 수업에 집중이 안 된다. 교과서에 쉼표를 찍어 가면서 안 막히게 떨지 않고 매끄럽게 읽기 위해 안간힘을 썼다. 어떡하면 말막힘을 들키지 않고 읽어낼까 고민하느라 수업에 집중할 수가 없었다.

남들 앞에서는 안 그런 척 태연한 표정으로 지냈기 때문에 이런 고충은 아무도 몰랐다. 내가 생각해도 말도 안 되게 한심했다. 당연히 성적도 오르지 않았다. 제자리걸음으로 버티듯 고딩 생활을 무심하게 마쳤다.

버스터미널에서 버스표를 사기 위해 줄 서서 기다릴 때면 터미널 들어서기 전부터 두근두근. 내 차례가 되었는데도 첫말이 안 나와서 다시 뒤로 가서 서고……

식당에 가서 메뉴 주문할 때도 말이 막혀 정작 먹고 싶은 걸 말하지 못하고 다른 걸 시켜서 먹고……

한번 막혔던 특정 글자에 대해서는 트라우마 같은 예기불안이 있어서 과도하게 걱정하고 그런 단어는 정말 말하기 싫었다. 말할 때 한 호흡 첫 음에 그런 글자가 있으면 호흡이 딱 멈춰버리고, 목을 쥐어짜듯이 하여 겨우 말을 뱉어내었다. 어릴 적 내 꿈은 학교 선생님이었는데, 말 때문에 접었다.

3. 대구언어교정학원

대학교 1학년, 교양과목 한문 시간에 또 읽기를 시켰다. 아는 글자임에도 막히게 되면 일부러 몰라서 그러는 것처럼 떠듬거렸다.

졸업여행이 있을 즈음에 대구언어교정학원을 알게 되었는데, 그 당시 비용이 꽤 비쌌다. 첫말 시작할 때 "어~"를 붙여 말하게 했고, 내가 말하면 피드백 기기로 내 소리를 실시간 들으면서 속도를 느리게 조절하며 말할 수 있었다. 원장님과 이야기하는 동안 참 편안함을 느꼈다.

시골 부모님께 받은 졸업여행비까지 학원비로 다 소진해서 결국 졸업여행을 가지 못했다. 학원에서는 마음이 한없이 편하였으나, 현실적용으로 이어지지 못한 상태에서 비용적인 부담이 커 2달 정도 겨우 다녔다.

그 후로 혼자서 천천히 책 읽기를 많이 했다. 다른 사람이 없이 나뿐인데도 막히는 부분이 종종 있었고, 다른 사람이 있으면 긴장하고 신경 쓰여 막히던 원래 상태로 바로 돌아갔다.

천성은 밝은 성격이라 편한 사람들하고는 떠들고 잘 지냈다. 말하다가 막힐 거 같으면 안 막힐 거 같은 단어로 대체해서 말하거나, 불필요한 말을 주절거릴 때가 많았다. 그러고 나면 수치와 자괴감이 밀려오고, 진땀이 나기도 하고, 나를 피곤하게 몰아붙였다.

4. 직장생활

직장생활 중에도 말 때문에 하루도 긴장하지 않은 날이 없었다.

혹시라도 들킬까 봐 염려하였고, 발표할 기회가 있으면 다른 사람에게 넘기려고 애썼다.

발표나 방송할 때는 막히는 글자가 있나 없나 먼저 살피고, 잔뜩 긴장되어, 어지간하면 안 하려고 했다. 이런데 신경 쓰며 에너지를 소모하다 보니 몸이 더 고단했다.

남들 앞에서는 표정 밝게, 사람 좋은 인상을 하고 있지만 퇴근하면 피로가 몰려와 파김치가 되는 생활이 반복되었다.

5. 말더듬 바이블

직장생활 20년 차 되던 2013년 어느 봄날, 자기 계발 서적을 닥치는 대로 읽었다.

나를 돌아보면서, 더 이상 말막힘 말더듬을 방치할 수 없다! 이대로 답답하게 살아서는 안 되겠다!

말더듬을 극복한 사람들도 있다던데. 책이라도 사서 보자는 생각으로 인터넷을 검색하다가 맨 나중에 우연히 30년 말더듬 난 이렇게 완치했다 「말더듬바이블」을 알게 되었다.

30년 동안 말더듬으로 고생한 저자가 자신의 경험을 바탕으로 완치한 내용, 심리치료, 훈련 등 총 3권으로 두꺼운 책이었다. 그런 책은 처음이었으므로 구세주를 만난 기쁨으로 책이 닳도록 읽었고 책에서 알려주는 방법을 따라 그대로 훈련했다. 이렇게 하면 나도 완치될 수 있다는 희망과 확신을 가지고 정말 열심히 했다.

집에서 큰소리로 읽으면서 훈련하면 부끄럽고 가족들에게 불편을 주게 되어서, 새벽에는 집에서 떨어진 곳으로 차를 몰고 가 차 안에서, 출퇴근하는 길가에서 소리 높여 훈련했다.

적당한 훈련 장소가 없어서 이러고 있는 내 처지가 참 서글펐다. 제대로 하고 있는 건지도 잘 몰랐고, 그저 열심히만 했다.

저자가 운영하는 다음카페에 훈련일지도 매일 열심히 올렸고, 올라온 글에 대해 서로 댓글과 격려 글을 달았다. 카페에 공식 완치 선언한 회원이 9명이나 되었고 나는 10번째가 되길 간절히 희망했다.

2년 동안 혼자서 훈련하다 보니 중간에 힘들어서 중단하기도 했고, 그럴 때마다 다시 좌절하고 또 시작하기를 여러 차례 반복했다.

그래서 저자를 직접 만나기 위해 서울에 가서 2013년 8월에 4회, 2014년 8월에 4회 조언을 들으며 훈련했다. 왔다 갔다 거리가 만만찮아서 혼자 훈련하다 보니, 지금 제대로 하고 있는 건지 감이 잘 오지 않았다. 노력 대비 효과가 드러나지 않아서 애쓴 보람도 없고 답답했다.

그래서 2015년에는 본격적으로 1:1 정기교육을 받았다.

매주 1시간씩 어느 정도 개인 교정이 되고 나서 그룹반으로 올라갔다.

1시간 교정받기 위해 왕복 8시간이 걸렸다. 거리가 멀어서 스스로 지치고 삶이 피폐해지는 거 같아 격주로 가서 2시간씩 수업을 받았다. 총소요 시간이 10~11시간 걸렸다. 하루 교통비만 해도 10만 원이 넘었다.

내 신세가 측은하고 안됐다 싶을 때가 많았지만 완치된다는 확신과 기도로 훈련하면서 견뎌냈다.

하루 2시간의 훈련 시간을 채우기 위해서, 집에서는 화장실에서 문을 닫고 30분 이상 소리 질렀다.

아~ 야~ 어~ 여~ 모음, 자음, 단어, 문장 순으로 무한반복.

아침 훈련을 위해 새벽 5시에 차를 몰고 한적한 길가에 주차하고, 길에서 소리를 질렀다. 모음 자음 등등. 퇴근하면서도 길가에 주차하고 소리를 질렀다. 더운 여름 추운 겨울날에는 차 안에서 고함을 질렀다.

이런저런 핑계를 대며 훈련하다가 수상한 행동이 반복되니 결국 남편이 따져 물었다.

남편은 "부족한 거는 그냥 인정하고 살면 되지, 안 되는걸 뭘 그렇게 매달리나? 포기하고 차라리 잘하는 다른 것에 투자하는게 맞다고 본다."라며 훈계했다.

처음부터 남편을 설득할 수 없음을 알았다. 조금이라도 나의 우군이 되어 주기를 바랬지만 끝까지 응원이라고는 없었다. 남편은 내 편이 아니고 남들 편이었다. 아마 이상한데 다닌다고 걱정이 더 컸던 거 같기도 하다. 정말이지 외롭고 서럽고 힘든 나날이었다.

새벽에 집을 나서는 것 보다 우리 집에서 방에서 소리 지르는 것을 선택했다. 방음이 잘 안되는 주택인지라 온 집안에 내 소리가 울린다고 했다. 시부모님과 같이 살았었는데 다들 난리였다. 자녀들에게는 엄마가 발성 연습하는 거라고 간단히 설명해 줬다. 남편에게는 이것 때문에 이혼을 원한다면 이혼해 주겠다고까지 말할 정도로 남편과의 갈등, 스트레스는 쌓여갔다. 그만큼 나에게는 그 무엇과도 양보할 수 없을 정도로 말더듬 해방이 절실했었다.

매일매일 훈련일지를 기록했고, 휴 선생님이 운영하는 다음 카페에도 훈련 내용의 글을 올렸다. 회원들의 개인 훈련일지를 통해 서로에게 격려와 위로가 되었다.

목소리는 목감기 걸린 것처럼 항상 쉬어 있고, 걱정되어 이비인후과 진료를 받기도 했다.

고성으로 집안에 민폐가 많아서 훈련 장소를 따로 만들기 위해 주변 웅변, 피아노 학원 등을 물색하고 전화로 문의해 봤지만, 모두 이상하게 여기는 것 같았으며, 대여해 주지 못하겠다고 했다. 하다못해 친구 사무실을 출근 전에 30분간 빌려서 사용하기도 했다. 나만의 온전한 장소가 아니기에 주변 눈치로부터 완전히 자유롭지는 못했지만 당분간 사용할 수 있어서 다행이었다.

그런 훈련의 결과로, 사무실에서 내가 주도적으로 먼저 이야기를 할 때도 있었고, 상급자가 언성을 높이며 업무적으로 투덜거릴 때 나는 두근거리지 않고 같이 소리 높이게 되었고, 나이 든 직원이 기분 나쁜 일로 나한테 소리 지르며 대들 때, 화내지 않고 같이 더 큰 소리를 지르며 대응할 수 있게 되었다. 나의 놀라운 변화에 감사했다.

그런데 거의 1년이 다 되어 갈 무렵, 내 상태가 많이 좋아지긴 했으나, 더 이상 나아지지 않음을 깨달았다. 그룹반에서는 마지막 3개월 동안 한 번도 말이 막히거나 더듬거리지 않았지만, 현실에서는 심리가 약해서 예기불안이 있고 오르락내리락 반복이었다. 훈련에 대한 한계를 느꼈다.

저자 선생님은 내가 말하는 속도만 지키면 더듬지 않으니까 완치선언 하라고까지 말했다.

6. 대구학원에서 길을 찾다

간절하면 통하는지 그즈음에 우연히 대구학원을 알게 되었다.

대구학원에 간 첫날, 긴장하고 있는 나에게 아랫배 호흡, 힘 빠지는 상체, 낙지처럼 흐느적거리는 풀린 호흡 발성법 등 생전 처음 듣는 내용들을 가르쳐 주었다.

완치자 및 고수님들의 설명을 들으면서 내가 그동안 훈련했던 '휴'에서의 강한 들숨 발성은 호흡 경직을 가져오는 잘못된 훈련이었음을 깨달았다.

이제 제대로 고칠 수 있는 방법을 만났구나! 이 방법이 말막힘 말더듬에서 벗어날 수 있는 정확한 방법이란 확신이 강하게 들었다.

그동안 대구학원을 들락날락했던 사람들이, 쉽게 고치는 방법이 없나 간 보러 온 사람들이 많았다고 한다. 그래서 나를 대할 때에도 오래 함께 갈 사람인지 아닌지 의심했다고 한다. 말막힘을 풀어주는 정확한 방법을 알게 된 이상 더 이상의 망설임은 자만이었다.

2015년 11월 말부터 아랫배 호흡 발성 훈련하면서 나는 많은 변화를 체감했다.

심리가 상승하여 막혔던 단어에 대한 예기불안이 80% 이상 줄었고, 교육이나 회의 시간에 스스럼없이 손 들어 질문할 때도, 앞에서 자기소개 할 때도 전혀 두근거림이 없고, 전화는 시원하게 즐겼고, 사람을 만날 때도 쫄지 않고, 무한 긍정적이 되고, 감사가 넘쳐나고, 낭만적인 성격으로 변화되어 갔다.

그동안 과도한 긴장이 발성기관에 경직을 가져와서 호흡이 막히고, 숨을 못 쉬니까 자연적으로 말도 막혀 심장을 쥐어짜서 말하게 되었던 것이다.

발성기관의 긴장을 풀어주는 아랫배 호흡 발성으로 말하다 보니까 말하기가 수월했다.

아주 적당한 시기에 인연이 되어 대구학원 동지들의 수많은 시행착오를 통해 검증된 완치 노하우 중 우리는 엑기스만 뽑아서 훈련할 수 있었다.

우리 호흡 방식이 국선도 호흡이랑 닮았으니, 빠른 시일 내에 호흡 습득을 위해 국선도를 다니라고 강권했다. 나는 바로 어제 단월드를 1년 치 결재하고 온 상황이었다. 대구 오기 전, 호흡이라도 편하게 해보자, 어떤 상황에서라도 들뜨지 않고 평정심을 가질 수 있는 안정된 호흡을 익히자, 말막힘 상황을 살펴보면 언제나 호흡부터 경직되더라, 호흡이 편안하면 말은 잘 나온다.

긴장하거나 급하거나 예기불안이 오면 호흡이 들뜨고 경직된다. 호흡 수련을 위해 한때 잠깐 가까이했던 세상적으로 친근한 이미지인 단월드에 상담받으러 방문했다가, 원장의 설득에 솔깃해져 연간 수련비까지 덜컥 결제한 것이었다.

7. 국선도

대구 모임 다녀온 다음 날 국선도를 검색하니 다행히 근무지 근처에 수련원이 있었다. 당장 방문해서 등록을 했다. 국선도 원장님께는 "제가 급하거나 긴장하면 호흡이 막히고 말이 안 나옵니다. 어떤 상황에서도 편안할 수 있는 호흡을 배우고 싶어서 왔습니다"라고 말씀드렸다. 이미 결재한 단월드는 위약금 물고 취소하기까지 1주일이나 걸렸다.

대구 모임은 2주마다 일요일 오후 2시~5시까지, 국선도는 매일 퇴근 후 저녁 시간에 1시간 30분 동안 수련했다.

국선도의 수련 내용은 기체조, 단전호흡, 명상으로 이루어져 있는데, 우리가 하는 호흡법이랑 원리가 많이 비슷하다.

기체조는 맨손체조, 근골격 운동과는 동작과 마음 자세가 다른 기혈 순환 체조이다. 단전호흡은 편안한 호흡을 따라 심신이 안정되며 본 수련 내내 단전 행공을 한다. 명상은 호흡을 따라 하단전을 응시하는 것으로 주의 집중력 향상과 자아실현감을 증가시킨다.

국선도 수련을 하면, 스트레칭에 의한 동작으로 각 관절과 근육의 하중 능력, 속 근력, 유연성이 증대되고 스트레스 조절 능력이 향상되어 일상생활에서 통제력이 확장되는 효과가 있다.

보통의 경우 수련 시간 내내 일상의 여러 가지 잡다한 생각들이 떠오른다. 가끔 한 달에 한 번 정도 수련이 제대로 이루어질 때가 있다. 얽매인 것 없이 무심할 때, 의식이 아래로 쑥 내려가면서 깊은 호흡이 이루어지고, 수련 후 머리가 아주 맑아진다. 국선도 수련을 마친 뒤 발성은 아랫배 깊은 곳에서 울려 나와서 정말 마음에 든다.

 몸이 이완되어야 호흡도 이완이 된다. 경직 없는 자연스러운 호흡 훈련을 위해서는 국선도가 선택이 아닌 필수로 생각되었다. 아침에 시간이 부족해도. 국선도 준비동작부터 먼저 하고 나서, 발성 훈련을 하게 된다. 몸을 풀어주고 호흡을 풀어주는 것이 발성보다 우선이라는 생각이 들기 때문이다.

 느리거나 어색한 말투에 수치심을 갖지 않을 수 있는 용기와 배짱이 강하다면 다를 수도 있겠지만 불안과 막힘이 닥쳤을 때 호흡이 멈추기 때문에 호흡을 먼저 챙기게 되는 거 같다.
 국선도 호흡을 통해 그 느낌을 체득하고 생활화하면서 부드러운 호흡을 통해 발성기관 근육의 과도한 긴장을 조절하여 발성에 적용한다면 말 막힘에서 점점 자유로워진다.

8. 호흡&발성 훈련

 다음은 제가 체득하고 수련하고 훈련한 호흡과 풀림 발성에 대하여 정리한 내용입니다. 호흡이랑 발성은 각자의 몸과 마음, 느낌 상태에 따라 사람마다 표현이 다양할 수 있습니다. 그렇지만 훈련 방향은 힘 빠지는 부드러운 자연스러운 호흡과 풀림 발성이란 점에서는 모두 같습니다.

상체 힘을 빼고 배꼽 아래 단전 부위에 마음을 두고 바라본다. 이때 주의할 점은 너무 집중하여 뚫어지게 단전을 의식하게 되면, 의도적인 호흡을 만들게 될 우려가 있으므로, 달을 바라보듯 은은하게 무심하게 단전을 바라본다. 단전을 정확히 구분하기에는 어려움이 있으므로 우리는 통상 배꼽 아래 부위, 즉 아랫배라 표현한다.

힘을 뺄 때는 아랫배보다는 항문을 구심점으로 바라보는 방법도 있다. 풍선이 부풀었다 줄어들었다, 아랫배로 숨이 들어왔다가 항문 쪽으로 블랙홀처럼 빨려 들어간다. 진공청소기가 항문 쪽에서 빨아들인다 등등 느낌으로 자신이 아랫배 힘을 잘 뺄 수 있는 쪽으로 연상을 하면 도움이 된다.

들숨보다는 날숨에 집중한다. 숨을 다 빼고 나면 들숨은 자연스럽게 다시 채워진다. 처음에는 의식을 두며 의도적으로 아랫배를 뒤로 끌어당기기도 한다. 그러나 어느 정도 단련이 되면 날숨에 자연스럽게 아랫배가 홀쭉하게 된다.

입은 자연스럽게 살짝 벌려준다. 다른 사람과 이야기할 때도 표시 나지 않을 정도로 열어 놓는다.

굳이 아랫배에 의식을 두라고 하는 것은, 입으로 집중하면 할수록 발성기관 전체가 쉽게 경직되기 때문이다. 발성기관의 이완을 통해서만 이 문제를 해결할 수 있는데, 가능한 입에서 거리가 먼 아랫배에 의식을 둘수록 교감신경이 잡히고 부교감신경이 활성화되어 호흡과 심리가 안정된다.

아랫배로 숨쉬고, 아랫배로 먹고, 아랫배로 말하고, 아랫배로 걷고 등등 몸의 중심이 아랫배가 되어야 한다.

아랫배에 호흡이 충만하면, 아랫배에서 알아서 조음이 되어 자연스런 발성이 올라온다.

발성이라는 것은 자연스런 날숨 호흡에 살짝 실려서 소리로 전달되는 것이다.

으~, 모음, 자음 훈련.

하루 3시간은 기본으로 훈련해야 한다. 때로는 내 모습이 처량하고 처절하다마는 어쩔 수 없다.

발성 훈련할 때는 상허하실! 한숨 쉬듯이 머리에서 아래로 발끝까지 무너진다는 느낌으로, 어깨를 쓸어내린다는 느낌으로 한숨을 토하듯이 한다. 상체 힘을 빼고 발바닥까지 쭉 내린다는 느낌으로 발성하면 기운이 항문 위쪽으로 쑤욱 잘 빠집니다. 이렇게 발성하고 나면 머리가 맑아지고 개운해진다.

모임의 지령에 따라 매일 3시간 힘빼기 발성 훈련을 했다. 주로 아침

일찍 1시간, 점심시간 30분, 잠자기 전 1시간 30분. 어쨌든 개인 집중 훈련을 매일 3시간을 채우고 잠들었다. 힘 빠짐을 잘 느끼기 위해 훈련 시간 내내 서서 훈련했다. 이 자세가 무리가 되었는지, 약하던 무릎이 빨리 탈이 나서 슬관절 파열 수술을 받기도 했다. 노력 없이 편하게 이루어지는 건 아무것도 없네요!

평소 사용하던 일반발성은 안 된다. 익숙해져 있는 의식을 깨는 새로운 발성이 필요하다. 빠르고 급하고 쉽게 퍽퍽 막히는 그런 발성 습관은 버려야 한다. 아랫배에 의념을 두고 호흡도 느리게, 말도 느리게, 행동도 느리게, 밥도 천천히 먹고, 모든 생활이 바뀌어야 급한 습관이 쬐끔이라도 변할 수 있다.

아기가 말을 배우듯이 하나하나 나만의 새로운 발성을 만들어 가야 한다. 그러기 위해서는 말할 때 뇌에서 과거의 습관들을 쉽게 꺼낼 수 없도록 지금까지와는 다른 발성을 해야만 한다. 무의식 세계까지 바꿀 수 있는 강력한 실행이 필요한 것이다.

아침 발성 훈련을 1시간 이상 집중해서 하다 보면, 내 발성이 내가 듣기에도 좋은 목소리로 들리게 된다.
매일매일의 훈련량이 쌓이다 보면 내공이 쌓이게 되고 현실적용에도 점점 자유로워진다.

의도적으로 힘을 빼면서 의도적으로 느림을 구사할수록 자연스런 호흡이 되고 현실에서 경직도 풀 수 있다. 느릴 수 있다는 것은 잘 보이려는 마음을 내려놓았다는 의미일 수도 있으며 여러 가지 의미를 품고 있다. 발성기관 자체를 느리게 움직일 수 있다는 것은 급격한 발성을 안 하기 때문에 경직도 풀리게 되는 것이다.

대구학원을 다닌 후부터는 훈련을 방해하는 모든 모임과 사회적 관계를 끊다시피 했다. 피치 못할 가족 행사 한두 번 참석한 것을 제외하고는 학원 모임에 무조건 참석했다.

행여 1박 하는 모임 제의가 오면 거절했다. 외박하면 아침부터 정해져 있는 훈련을 할 수 없기 때문이다.

내가 먼저 연락하지 않는다고 인간관계가 끊어질까 두려워하지 말라.

나의 근본 문제가 해결되고 나면, 새롭게 태어나면, 오히려 인간관계에 더 자신감 있고 사회생활을 더 즐겁게 할 수 있다.

내 만족감 없이 끌려다니는 삶은 온전한 내 생활이 아니다. 기쁨도 행복도 나로부터 시작된다. 바깥의 시끄러움은 아무런 상관이 없으며 어수선한 내 마음이 문제다.

나도 내가 이렇게 독한 줄 몰랐다. 그동안 우유부단하게 지냈던 것 같았다. 몇 년 동안 끈기 있게 길게 한 가지에 몰입해서 계속했던 적이 없었다. 인내심 약한 내가 혼자라면 벌써 그만두었을 것이다. 함께 나아가니 속도는 더딜지라도 멀리 갈 수 있었고, 오르락내리락하면서도 꾸준히 우상향했다.

9. 야외훈련

처음에는 힘 빠지는 느낌을 잡는 것이 중요했고, 소리는 작게 해도 괜찮아서 집에서 훈련하기에도 충분했다. 3개월쯤 지나니까 우렁찬 발성(일명 공룡 발성)을 가르쳐줬고, 이때부터 야외실습이 병행되었다.

회장님이 자신의 승용차에 태워 시내버스 승강장에 잠시 내려서 먼저 본을 보여주고, 다른 승강장에서는 내가 하도록 시켰다. 쭈뼛쭈뼛 어색하였지만, 성공한 리더가 곁에 있어서 든든했다.

모임 있는 일요일에는 동대구역 앞 흡연장, 대합실, 백화점, 공원, 지하철, 횡단보도 등 사람들이 모인 곳에서는 무조건 내질렀다. 참고로 나는 담배 연기를 아주 싫어한다. 그래도 발성 훈련하기 제일 만만한 곳이 흡연 장소 앞이었다. 야외실습 중 '혹시 아는 사람이 있으면 어떡하나'하는 염려는 잠깐이었고, 우선 내가 살고 볼 일이었다. 사실 내가 걱정하는 만큼 남들은 나에게 관심이 없었다.

우리가 걱정하는 것들 중 대부분은 현실에서 일어나지 않는다. 쓸데없는 걱정을 하는 것에 더 이상 시간 낭비를 하지 맙시다!

　야외실습은 회원들과 함께하기도 하고, 때로는 혼자서 스피치 하기도 했다. 때로는 지하철에서 취객 아저씨가 시끄럽다고 뭐라 하시기도 하고, 지하철에서 내릴 때 외국인이 따라와 나에게 천원을 건네기도 했다. 나의 어눌한 스피치가 도와달라고 구걸하는 소리로 착각하신 듯했다. 아주 가끔은 박수를 쳐 주시는 분들도 계셨는데 격려의 의미로 느껴져 더욱 감사했다.

　스피치 내용은 인사말과 격언을 섞어서 대개 이런 식으로 구성했다. "아~안녕하십니까? 여러분. 쉬시는데 대단히 죄송합니다. 저는 직장을 다니고 있는데, 발표를 잘 못합니다. 용기와 자신감을 좀 갖고 싶어서 이 자리에 섰습니다. 좋은 말은 꿀송이 같아서 뼈에 양약이 되고, 마음의 근심은 뼈를 상하게 한다고 합니다. 들어주셔서 감사합니다." 지하철 한 구간 정도에 끝낼 수 있는 정도로 지어냈다. 내용보다는 한 자 한 자 힘을 잘 빼야 성공이다. 스피치는 코로나19 직전까지 아주 절정이었다.
　혼자 다니면 용기가 더 필요했고, 같이 다니면 든든해서 보다 즐겁게 훈련할 수 있었다.

　대구학원에서는 앞에 나가 발표하는 사람을 보면 지난 2주 동안 훈련을 했는지 안 했는지 확연하게 드러난다. 지난번과 비교해서 발전한 것이 없으면, 고수님들 포함한 전 회원이 회를 치듯이 신랄하게 지적한다. 종종 학원 가기 싫은, 오늘은 쉴까? 망설이는 날이 있다. 그렇지만 일단 학원에 오게 되면 돌아갈 때는 '역시 오길 잘했다'라고 생각한다. 뭐라도 얻어가는 게 있다. 이것은 언제나 진리였다.

매주 학원에서 회원들을 살펴보면, 모두 지난주보다 조금씩 발전되어 가는 모습을 본다. 정확한 노력은 배신하지 않음을, 잃는 것 없이 얻는 것 없음을 매번 느꼈다.

학원가지 않을, 훈련하지 않을 핑곗거리는 항상 있었다. 그러나 가야 하는, 해야만 하는 이유는 너무나 명확하기 때문에 부정적인 것들이 우리를 주관하지 못하도록 더욱 의지를 강하게 가져 훈련하게 되고 유혹을 이기게 된다.

10. 전화 통화

회원들과 낮에도 통화는 하지만, 퇴근 후 특히 국선도 수련 후 밤에 1~2시간 정도 전화 통화를 하는 게 일상이었다. 한창때는 통화가 계속되어 저녁도 거른 채 10명과 통화하기도 했다. 대화를 들으면서 서로의 발성을 점검해 주고, 위로와 격려, 응원하면서 포기하지 않도록 서로에게 힘이 되어 주었다.

말더듬 때문에 고민이 많은 사람들에게 전화 상담을 해준 적도 많았다. 그들의 아픔이 내게 고스란히 전달되어 풀리는 호흡 발성에 대해 열심히 전했다. 그러나 알려준 방법대로 훈련하는 사람은 드물었다.

전화 실습 때의 일이다. 남 눈치 안 보는 아랫배 힘빼기에 집중하여 풀림이 잘 된 경우에는 상대방으로부터 이런 피드백이 온다. "우리말 잘하시네요." 입은 그냥 열려 있는 것이고, 입 모양으로 조음하지 않기 때문에 발음이 어눌하고 정확하지 않아서 외국인으로 인식하신 것이다.

전화는 녹음과 피드백이 중요하다. 통화 후 나의 발성 상태를 꼭 점검해 주어야 발전이 있다.

11. 성악 수업

풀말 모임에 힘 빠지는 호흡을 접목시킨 박고수님이 성악을 배우고 있어서 나도 훈련에 도움 되는 것이라면 무엇이든 해야겠다는 마음으로 성악학원에 등록했다.

힘빼기 발성 훈련의 효과로 상체 힘을 빼주니 고음이 자연스럽게 올라갔다. 그러나 우리 풀말 훈련에서는 입 모양을 정확하게 하지 않기 때문에 발음이 정확하지 않다는 지적을 받기도 했다. 성악은 6개월간 배웠는데 악보를 보는 방법과 사랑하듯이 리듬 있게 밀당하면서 노래해야 한다는 가르침을 받았다. 성악 수업후 야외훈련을 하면 발성이 더 시원하게 나왔다.

12. 대화할 때

다른 사람과 대화할 때는 상대방 말 잘 들어주는 척(?) 고개를 끄덕끄덕하면서, 아랫배에 의념 두고 내 호흡을 챙긴다. 훈련 초창기에는 상대방이 모를 정도로 입술을 살짝 열어 놓은 상태로 흐~ 호흡하며 상체 힘을 빼준다. 내 아랫배를 바라보고 아랫배로 말을 들어준다. 대부분의 사람들은 상대방의 말을 듣는 것보다 자기 말을 하고 싶어한다. 잘 들어주는 것만으로도 호감을 얻을 수 있다.

예전 같으면 대화 중에 언제 어떻게 끼어들어서 내 말을 할까? 호시탐탐 노리다가 틈만 생기면 급하게 끼어들어서 후다닥 속사포로 말했을 텐데 무의미하다는 생각이 들었다. 길게 말한다고 다 좋은 말도 아니요, 전달하고 싶은 말을 알아듣도록 풀림 발성으로 말하면 충분했다.

칠곡학원 다닌 지 5개월이 지날 즈음, 회사 사무실에서 훈련 발성과 비슷하게 한 자 한 자 느리게 가끔 적용해 봤다. 어느 날 후배 동료가 "언니는 왜 말을 그렇게 이상하게 해요? 무슨 이유가 있습니까?"라고 물었다.

말더듬을 공개 오픈할 마음은 없었기에, "나는 급하면 막혀서 일부러 느리게 해본다"라며 간단히 답해줬다.

나는 특정 자음에 예기불안이 심했다. 힘 빠지는 호흡 발성 훈련을 하면 할수록 첫 음을 풀어내기가 점점 수월해졌다. 24시간 아랫배 힘빼기 훈련을 하고 있으면 막히던 첫 글자가 힘 빠지면서 호흡에 실려서 나온다. 그렇게 한 번 두 번 성공하는 경험이 쌓일수록 이 방법을 더 신뢰하게 되어 열심히 훈련하게 되었다.

누가 나를 부를 때, 즉각 반응하지 않아도 된다. 후~ 힘을 빼고 들숨 한 뒤 한 박자(1~2초) 늦게 대답해도 된다. 근무 중에 전화 받을 때, 벨이 울리면 바로 받지 않고, 숨을 내쉬고 마시면서 수화기를 들고 통성명한다. 전화 통화는 녹음과 피드백이 중요하다. 통화 후 나의 발성 상태를 반드시 점검해 주어야 발전이 있다.

통화를 포함한 말을 하는 모든 상황에서, 한 호흡에 길게 말하지 않는다. 내 호흡에 맞게 어절을 잘라서 말해야 한다. 호흡이 편해야 막히지 않고 차분하게 말을 할 수 있다.

아랫배 의념 두고 내 호흡부터 챙기다 보니, '아! 지금 이 사람이 자기 이야기를 하고 싶어하는구나', '아! 지금 이 사람이 자랑하고 싶어하는구나', '아! 지금 이 사람이 많이 힘들어하는구나' 등등 상대방의 마음이 보이고, 상황에 대한 알아차림이 생겼다. 지천명의 나이가 되어서 그런지 아랫배 고요한 호흡을 지키기 위한 노력의 보너스로 이런 직감까지 주어진 거 같다. 알아차림을 할 수 있다면 수도자가 아니더라도 누구나 현인이 될 수 있을 듯하다.

13. 나만의 풀림 발성

2016년 하반기, 야외실습도 잘하고, 개인 훈련도 열심히 했지만, 어느 날부터 딜레마에 빠져 허우적거리고 있었다. 한 글자씩 또박또박 끊어서 하는 훈련 발성을 현실에서 사용하려면 진짜 어색해서 현실적용을 제대로 하지 못한 좌절감이 컸다. 강 회장님처럼 현적하려면 대단한 용기와 결단이 필요했다.

나는 회장님의 한 자 한 자 발성과 부회장님의 부드러운 발성을 조화시킨 나의 발성을 만들고 싶었다. 두 명 사부님의 장점을 추출해서 덜 어눌하고 리듬 있는 부드러운 새로운 발성을 창조해 가기 시작했다. 한 자 한 자 매 자간마다 리듬과 강약, 속도를 조절하고 풀어주면서 부드럽게 연결해 주는 발성 훈련을 새롭게 시작했다. 누가 알려준 것이 아닌 현실적용에 쉬운 발성이 필요했다.

훈련은 하루를 시작하는 출근 전 아침에 매일 하는 게 특히 중요하다. 그러기 위해서는 나만의 아침 훈련 장소가 꼭 필요하다. 집 근처 빈 사무실 공간을 아침마다 활용했다.

국선도 준비동작으로 몸을 풀고, 몸이 이완된 상태에서 발성 훈련하는 것이 중요하다.

언제든 뒤집어질 수 있는 심리는 못 믿는다. 훈련된 몸이 나를 궁지에서 지켜준다.

아침 6~7시까지 모음, 자음, 단어, 문장 순으로 한 자 한 자 글자를 이어주는 힘빼기 호흡 발성 훈련을 했다. 한 글자씩 딱딱하게 발성하는 것은 현적에 많은 용기가 필요했고, 부드러운 발성은 어색함은 덜하지만 예전에 사용하던 일반 말투로 쉽게 돌아가게 되는 위험이 있다. 그만큼 나의 호흡에 실리는 느림과 다름이 있는 이완 발성 유지가 필요했다.

첫 음은 힘을 푹 빼서 천천히 느리게 시작하고 각 음마다 노래하듯 리듬이 있는, 한 호흡에 2~3어절만, 한자씩 아랫배로 내려놓는 것에 의식을 두고 끝 자는 쭈욱 빼주면, 숨은 자연스럽게 들어오고, 다시 반복. 잔 숨이 남았다고 해서 길게 말하면, 말은 점점 빨라지게 되고 호흡 박자가 어긋나게 된다. 이런 식으로 나만의 발성 체계를 만들어 갔다.

매일 반복되는 훈련으로 아랫배 집중 호흡과 힘빼기 발성법 훈련의 기운이 쌓여 막힐 것 같은 상황에서도 내 몸이, 내 발성기관이 기억하고 있었다. 그래서 막힘을 푸는 시간이 점점 짧아졌다.

무슨 일이든지 100% 완전한 것은 없는 듯하다. 말더듬 말막힘 문제도 마찬가지. 일상생활에 70~90% 정도 불편함이 극복되었다면 괜찮다고 생각한다. 아랫배 의식, 힘 빠지는 당당한 발성으로 때로는 100% 완치된 것 같다고 착각(?)할 때도 있을 것이다. 하지만, 수십 년간 익숙해져 있는 나의 섭생들이 완전히 사라지기는 어렵다. 음악가나 성악가, 가수가 훈련을 하루도 빠짐없이 하듯이 우리 또한 그러해야 한다. 매일 매일 나의 훈련 정량을 채우다 보면 어느덧 자신도 놀랄 만큼 자신감 넘치는 말 잘하는 멋진 사람으로 인식되어 있을 것이다.

단번에 짧은 시간에 쉽게 거저 해결되기를 기대하지 마세요. 정확한 방법을 알았다면 앞뒤 재지 말고 도전해 보는 것입니다. 행하고 행하다 보면 알게 되고 깨닫게 됩니다.

14. 나의 변화

힘빼기 호흡 발성 훈련을 통해 변화된 저의 상태를 말씀드리면, 말에 대한 걱정 없이 출근한다.

아랫배 힘빼기 호흡에 계속 의념 두고 있으면 예기불안이 없다.

이야기하고 설명하는 것이 즐겁다.

성격도 적극적이고 긍정적 마인드를 가지고 있다.

불가능하다는 생각을 접고, 부정적이고 불평하는 마음이 생기면 말로 표현하지 않고 아랫배에 내려놓고 호흡하면 진정이 되고 가능한 쪽으로 생각하고 행동하게 된다.

좋은 정보가 있으면 필요해 보이는 사람에게 주저하지 않고 소개한다.

바른 우선순위, 바른 분별력을 알아차리게 된다.

내 마음은 항상 고요하지 않고 요동친다. 그러나 내 생각이 아닌 훈련된 몸과 마음이 나를 이끌어간다.

발표나 보고할 기회가 오면 기꺼이 즐거워한다.

잘하려고 하기보다 '얼마만큼 힘을 빼며 발성할 수 있을까?'에 집중한다.

발표해야 하는 내용을 소리 내어 여러 번 반복 연습을 하지 않는다. 과거의 경험상 반복 연습하면서 예기불안을 각인시킬 수도 있기 때문이다.

그냥 눈으로 보면서 아랫배 힘빼기 호흡으로 박자를 맞추며 여유 있게 한번 읽어본다.

(학창 시절부터 읽기나 발표 시 사용하였던, 문장에 쉼표 표시는 하지 않는다. 그 당시에는 초두 특정 자음 예기 불안이 극심했던 터라 말막힘 말더듬을 들키지 않기 위해서 한 호흡 쉼표를 표시했었다.)

지금은 아랫배 힘빼기 호흡이 박자를 맞춰 준다.

아랫배 몸이 만들어진 상태! 힘빼기 아랫배 호흡이 자동으로 되는 몸 상태에서는, 그 호흡 박자에 맞춰 발성을 살짝 실어 주기만 하면 된다. 아무런 걱정 두려움 없이 힘빼기만 해주면 된다. 그러면 결과는 언제나 만족스러웠다. 두려움이 없고 속도가 적당하여 전달도 잘 되었다.

15. 일상 훈련

내가 해 왔던 일상의 훈련들을 간략하게 알려드리면,
① 아침에 국선도 준비동작으로 아랫배 호흡과 몸을 열어준다.
② 아침 힘빼기 발성을 30분~60분 훈련한다. 시간이 부족한 날에는 1번만 간단히 해주고 2번은 생략한다. 몸(호흡)이 풀리지 않은 상태에서 발성 훈련은 별도 도움이 되지 못했다.
③ 종일 아랫배에 마음을 두고 힘빼기 밀당을 하려고 노력한다.
④ 퇴근 후 국선도 수련을 한다.

격주로 있는 대구 모임 가는 날에 광장, 대합실, 지하철 스피치와 상가 실습를 했다.

24시간 아랫배에 의념을 둘 수 있다면 어떠한 불안, 두려움이 올라오지 않게 되고, 첫 음에 저절로 힘빼기 및 풀림 발성이 되어 편안하게 말을 할 수 있다.

16. 느낀 점

그동안 훈련과 현실적용을 하면서 느낀 점은,

(1) 어느 정도의 느림과 어색함을 인지해야 한다.
우리는 그동안 너무 급했고 빨랐고 염려를 달고 살았다.

(2) 남을 지나치게 의식할 필요 없다.
남들은 내가 상상하는 것만큼 나에 대해 관심이 없다. 그저 한두 번 쳐다볼 뿐이다. 사람들은 저마다 자신의 일을 생각하기에도 바쁘다. 상사에게든 다른 사람의 마음에 들기 위해 노력할 필요 없다. 오히려 나의 아랫배 힘빼기에만 집중하는 것이 모든 상황을 최고로 만들어 준다.

(3) 걱정하는 것도 습관이다.
걱정만 하고 머뭇거리면서 시간을 보내고 있습니까? 걱정한다고 해서 잘될 것 같으면 걱정만 하고 있겠죠. 자신의 훈련과 아랫배 힘빼기를 믿고 그냥 행동해 보세요. 고민한 일들이 의외로 잘 풀린다. 쓸데없이 걱정하는 시간에 차라리 훈련을 하면 불안이 사라지고 편안해지며 자신감이 생긴다.

(4) 24시간 아랫배에 의념을 두고 힘빼기 밀당을 해야 한다.

어떤 상황에서도 무의식 속에서도 자동 힘빼기 발성이 나오려면 꼭 필요하다. 2015년 본격 가동된 우리 모임의 완치 로드맵을 통하여 3명이 완치선언을 했다. 누구라도 정확한 방법(경직을 풀어내는 아랫배 힘빼기 발성)으로 훈련하면 극복하고 완치할 수 있다.

풀말에 입문 후 나를 시험하는 두 번의 나름 큰 무대가 있었다.

17. 퇴임식 송사

2016년 대구학원에 다닌 지 7개월째, 직원 퇴임식에 송사를 해달라는 제의가 들어왔다.

순간, 가슴이 살짝 두근거리기 시작했다. 그러나, 내가 바라고 있던 일에 작은 기회가 온 것이란 걸 깨닫고, "나를 선택해 줘 고맙습니다" 인사하며 수락했다.

글쎄…… 작년의 내 심리였다면 어땠을까? 단번에 선뜻 결정하지 못했을 것이다.

"내가 어떻게 하겠느냐, 다른 사람 시키세요"라며 마음에도 없는 소리

했을 것이다.

그동안의 훈련이 나에게 용기를 주었다.

각 부서에 배포되는 퇴임 행사 계획 공문에서 내 이름을 확인하고 몇명 지인들이 축하 인사와 함께 "떨리겠다. 니 우째 할래?"라는 말도 전해왔지만, 나는 전혀 걱정되는 마음이 없었다. 걱정해서 해결될 일도 아니라서 그냥 접어두기로 하고 평소 업무를 한 것이다.

송사 원고를 느긋하게 준비하고 나서, 일주일 전부터 훈련 시간에 한 번씩 낭독해 봤다. 전혀 긴장이 없고 예기불안도 없었고, 주말 밤에 딸 앞에서 교정받으며 읽을 때도 편안했다.

D-5일 전부터 긴장이 살짝살짝 오고, 원고를 읽으면 예기불안이 두어 군데 왔다. 예기불안의 확산을 막기 위해 원고를 자주 읽지도 않았고(총 10회 정도 읽었음), 집착하는 생각을 떨치며 현재 일에 집중했다.

나는 한 호흡 첫 글자에서 특정 자음 막힘에 대한 트라우마가 심했었다. 이것 또한 아랫배 발성 훈련으로 거의 떨쳐낸 상태다. 그렇지만, 긴장되는 상황이 되면 과거 습관으로 인해, 아랫배 호흡 발성이 제대로 작동되지 않아 예기불안이 오고 있다. 예기불안이 오면, 일단 지는 것이다.

하루 전날 대강당에 가서 혼자 한번 낭독해 보니, 아랫배 힘 빠지는 발성이 거의 없고 발성점이 가슴부위로 올라가 있고, 2군데서 예기불안과 함께 살짝 막힘 경직이 왔다.

드뎌 행사 당일, 아침 훈련 때 공룡 발성으로 모음 자음 발성하고, 한번 낭독하고, 리허설 1회 했다.

여전히 예기불안 2곳 ㅠㅠ. (완전 심리의 노예 상태!)

송사에 집착하는 마음이 클수록 예기불안도 강해짐을 알기에 이런 심리를 내려놓기 위해 식순에 따라 진행되는 행사에 같이 박수를 치며 호응했고, 고요한 심리를 위해, 아랫배 호흡에 계속 집중했다. 평소처럼 쉽게 안정되지 않았지만 효과는 있었다. 단상에 올라가서 말한다는 것 자체가 기분을 뜨게 한다.

앞서 언급했던 한 호흡 첫 글자 예기불안 2곳에서는, 원래 앞 문장이 끝나는 곳에서 3초간 여운을 둘 계획이었으나, 예기불안 와서(불안 심리 기간을 최소화하기 위해) 아랫배 자동 호흡에 의지하기로 했다. 여운을 두지 않았고, 아주 살짝 경직 후에 이어갔다. 관중은 모르지만 나는 아니까, 이 부분에서 맘에 들지 않았다.

행사가 끝난 후, 많은 사람들이 칭찬을 해주었다. 나는 나의 심리가 맘에 안 들었지만, 그동안 훈련한 아랫배 호흡이 날 살렸다는 것에 감사했다. 아랫배 호흡 발성은 우리 모임의 핵심인데, 요걸 자기 것으로 확실히 익히면 말막힘은 영원히 사라진다. 응원해 주신 회장님 이하 모든 분들께 감사한 날이었다. 그날 이벤트 기획사로부터 받은 답례금 10만 원으로 대구 모임 날 짬뽕을 쏘기도 했다.

18. 공모사업 발표

2023년 업무 관련하여 전국 지방자치단체가 참여하는 국비 지원 공모사업을 신청하게 되었다.

1차 서류 심사를 통과하였고, 2차 공개평가 현장에서의 발표 시간은 10분이었다.

컨소시엄 기업으로부터 받은 시나리오는 일반인의 빠른 발성에 맞춰진 것처럼 내용이 많고 길어서 내가 아랫배를 지키면서 발표하려면 시간이 3배는 걸릴 듯하였다.

"저는 긴장하면 호흡이 더 짧고 발표할 때 속도가 빠르면 말이 꼬여서 좀 느리게 합니다. 내용은 많이 줄이도록 하겠습니다."

간단히 설명하고 나니 좀 편해졌다.

각 슬라이드마다 스톱워치로 시간을 재면서 아랫배 호흡 발성에 맞게 내용을 줄이고 수정하여 발표 분량을 조절하였다. 발표 관련 유튜브를 몇 개 시청한 것도 도움이 되었다.

내용을 충실히 준비하는 건 기본이지만, 스스로에게 '남에게 잘 보일 필요 없다. 남 의식하지 말자. 한 자 한 자 아랫배로 힘이나 잘 빼자. 편안하게 이야기하듯이 하자.'라며 마음의 근육을 다졌다.

상황에 따라 쉽게 오르락내리락하는 심리는 믿을 게 못 된다. 걱정하는 것도 습관이다. 불안해할 시간에 오히려 차분히 훈련을 더 하는 게 현명하다. 늘 그랬듯이 매일 꾸준히 훈련한 내 몸이 알아서 힘 빠지는 호흡 발성으로 경직을 풀어내 주었다.

발표 당일 풀말 현적방에서 회원님들이 응원을 보내 주셨다. 발표장에는 소회의실 같은 크기에 심사위원이 10명 정도 있었다. 나의 다짐대로 편안하게, 한 자 한 자 힘 빼면서 전달하는 식으로 발표를 했고, 질의응답도 유쾌한 분위기에서 잘 마쳤다. 그날 직감대로 우리 시가 공모사업에 선정되었을 뿐만 아니라 상위 10%에 해당하는 점수를 받았다. 풀말을 만나게 된 것이 눈물 나게 감사한 날이었다.

19. 맺음말

나는 우리 모임에서 살아남은 유일한 여성이다. 나의 과거를 어렵게 오픈하는 것은, 나처럼 말 때문에 힘들어하시는 분들에게 조금이나마 용기와 희망을 주고, 늪에서 벗어날 수 있는 길을 알려드리고 싶어서다.

풀말은 답을 찾아 헤매었던 지난 시간들에 대한 보상으로 충분했다. 정확한 방법으로 열심히 훈련하면 누구든지 극복할 수 있다. 과거에는 정말 버티기 힘든 시간들로 가득 찼었는데, 지금은 이 모든 것이 그저 은혜라 여기며 감사할 따름이다.

사람 자체가 미완성인데 세상에 완벽이란 없다.

말하는 두려움이 사라진 어느 날부터 식당에서 원하는 메뉴를 주문해서 먹고, 하고 싶은 말을 두려워하지 않고 하며, 원한다면 아랫배 호흡으로 우렁차게 말하기도 한다. 풀말현적 단톡방에서는 회원들의 음성파일을 공유하고 서로 피드백을 주고받는다. 우리 모임은 순수 상조 모임이다. 서로 끌어주고 밀어주고 서로 점검하고 부족한 부분은 지적하고 보완하며 훈련한다.

나는 이제 체력이 달려 훈련에 목숨 걸던 자세는 접었다. 말에서 자유를 찾고 나니 다른 것을 추구하느라 분주하다. 그렇지만 매일 밥을 챙겨 먹듯이 일찍 일어나 자연스럽게 아침 훈련을 하고 있고, 매순간 아랫배 숨 잘 빠지는 호흡에 의식을 두려고 노력하며, 훈련 그 자체를 즐기면서 내 귀에 내 입에 어색하지 않는 나만의 느림과 다름이 있는 정형화된 발성을 다듬어 가고 있다.

말을 유창하게 잘하려는 욕심도 없고, 하루하루 정성을 다하다 보면 언젠가는 완전히 자유로워질 것임을 확신한다. 몸소 본을 보여주고 완치하신 분들과 든든한 동지들이 있기에 나는 꾸준히 나아갈 뿐이다.

2024년 민트 드림

3장
도전 님

1. 머리말

저의 원고의 제목을 "내 인생의 술술 풀림"으로 작성해 봅니다.

약 30년 넘게, 저의 인생을 너무 힘들게 살았습니다. 말막힘으로 세상이 늘 어둡고, 염세적이고, 미래를 설계할 수 없는 사람이었습니다. 죽고 싶다? 산으로 가서 혼자 살고 싶다? 뭐 그런 날들의 연속이었습니다. 사람이 기가 죽으니, 사람을 무서워하고 자신이 없고 할 말을 못 하며 살아내 온 과정이었네요.

그러다 우연히? 아니면 관심을 두고 살다? '마지막으로 한 번 더 치료해 보자'라는 마음으로 또 치료를 시작해 보았는데 아주 큰 힘을 얻었고, 그 힘이 풀말 모임이었습니다…지금은 사회생활을 힘차게 해내고 있고, 일반 사람들과 마찬가지로의 자존감을 가지고 행복하게 살아내고 있습니다. 그토록 해보고 싶었던, 일반사람들의 삶, 누군가와 약속을 하고 만나 즐거운 대화를 하고, 미래를 꿈꾸는 소확행입니다.

그러다가 음… 나 혼자만 알고 이 세상을 마치기에는, 내가 배운 치료 방법들이 너무 아깝다는 생각이 들었습니다. 아주 오랜 지옥의 암흑 속에서 겨우겨우 알아낸, 너무 소중한 그 어떤 가치 있는 것보다 빛나는 치료의 방법들이기에 말막힘 후배님들께 책으로나마 전해 줄 수 있다면, 이 또한 사람들에게 도움을 줄 수도 있겠구나라는 생각이 들었습니다.

그래서 몇 년 전부터 언젠가 우리 모임의 책을 만들어야겠다는 생각을 했습니다.

그리고 미루다 미루다 이제부터 원고 작성을 시작했습니다. 언젠가는 반드시 해내야 하는 일이기에, 일단 시작을 했습니다. 내용은 계속 다듬어 나가면 되니까요.

물론 환자가 귀를 열고, 절박하게 마음을 열고, 치료사의 의도와 방법대로 꾸준히 해야 제대로 본인의 것으로 만드는 것 같습니다. 모임에 수십 여명이 왔다가 잠시 배우고 다시 오지 않는 것을 보았습니다. 아마도 환자의 성향과 기질 / 환자의 치료 경험 / 환자의 절박함이 치료의 상당히 많은 효과를 올리는데, 중요한 부분인 것 같았습니다.

같은 고민을 가졌지만, 그리고 같이 하루하루가 힘들지만, 개인의 성향에 따라 똑같은 치료 방법을 두고 많은 치료의 결과 차가 나는 것을 보고 많이 놀랐습니다.

다행히 부모님이 주신 기질인지 모르지만, 원하는 결과가 나올 때까지 노력하는 성향 그리고 귀를 열고 남이 해주는 이야기를 들어보고 나의 것으로 만들어 내려는 성향이 있기에, 여기까지 좋은 결과를 내고 힘차게 달려온 듯합니다.

부모님을 오랜 세월 동안 원망해 왔는데 치료를 마치고 보니, 극복할 수 있는 힘을 주셨네요. 감사드릴 일입니다.

해서 원고는 크게 1) 머리말, 2) 살아온 과정, 3) 여러 치료 방법들, 4) 나를 구원해 준 풀말 치료 방법, 5) 치료의 마지막 단계, 6) 맺음말 이렇게 꾸며볼까 합니다. 언제가 상황이 되면, 보다 깊은(?) 학문을 공부하여, 치료 장소를 만들어 보다 체계적인 치료를 후배님들에게 제공하고 싶다는 계획이 있습니다. 마땅히 그래야만 사람이 받은 혜택을 돌려주는 길 아닌가 싶습니다.

일단 글을 시작하겠습니다.

2. 살아온 과정

살아온 과정이라 하니까 오랜 세월을 살아온 것 같아 후회도 되고 앞으로 보다 알차게 살아야겠다는 생각이 듭니다.

하나하나 자세하게 작성하여 후배님들에게 경험을 들려주고, 똑같이 힘들지 않도록, 쉽게 고통 속에서 빠져나와 살도록 해주고 싶습니다.

제가 겪은 너무 힘든 과정을 후배님들이 똑같이 겪지 않았으면 좋겠고, 고통의 시작 시기에 치료가 되어 본인이 원하는 진로와 미래를 설계해 나갔으면 좋겠습니다.

말막힘 때문에, 내 꿈이 무엇인지 모르고 살았고, 충분히 잡을 수 있는 기회를 놓쳤습니다.

후배님들은 그런 미래를 살지 않도록 하였으면 좋겠고, 고통과 치료를 먼저 경험한 선배들에게 귀를 쫑긋 열고 절박하게 자기 것으로 만들었으면 좋겠네요.

그럼 지난 과정들을 말씀드립니다.

1970년에 4남 1녀 중에 막내로 태어났습니다.

아버지는 성향이, 똑 부러지는 성격이 아니신 것 같았습니다. 남에게 할 말을 바로 그 자리에서 시원하게 퍼붓지 못하고, 당하는 기질이었던 것 같습니다.

일을 해주고, 돈을 받지 못하여 아버지 대신 어머니가 돈을 받으러 가는 모습을 보았습니다.

옆집 아저씨가 우리 집으로 와서 욕을 해대고 가도 그 자리에서 뭐라 시원하게 못 한듯했습니다.

작은아버지가 우리 집에서 와서 술을 마시고 누님인 고모의 뺨을 때려도 동생에게 형으로서 역할을 못 하였습니다.

아마 아버지도 그런 내향적인 기질을 부모님에게서 물려받으셨겠죠. 그런 부분을 이해합니다.

어머니는 지금 모습을 보니… 아버지와 같이 남에게 해를 끼치며 상처를 주지는 않은 것 같습니다. 착하게 살아오신 그날들을 알기에 저도 아마 착하게 살아온 듯합니다.

어머니는 아버지가 돈을 벌지 못한다고 불평이 많고, 식구들에게는 화도 잘 냈지만, 남들에게는 제대로 시원하게 표현을 못하신 듯합니다.

아마 이런 두 분이 만났기에, 저 같은 멋진 작품이 나온 듯하죠.

4남 1녀인데 3명은 성격이 시원하고, 속마음을 편안히 뱉어내는 성향이고, 나머지 2명은 속에 담아두고 곱씹어 기억하는 기질인 듯합니다. 그 중에 한 명이 저이고요.

그렇지만, 집착하는 기질이 있었기에 병을 얻었지만, 해결될 때까지 집요한 기질이 있기에, 치료를 마친 듯합니다.

저의 소심하고 예민한 성격이, 아마 말막힘이 나타나면, 절대로 나에게 떠나지 않고 짝 달라붙도록 하는 더욱 확실한 보장을 해준 듯합니다.

말을 떠나서, 일을 할 때 나를 보면 남들보다 더 걱정하는 것도 같습니다.

하지만 이것 또한 꼭 나쁘다고 볼 수만은 없는 것 같습니다. 걱정하고 신경 쓰는 것만큼, 그만큼 더 열심히 노력하는 것 같습니다.

저의 마음속의 이야기를 시원스럽게 내보내지 못하는 기질도 부모님께 받은 거겠지만, 다 나를 보호하기 위한, 자연의 섭리라고 생각됩니다.

암튼, 이런 예민하고 집요하고 집착하는 기질의 사람이, 말막힘의 고통을 벗어났다는 것은, 더 많은 희망을 주는 것 아닐까요?

쉽게 잊어버리는 그런 기질의 사람들은 시간이 지나며, 자연스레 호전되는 경우를 보았습니다.

서두가 길었네요.

가난한 집안에서 어머니가 늘 우리 집은 찢어지게 가난하다는 이야기를 자주 하셨고, 아버지는 단 한 번도 대화를 하며 저를 멋지게 살도록 유도해 주시는 모습이 없었습니다. 그 시절엔 먹고사는 문제가 제일 컸고, 자식하고 미래를 설계할 마음 여유가 없었을 겁니다, 이해합니다.

형들은 나이 차이가 많이 나서 막내인 제가 늘 무서워했습니다. 실제로 잘못하면 형들한테 맞거나, 욕을 먹었습니다. 훗날 형들한테 얘기하니 자기들은 기억이 안 난다고 하더군요. ㅎ

집안을 보면, 어릴 적 형님들의 말 막히는 모습을 보았습니다.

셋째 형은 조금 더 심해서… 발로 땅을 구르며 힘을 주며 말하는 모습을 보았습니다.

둘째 형도 막히는 모습을 보았습니다.

이모님도 말막힘 증세가 심해서, 누가 봐도 말더듬이였습니다.

이모님 댁의 딸들은 모두 유창한데, 아들 2명이 모두 막히었고, 막내는 더욱 심했습니다.

해서 이모네 막내 형이 군에 가서, 말막힘 때문에 자살을 시도했고… 지금도 제대로 된 직업을 갖지 못하고 몸으로 일하는 일을 해오고 있습니다. 집안 행사에서 보면 말이 나오지 않아서 그런지… 술을 찾는 모습을 보았습니다.

말막힘이 사람의 인생에 못을 박아놓고, 계속 깊숙히 박혀 고통을 주더라구요.

그래서 반드시 치료를 해야 하는 것입니다.

아마도 모계 쪽에서 막히는 기질을 물려받은 것 같습니다. 긴장하면 공포를 느끼면, 말막힘으로 나타나는 증세이죠.

어릴 적 상처 중에 하나가 가끔 떠오르는데… 초딩 때 동네에 저보다 2살이나 1살 정도 어린 녀석이 덩치가 큰 편이었는데… 나에게 말을 놓았는데… 내가 형인데 가만히 있었던 것이 기억납니다. 몇 대 맞더라도 그런 부당한 모습에 싸우고, 죽더라도 저항하지 못했던 것이 후회가 됩니다.

어쨌든 이런 겁을 내는 기질 또한 말막힘을 더욱 키워내는 형국이지 않았나 생각됩니다.

이런 타고난 기질과 환경이 합해져서 말막힘이 내게서 떠나지 않은 것 같습니다.

그런 최악의 환경에서 이렇게 극복했으니, 여러분들에게도 도움이 되었으면 좋겠습니다.

이와 같이 말막힘이 시작되는 환경을 말씀드렸습니다.

말막힘의 시작은 이랬습니다.

초등학교 때는 형이 말 막히는 모습은 보았지만, 특별히 말막힘의 기억은 없는 듯합니다.

중1 때 영어 공부를 좀 한듯합니다. 그래서 수업 시간에 손을 들고 답을 이야기하면, 샘이 발표 점수를 더 주신 듯합니다. 그래서 평소와 같이 하고 있었는데… 손을 들고, "number 14"라는 말을 하려는데 말이 나오지 않았습니다. 아마 숨이 나오지 않았고, 몸이 굳어 버린 듯합니다.

그냥 잊어버리지 못하고 털어버리지 못하는 성격이기에, 그때부터 악이 시작된 듯합니다.

그 후로 국어 국사 등등의 시간들에 책을 읽을 때 말이 나오지 않아… 반 친구들이 천천히 같이 읽어주었던 것이 기억납니다. 그렇게 자존감은 시간이 갈수록 바닥으로 내려간 듯합니다.

중학교 때 공부는 적당히 한듯하고 우등상을 한두 번 받은 것 같습니다.

어머니한테 말이 나오지 않는다고 얘기해서 어머니가 학교까지 찾아온 것이 기억납니다.

고쳐보겠다고 혼자 산에 올라가서 책을 크게 읽었던 게 기억납니다. 어린 나이에 혼자 책을 들고 산에 올라갔던 모습을 생각하면 지금도 짠합니다. 혼자서는 잘하는데… 남 앞에 서면 바로 막힘을 찾아오더군요. 그렇게 나를 괴롭혔습니다.

중2 때 반에 복싱을 했다는 녀석이 있었는데…애들을 괴롭히는 성향이었는데…나를 좀 괴롭혔는데 저항하지 못하고, 맞은듯합니다. 좀 맞더라도, 숨을 거두더라도 저항하고 뚫고 나아가지 못한 부분에 대하여, 가엾은 영혼을 쓰다듬어 주고 싶습니다. 앞으로는 저항하겠습니다.

고등학교에 진학하면서, 말막힘은 더욱 심해졌던 것 같고, 발표날이 예상되면, 밥맛을 잃고 괴로워했던 기억이 납니다. 발표가 예상되면 수업시간에는 수업 내용은 머리에 들어오지 않고, 긴장만 하며 시간을 보냈네요… 그래서 수업 내용을 더욱 이해 못 한 듯합니다. 직업을 가져도 말막힘 때문에 할만한 직업이 없다고 생각하니 앞날이 어두워 보였습니다. 희망이 없어 보이기에 공부를 덜 했다는 핑계가 있었나 봅니다.

어린 영혼이 얼마나 힘들었을까 어루만져 주고 싶습니다.

그렇게 책 읽을 때만 의식되던 것이 대화에서도 나오지 않았고, 태권도 시간에 '기준'이라는 말이 나오지 않아, 샘이 다른 애를 시켰던 게 기억납니다. 자존감은 더욱 바닥으로 내려간 듯합니다.

그래도 공부는 알아서 조금은 해냈던 것 같습니다. 고3 올라가면서 공부를 열심히 했더니 영어 수학 국어 성적이 눈에 띄게 올라갔는데… 더 열심히는 안 했던 것 같습니다.

고3 반에 양아치 같은 애가 있었는데, 그 애가 나를 "어쩔 줄"이라고 불렀습니다. 발표를 시키면 머리를 마구 흔들고 말을 못 하고 멈추어 버리니 내게 붙인 별명이었고, 제 뺨을 때렸는데 맞고 저항을 못 했습니다. 그냥 맞고, 존재감 없는 모습이었던 것 같습니다.

지금 생각해 보면 어떻게 그렇게 힘든 삶을 살아냈는지 가엽고 슬프고 애절한 삶이었네요. 자존감이 없으니, 누가 건드려도 비굴하게 할 수밖에 없었던 것 같습니다.

고3 때였는데, 말 때문에 희망이 보이지 않아, 생을 마감하고자 수면제를 하나씩 모으다가, 이대로 가면 어머니가 슬퍼하실 것 같아, 차마 실행을 못했습니다.

그렇게 고3은 지나가고 다행히 대학에 들어갔습니다. 신입생 한 명씩 나와서 인사를 하는데… 어떻게 했는지 아찔했고, 그렇게 대학 1년은 수업에 거의 나가지 않고 과에 있는 듯 없는 듯 존재였습니다. 군에서도 고생이 많았습니다. 신병교육대에서 말이 안 나오니 조교님이 저를 특별히 챙겨주었고 초코파이를 따로 받은 기억도 납니다. 그때 그 조교님께 참 감사하다고 인사드리고 싶습니다. 취침 점호에 번호가 나오지 않을 것 같아 자리를 바꾸고, 자대배치 신고식을 못 했던 그런 기억들이네요. 지금은 시간이 지나 참 아련한 기억입니다.

제대 후 공부하면서 말 좀 고쳐보려고 노력했던 게 기억이 납니다.
수업 시간에 일부러 손을 들고 물어보고, 과 대표도 일부러 해보고 하지만 근본에 손을 대지 못한 치료는 바람 앞에 촛불이었습니다.
하지만 열심히 살아냈던 것 같습니다. 일상을 부지런히 움직였고 과 친구들도 열심히 사는 저를 알아주었던 것 같습니다. 가고 싶었던 기업 최종면접에 떨어지고 한동안 참 슬퍼하고 한이 맺혔습니다. 회사 생활도 열심히 했지만, 발표를 못 해서 늘 가슴 졸이고, 사무실에서 전화를 못 받아 선배가 나를 빤히 쳐다보던 기억들… 일본 기술고문 회의를 주재하는

데 말이 나오지 않을 것 같아서 며칠 전부터 걱정하던 일, 그룹장에게 다가가 "그룹장님"이 나오지 않아, 참 개 같은 기분이었습니다.

결혼 후에도 말이 나오지 않아, 아내에게 짜증 냈던 게 지금도 참 미안합니다.

더 든든한 남편과 아빠가 되지 못했던 게, 지금 생각해 보면 미안합니다.

대만회사의 한국사무소 대표가 되면서, 평택에 있는 대기업 영업을 다른 사람에게 넘겼습니다. 말이 나오지 않으니 전화 공포가 두려워서 회피했는데 지금까지도 그곳의 영업액이 어느 정도 되는 것을 보고, 괴로워했습니다. 그러나 이것 또한 받아들여야 하겠습니다. 그렇지 않으면 내가 괴로워해야 하니까요.

지금 생각해 보면 어떻게 그렇게 살았는지… 참 가여운 삶이었습니다.

봄이 되면 초록 잎이 나와도 그 아름다운 초록을 느껴보지 못했습니다. 나에게 사계절은 별로 의미가 없었습니다. 겨울에는 말까지 막히니 더 추운 계절이었습니다.

올해는 말이 좀 잘 나오려나? 하고 한 해를 보내는 반복이었습니다.

그 외에도 말 때문에 참 어렵게 살았습니다. 대략 이 정도로 살아온 과정을 마치겠습니다.

3. 살아오며 접한 여러 치료 방법들

그럼 지금부터 제가 접한 치료 방법의 경험을 얘기해 드릴게요.

1) 웅변 학원

대1 때 말더듬 고쳐보려고 웅변을 등록했습니다. 다 그러겠지만, 학원 내에서 웅변 시간은 아주 잘했습니다. 근본은 손을 대지 못하니 학원 내에서 유창한 것으로만 끝났습니다.

안내 데스크에서 있던 예쁜 여학생이 가물가물합니다~~.

2) 말더듬 학원

대학교 4학년 때 학교 근처에 말더듬 학원에 다녔습니다. 천천히 앞 글자를 말하도록 가르쳤습니다.

지금 생각해 보니, 그때 학원장은 반드시 우리를 치료해 주겠다는 자세가 아니라, 자기 생계에 우리가 역할을 해주는 정도이었고, 천천히 말하는 정도로 치료가 되지 않았습니다.

공포를 느끼면 여지없이 무너졌습니다. 지금도 대부분의 말더듬 학원은 절박하게 고쳐주려는 의지보다, 자기들 영업에 도움 되는 정도로 하는 것 같습니다.

3) 부산의 ****개발원

세월이 지나 이제 학원 이름은 기억나지 않습니다. 대4 때 이 원장님의 책을 읽고 많은 감동을 받았습니다. 책 속에 스피치하는 사진들을 보고 그리고 희망을 얘기하니… 그곳에 가서 합숙 훈련을 했습니다. 집에 돈도 없는데… 어머니께 사정을 말씀드리고 당시 꽤 큰 액수를 들고, 3주 합숙을 했습니다. 첫 글자에 코로 "음~~"하며 소리를 먼저 내고 천천히 말하는 건데 왜? 그렇게 해야 하는지도 모르고 그냥 시키는 대로 열심히 했고, 지하철과 해변에서 열심히 스피치했던 것이 기억납니다.

전국에서 부산까지 와서 열심히 같이했던 사람들이 기억납니다.

얼굴도 이쁘고 착한 여학생들도 있었는데… 말더듬과 성격 때문에 거기까지 왔습니다. 누나였는데 결혼 생활에서 말이 나오지 않아, 이혼하고 훈련을 하는 경우도 보았습니다.

당시 음~ 하면서, 직장에서 현실적용을 했더니 사람들이 그렇게 하지 말라고 하고, 본인도 창피함을 느끼다 보니 오래 버텨내기가 힘들었던 것 같습니다.

당시에는 휴대폰이 없어서, 사내 방송으로 사람을 찾아서 안내하는 방송이 있었는데… 내가 "음~ 누구누구는 정문으로, 음~ 나가주시기 바랍니다"라고 방송했더니 제조 라인에서 방송을 들은 현장 사람들이 너무 독특하고 모자라 보이는 소리 때문에 웃겨서 나 때문에 일을 못 한다고 방송하지 말라고 했습니다. 먹고 살기 힘들었습니다.

발성시 몸의 이완 없이, 혀로만 입으로만 숨을 내보내면 말하는 것은 역시 바람 앞에 촛불이었습니다. 몇 년간 이 발성을 쓰다가 결국 사용하지 않게 되었습니다.

4) 청주의 성격**학원

대학 졸업 후 직장을 다니면서, 말더듬은 가장 큰 걸림돌이었고, 그래서 학원을 수소문해서 다녔습니다. 이 학원은 성격까지 바꾼다고 해서 다녔고, 천천히 웅변 비슷하게 하며 말더듬보다는 일반인들의 성격을 바꾸고자 스피치하는 곳이었고, 크게 효과가 없었습니다.

여기서도 대전 광장에서 가끔 스피치 했습니다.

5) **대학 언어치료학 말더듬 치료

이름이 생각이 나지 않는데… 한 분이 모 대학의 말더듬 치료 학과 박사과정이었습니다.

당시 미국의 **박사의 책을 번역하여, 그 책의 내용을 가지고 치료하는 방법이었습니다.

말더듬은 불치라는 게 전제 조건이고… 말더듬을 오픈하고, 천천히 말하고, 말더듬과 함께 어울리며 살아가야 한다는 내용이었습니다. 물론 완화는 조금 있지만 시간이 흐르면서 다시 돌아가는 정도였습니다. 몇 년 후에 그 박사님이 모 대학의 교수가 되었는데 아주 오랜만에 통화를 했는데 첫말을 엄청 심하게 버벅이며 통화를 했고 역시 이 방법도 근본을 손대지 못하는 방법이었습니다. 말더듬을 오픈하는 건 일시적인 효과가 있지만, 매일 매일 일상에서 그 오픈하는 마음을 유지할 수 없었습니다. 말더듬과 함께 조화롭게 살아간다는 내용은 이해가 되고 그래야 하지만, 현실에서 당장 말이 나오지 않아, 지옥 속에 살고 있는 사람에게는 쉽게 받아들일 수 없는 내용인 것 같습니다.

6) **대학 심리치료

집에서 가까운 대학에 심리치료가 있었다. 개인 수업을 받았는데 한 시간에 당시에 상당한 가격을 주고 상담을 받았다. 살아온 과정을 얘기하며 무엇이 문제였는지 풀어본 듯 기억이 나는데…치료 효과가 없었다. 상담 치료는 비용이 많이 드니 구체적으로 어떻게 치료할 것인지 검증하고 해야 하는데, 물에 빠져 지푸라기라도 잡는 심정이다 보니 나를 그 사람에게 맡기었던 것 같다.

7) **병원 집단심리치료

당시 청주에 살고 있었는데…분당에 있는 나름 유명한 병원에서 하는 집단심리치료였다. 약 10회를 했었고, 주로 인지치료를 하였다. 내가 무엇을 잘못 인지하는지, 사실 말더듬 막히는 것은 그다지 큰일이 아니라는 것이고, 내가 말더듬임을 인정하고 막히는 것을 숨기려는 것을 보여주고 받아들이라는 내용이었다. 그 이론은 이해가 가고 동의하지만, 막히는 것은 나에게 큰일 중에 가장 큰 일이었고, 막히는 것을 보여준다는 것은 절대 불가하고, 막히고 나서 막힘을 인정하는 것 즉 평온해지는 것은 이론은 알겠지만, 몸으로 체득하지 못했다. 즉 몸으로 감정으로 받아들일 수 없었다.

나의 말막힘은 이런 증상이다, panic이 오면 말을 해보려고 절박하게 머리를 급격히 빠르게 흔든다, 그리고 얼굴 표정이 자기 맘대로 어색한 얼굴로 변하였다. 막히고 머리를 여러 번 발짝 수준으로 흔들고 나면 뒷목이 당기고 아팠다. 그 통증은 하루 종일 갔다, 그래서 매일 매일 아팠다.

굳어 있는 몸에 힘을 주어서, 어떻게라도 말을 뱉어보려고 힘을 주었던 것 같다.

8) 정신과 치료

정신과 병원에서 말막힘을 상담 치료를 했는데 이것도 10회 정도 한듯하다. 살아온 그리고 지금 힘든 상황을 말하고, 들어주고 하는 치료였는데… 병원 내에서는 시원한 감정이 들었지만, 현실로 돌아오면 마찬가지로 힘든 상황이었다.

이것도 이 사람에게 나의 목을 내놓고 치료해 달라고 한 것 같다. 절박했으니까.

9) 게슈탈트 심리치료

이쪽은 전문가가 아니어서 사실 내가 논한다는 것은 어려운 일인 것 같다. 당시 말더듬 모임에서 지인이 이 방법으로 많이 좋아지고, 실제로 사회생활 하는데 문제없이 발전하는 모습을 보았다.

물론 내가 바라는 OK라고 말할 수 있는 수준이라고 보기에는 조금 아쉬운 정도인 듯하다.

내가 마음적으로 가장 안식을 많이 하고, 지금도 아주 중요한 발표 등이 있을 때 한 번씩 되뇌는 그런 내용이다. 내 마음공부의 근원이기도 하다. 주요 내용은, 말막힘은 불치이고, 막혀서 회사에서 잘리거나, 사람으로부터 버림을 받는다면, 슬프지만 그게 현실이라는 것이다. 지금도 어려운 상황이 닥치면 "그만두면 되지, 내 발성이 가장 중요하고, 그만두라고 하면 그만두자, 안되면 굶어죽자"라고 마음을 다짐하고 있다.

그 사실을 있는 그대로 받아들이려고 상상하고 그 순간의 고통을 체험하며, 고통의 시간을 보내고 나면, 그것을 나로부터 떠나보내어, 시원한 감정들이 남게 되어, 체념과 인정이 조금씩 되면서, 점차적으로 스스스로 말막힘에 개의치 않게 되면서 막히려는 느낌들이 점점 줄어든다는 내용이다. 불교에서 말하는 내용과 비슷하고, 지금도 가장 좋아하는 마음공부의 일부이다.

얼마나 열심히 했는지 모르지만, 이론은 알겠는데… 실제로 현실에서 이렇게 마음을 작업한다는 것이 매우 어려웠다. 그런 상상을 하여 땀에 흠뻑 젖고 괴로운 고통을 지나, 고통과 하나가 되는 것은 내게는 매우 어려웠다. 치료 방법들이 사람과 궁합이 어느 정도 있는 것 같은데 나와는 맞지 않는 것 같다. 하지만 지인이 인터넷이 적어준 치료와 관련된 글들을 보면, 그게 말막힘뿐 아니라 인생에도 적용이 가능한 아주 훌륭한 마음공부 내용들이다. 즉, 내가 손쓸 수 없이, 어떤 괴로운 일들이 발생한다면, 아쉽고 억울하지만, 받아들여야 하지 않겠냐라는 내용이다. 사실 현상이 일어났을 때가 괴롭지, 일단 일어나고 지나가면, 사람들은 좀더 쉽게 받아들이는 것 같다.

10) 서울 종로 말더듬 학원**

오래되어 잘 기억이 안 나지만, 웅변식으로 발표하고 지하철 스피치를 하였다. 스피치 할 때만 시원했고, 현실로 돌아오면 다시 지옥이었다. 별 효과가 없었다.

11) 최면 치료

위의 여러 치료들을 해보고 말막힘 치료는 방법이 없는 것 같았다. 그러다가 일 때문에 중국으로 건너가 살면서 정신과 신경안정제를 먹었으나 현실에서 기운이 빠지고 아주 조금 완화의 기분 정도였고 별 효과는 없었다. 또한 아주 중요한 발표가 있어서 피할 수 없어서 양주를 마시고 발표를 했고, 조금 완화는 되었지만 그래도 막혔다. 처절한 삶의 과정이었던 것 같다.

대만의 나를 고용한 회장이 새벽에 비행장으로 가기 전에 나에게 글을 보내어 말더듬을 고치라고 경비를 대주겠다고 하는 이메일을 보냈는데 보고 참 마음이 아팠다.

대학에서 누구나 가고 싶어 하는 회사의 마지막 면접에서 막히고 버벅거려서 시험에서 떨어졌고 며칠을 한이 맺혀 괴로웠고 다음 해에도 또 떨어졌다, 회사 생활에서도 발표를 해야 할까 봐 늘 가슴 졸이고 살았고, 해외주재원의 기회가 있었지만, "그렇게 막혀서 어떻게 해외에서 회사를 대표하여 일할 수 있겠냐"는 지적을 받았다. 사는 게 참 힘들었다. 회사에서 일하고 집에 도착해서 문을 열기 전에 오늘은 몇 번 막혔나? 횟수를 세고 귀가했다. 전생에 죄를 지어서 아니면 부모님을 잘못 만나 나에게 이런 시련이 오는가 차라리 다른 장애자로 태어났으면 좋겠다는 생각들을 했던 것 같다. 막히고 나서 얼굴색이 너무 안 좋으니 외국인 친구가 "You look blue"라는 말을 자주 했다.

이거 사람이 살아갈 게 아니었다. 누구와 약속해도 사람들이 모인 장소에는 늘 벙어리가 되어, 남의 말을 잘 들어주는 착한 사람이었다. 남에게 할 말을 못 하는 성향이 오랜 세월의 고통 속에서 더욱 뿌리를 내린 듯하다.

그렇게 살다가… 다시 한국으로 와서 본격적인 영업을 해야 하는 상황이어서 말막힘을 좀 더 치료해 보고자 노력했다. 당시 중국에서 한국으로 일주일 정도 체류하면서 며칠 동안 서울의 최면 치료를 받았다. 내게는 효과가 없었다. 그런 기적을 바라는 마음이 참 가련했던 것 같다.

무슨 아로마를 뿌리고 과거를 더듬어, 하고 싶은 말을 했던 것 같은데 효과는 없었다.

12) 굿거리

어쩌다 알게 되었는지 굿을 해서 내 몸의 나쁜 기운을 나가게 하면, 말막힘이 사라진다고 했다. 사람이 궁하면 이런 방법도 찾나 보다. 방에 누워 무당이 주문을 외며 내 몸의 해로운 기운이 나가도록 하며, 나에게 침을 뱉으라고 해서 참 많이도 침을 뱉었던 것 같다.

그렇게 몇 차례 굿을 했지만, 당연히 아무 효과가 없었다.

그러다 구미에서 최면 치료가 있다고 해서 받아보았지만 효과가 없었다.

한약을 먹으면 좋아진다는 말을 하며, 약을 팔아먹는 장사꾼도 있었다. 우리 약한 영혼을 더 울게 만드는 일이다.

13) 대구**학원

발살바이론을 얘기하며, 막힐 때 멈추었다가 숨 고르고 다시 얘기하라는 방법이었다.

학원 내에서는 이런 방법으로 잘 되었지만, 현실에 가면 경직을 어떻게 이완할 수 없었다.

왜? 사람들은 자기가 치료를 할 수 없는데 환자에게 해보라고 하고, 결과가 어떻게 되는 그걸로 돈벌이를 하는 걸까? 약한 사람 두 번 죽이는 일인데 참 약하니까 별게 또 억울한 일들이다.

Speecheasy라고… 이어폰을 귀에 넣고 들리는 타이밍을 늦게 하여 본인이 말 속도가 느려지며 이완을 한다는 건데 이것으로 장사를 하는 사람도 보았다. 물론 나에게도 효과가 없었다.

나쁜 사람들이다, 불쌍한 영혼을 또 죽이는 일이다.

14) 경남**학원

치료를 포기하고 살아가는데 지인이 많이 좋아지는 분이 있다고 했다.

해서, 마지막? 치료라고 생각하고 여기를 몇 개월간 다녔다. 복식호흡을 하며 아랫배를 당기며 부드럽게 느리게 발성하는 방법이었는데 나에게는 어느 정도 효과가 있었다. 이때 대구에서 웅변학원을 빌려 아침마다 발성 훈련하고, 지하철 스피치를 계속했다. 발성이 딱딱하고 날카롭다는 지적을 받았지만, 어쨌든 사회생활 할 수 있는 정도까지는 올려놓은 것 같았다.

하지만 단점이 있었다. 완전히 경직되었을 때는, 아랫배를 당길 수 없었다. 즉 몸이 얼었다. 죽은 몸이다.

주위 분들이 이완을 권유했고, 처음에 부정하다가 부드럽게 이완되는 게 맞다는 것을 인정했다.

어쨌든 절박하게 훈련하니 어느 정도의 만족할 만큼의 효과는 분명히 있었지만, 오히려 몸이 더 경직되는 사람들을 보았다. 해서, 호흡을 억지로 여러 번 마시고 아랫배를 힘으로 당기는 것은 경직을 또 더 만들어 낸다는 것을 알게 되었다.

15) 바라보기 명상

바라보기 명상은 지금도 좋아하는 명상이다. 말막힘을 떠나, 음 마음이 잠시 쉬고 가는 곳인 것 같다. 사회생활을 하다, 지인과 함께 알게 되어, 바라보기 명상 모임을 경기도 쪽으로 다녔다. 2달에 한 번 정도였고, 모임을 이끄는 분과 한 번씩 소통했다. 명상 요가를 하고, 일정 시간 명상을 하며 1박 2일을 보냈다. 지금도 그때 둘러앉아 명상하던 게 추억인 듯하다. 밥 먹을 때 나를 관하고, 걸을 때도 나를 관하는 24시간 관법인데, 물론 놓치면 다시 집중하는 것이다. 말막힘 치료에 도움이 될까 해서 나름 수련을 했는데, 눈에 띄게 좋아지는 느낌은 없었다. 사람마다의 깊이 차이인지는 모르지만, 막히려는 나를 인정하려고 의지는 있지만, 그 순간엔 또 회피하려는 본성이 강한 듯했고, 막히려는 나를 관하려고 했지만, 관하다가 panic이 오면 모든 게 무너져 내렸다.

4. 나를 구원해 준 풀말 치료 방법

그럼 이제부터 나의 마지막 종착?의 치료 방법인 풀말을 말씀드리겠습니다.

지금까지 살아오면서 만난, 말막힘 동지들을 보면, 나처럼 멋지게 삶을 풀어낸 사람들은 많지 않은 것 같다. 아마 100명에 몇 명인듯하다. 내가 그렇게 된 것은 아래의 풀말 치료이다.

말이 막히려는 의식이 찾아오는 이유가 뭘까요?

나의 경우에는 유전적으로, 공포가 오면 말이 막히는 기질을 타고난 것 같다. 주위 친척들과 형제도 같은 증상이 있다. 학습을 해서 증상이 나오는 경우도 있는 것 같다. 이런 상처가 편도체에 저장이 되면 다음부터는 같은 상황만 나오면 자동으로 몸이 반응을 한다. 편도체가 내가 의식하기 전에 몸을 그렇게 반응시키는 것이다. 아주 옛날 자연에 적응시키고자 만들어진 몸이어서 그때는 자연으로부터 보호하기 위한 반응이라고 한다(fight flight freeze).

● 발살바 메커니즘(valsalva mechanism)
즉 몸에 힘을 바짝 주면 몸에 있는 모든 '구멍'들은 모두 호흡이 나가지 않도록 닫히는 몸의 원리이다. 역기를 번쩍 들어 올리려 하면 입, 콧구멍, 항문 등이 닫히는 것이다. 그러면 어떻게 되겠는가? 호흡은 나가지도 들어가지도 않는 것이다. 우리 몸은 그렇게 반응하여 말은 나오지 않고 힘만 주는 것이다. 절실하게 힘을 더 주면 줄수록 더 나오지 않는다.

우리가 공포가 생기고 몸이 경직되는 것은 통제할 수 없다. 그러나 경직이 온 몸은 이완으로 통제할 수 있다. 그게 치료의 핵심이다. 우리는 치료를 위해 어떻게 하면 '어쩔 수 없이 나에게 찾아온 경직'을 부드럽게 내보낼 것인가에 집중한다.

복식호흡으로 숨들이고, 꽉 채우고, 힘을 주어 숨을 내뱉는 것은 종국적으로 이완이 되지 않는, 오히려 경직을 더 강화시키는 방법이었습니다. 모임회원 태리우스가 이완을 꺼내 들었고, 이 친구에게 계속 그 느낌을 물어보며 혼자 숨을 내보내며 발성을 하는 몇 달을 보내다가 느낌을 찾았습니다. 우리는 보통 무의식 속에 또는 내가 의식을 하기 전에 내 몸에서 '힘을 주어 몸을 짜내면, 몸속에 공기가 나올 것이다'라는 동물적인 본능이 있습니다. 뭐든 힘을 주면 원하는 곳으로 보내놓을 수 있으니 호흡을 내보내는 것과 발성을 하는 것도 몸으로 힘을 내어 움직여 주면 그렇게 될 것이라고, 그래서 어떤 사람은 말이 나오지 않을 것 같으면, 머리와 턱과 고개에 처절히 힘을 주며 숨을 내뱉으려고 순간적인 반복되는 힘을 주어 목쪽에 더 많은 경직이 발성된다.

또 어떤 이는 발을 구르며 힘을 주며 내뱉으려고 하려 한다.

이런 동물적인 본능에 의하여, 우리는 지금까지 공포가 찾아오면, 내 의식보다 먼저 몸에서 반응하여 힘을 주어 짜내서 발성을 하려 한다. 몸은 이미 얼음덩어리와 같이 굳어 있는데 그리고 발성과 관련된 모든 기관들은 이미 그대로 멈추어 있으며, 횡격막을 포함한 관련된 근육들은 이미 움직여 주지 않는 것이다. 공포를 느끼며 내 몸이 멈추어져 있는 것이다.

우리는 이것을 해결해야 한다.

이것을 해결하려면 마음공부와 풀림 호흡 발성 2가지가 있다.

3번째 야외훈련이 있는데 이것은 반드시 몇 번만 해도 되는 보조 역할로 보아도 된다고 본다.

①마음공부, ②풀림 호흡 발성 이 2가지를 가지고, ③야외훈련(지하철, 광장 스피치)을 하게 되면 엄청난 속도로 심리가 올라가고(자신감), 그 타오르는 감동으로, ④현실적용 하면 된다.

사람에 따라서 ①과 ②만으로 극복이 된다고 본다. 하지만 ③야외훈련까지 하는 것을 강추한다. 그래야 좀 더 쉽게 ④현실적용을 할 수 있는 것 같다.

하지만 본인의 기질에 따라 하기 어렵다면, 단 몇 회라도 다 같이 하는 야외훈련을 강추한다.

그렇게 야외훈련까지 하게 되면, 현실에서 자신의 단점에 대하여 원활히 오픈하며, 더 한 단계 올라간다.

1) 마음공부

2) 풀림 호흡 발성

3) 야외훈련

4) 현실적용

1) 마음공부

마음공부가 어느 정도 되어있어야 본인이 겸손해지고 무엇을 해야 하는지 판단하고 받아들이며 내려놓을 줄 알고, 행동을 하는 것 같다. 그래야 배운 풀림 호흡 발성을 현실에서 과감하게 적용하고 더 upgrade가 된다. 같은 말더듬으로 고생하는 사람들도 여러 가지 성향이 있다.

어떤 이는 절대로 나의 치부를 또는 나의 모자라 보이는 발성을 현실에서 보여주려 하지 않거나 풀어진 발성을 하지 않으려는 경향이 있다. 또 어떤 이는 "그래? 좀 모자라 보이는 부족해 보이는 이 호흡 발성을 하면 현실에서 막히는 않는구나 이게 얼마나 감사한 일인가?!!"라고 겸허하게 현실에서 그 호흡 발성을 사용하려고 노력한다. 결과는 막히지 않고 발성할 수 있는 방법을 받아들이는 사람이 아주 좋아진다. 그래서 현실에서 자꾸 성공하는 경험들이 많아지며, 동물적인 공포는 점점 줄어들거나 사라진다. 그러면서 현실에서 본인이 감당 해낼 수 있는 어색한 발성을 갈고 닦아내며 upgrade 시켜나가고, 말막힘을 극복해 낸다.

나이가 좀 어려도 하나를 가르쳐 주면 자기 것으로 만들려고 열심히 노력하고 또 가르쳐 달라고 하는 친구를 보았다. 또 나이를 먹어도 새로운 것을 배우려 하지 않고, 자기만의 아집으로 배우지 않는 사람들을 보았다. 어떤 분이 얘기한 바와 같이, 절박한 사람들이 배우려고 달려드는 것 같다.

인생을 오래 살며, 여러 가지 치료법들을 배워보고, 어느 방법이 '진주'인지 모래 속에서 가려내는 내는 것 같다. 젊은 친구들은 특히 모자라 보이는 발성을 아예 기피하는 것 같았다.

그렇게 되는 이유 중의 하나는 타고난 기질도 있는 것 같다. 남을 의식하는 부끄럼을 좀 많이 타는 사람이 있고, 조금 부족해 보이는 발성을 자기 발전을 위해 사용하는 사람들이 있다.

있는 그대로의 모습을 보여주려는 마음공부가 되면, 겸손해지며 새로 배운 풀림 발성을 차분히 현실에 최대한 적용하려 노력하는 것 같다.

남에게 나의 부족한 모습을 보여주기는 여간 어려운 일이 아니다.

그러나 '막히지 않고, 발성을 할 수 있다는 것이 얼마나 행복한 일'이라고 판단하는 사람들에게는 풀림 발성이 아주 큰 행복이다. 말 한마디 못하고 세상이 멈춰버린 사람에게는 정말 자살을 생각할 정도로 두려운 일이다. 식당에서, 버스표 사는 곳에서, 발표 자리에서, 사람들 앞에서 첫말을 못 하여, 사람들이 얼마나 무시하는 눈빛으로 막히는 나를 보는가.

나 같은 경우에는 '말만 막히지 않는다면 뭐든 하겠다'라는 생각이 늘 있었다. 그래서 그런지 다른 동지들이 나에게 "득헌은 풀림 발성 현실적용을 잘한다"라는 말을 많이 들었다.

어릴 때 하도 말이 안 나오니 전화 인사 "여보세요"를 녹음기에 녹음해 두어 전화 통화 시에 사용할 생각까지 할 정도였다. 벙어리가 된 그 심정을 누가 알겠는가. 얼마나 없어 보였을까.

그리고, 말막힘이 사라지고, 사회생활에 문제가 없어지고 자신이 생기면서 말이 어눌했던 속도와 느낌에서 점점 빨라지고 어색함이 점점 사라져 갔다. 그러면서 사람이 간사한 게 약간의 어색한 발성도 자꾸 하려고 하지 않게 된다. 배고팠던 사람이 배가 부르면 태도가 바뀌는 것처럼, 인간도 이렇게 약한 존재인 것 같다. 그래서 막힘이 사라져도, 몸의 이완을 통한 호흡과 발성을 유지시켜야 한다. 아침마다 약 20~30분 정도 몸의 이완과 이완 발성 훈련이 필요하고, 풀림 모임을 참가하여 마음을 겸손히 유지시키는게 필요하다. 또한 국선도 등의 몸과 마음을 이완시키는 수련들이 필요하게 된다… 이런 이완훈련/풀림 모임/국선도 수련 등이 결국에는 마음공부인 듯하다.

개인적으로 꼭 후배들한테 권유하고 싶은 것은 완치가 되면, 반드시 유지관리가 필요하며 아래 몇 가지를 추천한다.

①아침 몸과 발성의 이완훈련

아침마다 몸과 발성의 이완을 해 놓으면 마음 또한 이완이 된다고 생각하며, 이것 또한 마음공부가 된다고 생각한다. 왜냐면 아침마다 매일 하면서 인내와 겸손을 배운다고 생각한다.

몸을 먼저 이완시키며 이완 발성을 하는 게 답이라고 생각한다.

요가 동작들 그리고 국선도 동작들 아니면 체조의 스트레칭 동작들을 하면 몸이 풀리게 된다.

몸이 참 신기한 게 이런 이완 동작들 없이 발성 훈련하면 몸이 굳어서, 이완 발성이 잘되지 않는다.

대표적으로는 국선도 준비동작을 하고 나면 몸이 이완된다. 나 같은 경우에는 국선도 준비동작이 일부와 요가 명상에서 배운 동작을 하며 이완 발성을 동시에 한다. 그러면 몸의 이완과 발성의 이완을 동시에 잡을 수 있는 것 같다. 예를 들어, 동작 하나를 유지하며 모음 발성 "아~~~"를 하며 몸과 발성의 이완을 느끼는 것이다. 그냥 뻣뻣이 서서 발성만 하는 것보다, 몸의 이완을 통한 발성이 되어 숨쉬기도 좋고 발성하기도 좋아지는 몸이 되는 것 같다. 20~30분 정도 하면 좋은 것 같고,

모음들 아야, 어여, 오요, 우유, 으이 그리고 자음들 가, 나, 다, 라, 마, 바…를 하며 발성에 초점을 맞추거나, 자기 삶의 중심이 되는 말들 예를 들어 "나는 충분히 괜찮은 사람이다" 등의 긍정에 말들을 몸의 이완을 통해 풀리는 발성을 하게 되면 자신이 넘치게 된다.

개인적으로 저는 하기의 문구를 몸의 이완 동작을 하면서 하고 있다. 발성의 처음 문장의 첫 글자는

- 처~어~엇 숨을 딱딱하게 하지 않고, 푸~우~서 발성하면, 수~우~움이 아주 잘 나올 거야
- 짜~아~알~게 끊다 보면, 사~앙~승 하는 횡격막을, 부~우~잡고 있는 느낌이 들 거야
- 자~여~언스럽게, 튀~잉~겨 지도록 한다
- CLM : C(Concern)…커~어~언선, 내~가 상상하는 것만큼, 세~에~상 사람들은 나에게, 과~안심이 없는 것 같습니다. (이하는 길게 늘이는 첫 음은 생략한다)
- L(liking) 내가 상상하는 것만큼 세상 사람들은 나에게 관심이 없다는 것입니다.
- M(myself) 남을 위한다면서 하는 모든 행동들은 사실 알고 보면 나

를 위해 한다는 것입니다. 그러니 제발 하고 싶은 게 있다면 남 눈치 보지 말고 과감하게 해버립시오.

- 애~토~옹해하면서
- 하품하면서(이하~생략)
- 힘 빼주면서 / 한 풀리면서 / 천천히 움직이면서
- 비틀리면서 / 내려주면서 / 한 발성 한 발성씩
- 그만두면 되지요, 이 세상 모든 사람들과 그만두면 되지요.
- (현재 본인에게 발성 두려움을 주는 사람의 이름을 말하며) 최~상~각 하고도 그만두면 되지요.
- 나는 충분히 괜찮은 사람입니다. 그 어렵다는 말막힘을 완치했습니다. 최소한의 생활비는 모아두었습니다. 열심히 삽니다. 정이 많습니다. 겸손합니다. 시원하게 표현합니다. 소중한 내 마음을 들켜도 됩니다.
- 전경을 배경으로, 겸손하면서, 미소 지으며, 화내지 말자, 짜증내지 말자, 내려놓으면서
- 저항을 느끼면서, 압도적인 저항을 느끼면서
- 완벽할 수 없습니다.
- 그런가 보다. 그랬나 보다.
- 희망을 버려라, 내가 바라는 그런 세상은 없는 것입니다. 지금 여기가 가장 완벽한 곳입니다.
- 말막힘에서 완전히 벗어나려는 희망을 버려라.

- 완전 호흡 완전 발성을 하지 않는데 막힐 수밖에 없습니다.
- 30년 동안 막히었는데, 얼마나 예민하겠습니까.
- 기계가 아닌 사람인데 어떻게 실수를 안 하겠습니까.
- 최악을 받아들인다, 언제 어떤 일이 일어날지 모른다.
- 전경을 배경으로, 머리 속 가슴속 항문 속에 있는, 가지고 있으면 해로운 생각들을 과감하게 표현한다. 까칠하다고 이상하다고 해도 표현한다.
- 멋진 발성을 자랑한다, 피땀 눈물로 만들어진 멋진 발성을 자랑한다.

대략 이 정도 하면 20~30분 정도가 소요된다.

제대로 하고 나면, 몸이 이완되고 발성에 관련된 몸 안의 근육들도 이완되는 느낌을 받을 것이다.

② 국선도

국선도를 하게 되면, 본인이 어떻게 호흡을 하고 있는지 몸에 집중하게 된다.

풀림을 배우기 전에, 국선도를 주 2~3회 다니게 되면, 몸이 이완되는 느낌을 받게 된다. 그래서 처음 이완을 배우는 분들한테 강추한다. 왜냐면 사실, 몸의 이완 느낌을 찾는 게 처음에는 망망 바다에서 나침반 없이 목표를 찾으라는 것과 같은 느낌일 수 있다.

고요한 상태에서 호흡이 들어오고 나가는 것을 집중하게 되고, 여러 가지 행공들을 하면서 호흡을 바라보게 된다. 준비동작부터 마무리까지 하게 되면서 일정 시간 경과하게 되면, 스스로 자신감 존재감이 생기고, 자신이 커 보인다고 한다. 사람마다 국선도 수련에 대한 깊이가 약간씩 다른듯하다. 아마 사람마다의 기질인 듯하다. 주위에 국선도의 맛을 느껴 호흡 관련된 수련을 계속하는 동지가 있다.

개인적으로는, 국선도 수련을 6개월 정도 한 듯하다.

호흡 수련하다가 잠시 수면을 취하면 그처럼 달콤한 맛이 없다. 지금도 비행기나 버스 안이나 수면할 때 잠시 아랫배 호흡을 관하고 있다. 물론 오랜 시간 동안 집중은 안 되지만, 잠시 호흡에 집중할 수 있어서, '나'라는 몸에 대하여 관하는 시간을 갖는다.

말막힘이 발생하는 건 마음을 제외하면, 호흡과 관련된 몸의 기관들이 경직되는 것이다. 동태처럼 얼어서 굳어 버리는 것이다. 국선도를 수련하면 몸을 이완시켜 주고, 아랫배 호흡에 관하며 내 몸에 집중하여 호흡이 들어오는 고요의 바다에 집중하면 아랫배 발성에 도움이 된다고 생각한다.

③ 풀림 모임, 체력, 기타

풀림 모임에 정기적으로 나옴으로써 다른 사람들에게 나 자신을 점검도 받고, 동기부여와 에너지를 받는 것이 마음을 견고히 하는 데 도움이 되는 것 같다. 혼자는 오래 버티지 못하나, 함께 가면 즐겁게 오래 제대로 갈갈 있는 것 같다.

체력이 있어야 한다. 힘이 있어야 힘을 뺄 수 있다. 술을 많이 마시거나 몸이 지치면 이완에 집중할 수 없다. 그래서 평소에 몸도 튼튼하게 관리하면 좋다.

마음공부는 배운 풀림 발성을 현실에서 제대로 사용하고, 유지하는데, 매우 중요한 부분이다.

아무리 풀림 발성을 할 수 있어도 현실에서 적용을 못하면 바람 앞에 촛불이다. 사실 풀림 발성(이완 발성)을 제대로 몸으로 익히기도 부단한 노력이 필요하지만 더 완치에 가까우려면 마음이 풀려야 하는 것 같다. 개인적으로 판단하기에, 완치가 10이면, 풀림 발성이 6~7정도, 마음공부가 3~4를 차지하는 것 같다. 풀림 발성을 배우면 6~7단계까지 올라가지만, 마음공부가 제대로 안 되면 제대로 풀림을 못 해서 이완된 몸으로 발성이 되지 않아, 그다음 9~10까지의 단계까지 올라가기 힘든 것 같다. 자신을 있는 그대로 인정하면, 뭘 해야 하는지 제대로 보이고, 해야 할 것을 제대로 하려고 하는 것 같다.

그리고 목표 달성을 했더라도, 마음공부는 꾸준히 하는 게, 겸손히 자신을 관리하는데 도움이 되는 것 같다. 해서 마음공부가 되는 도서를 가까이하는 것도 강추한다.

2) 풀림 호흡 발성

사실 우리들이 말더듬 막힘을 극복하기 위해 넘어야 할 가장 중요한 과제가, 이 풀림 호흡 발성이다.

'이완된' 상태를 우리 모임에서는 '풀림'으로 표현하였다. 따라서 이완과 풀림은 같은 의미로 보면 되겠다. 어쩌면 말막힘 치료의 80~90% 이상이라고 생각한다. 이것을 알아야 종지부를 찍을 수 있으니까. 마음공부만으로는 아마 일반적으로 사회생활을 하기 어렵다고 본다. 왜냐면 그 공포의 패닉 상황에서는 몸도 무너졌지만, 마음도 무너져 있어서 말막힘을 인정하고 어쩌고 할 수 없다. 수많은 사람들 앞에서 발가벗은 내 몸을 보여주어야 하는 상황인데… 말이다.

이 패닉을 멋지게 넘어서는 방법이 있다. 바로 풀림 호흡 발성이다.

지금부터 내가 아는 풀림을 작성해 본다.

처음에 얘기한 바와 같이, 우리는 공포를 느끼면 본능적으로 힘을 주려고 한다, 호흡 발성과 관련된 몸 안은 내뱉으려는 힘을 줄수록 더욱 폐쇄를 하게 된다. 전문가들은 이걸 노작성 폐쇄(effort closure)라고 한다. 여기서 게임아웃이다. 그렇게 하고 싶던 그 첫말은 여기서 나올 수 없다, 그리고 또다시 절망을 먹어야 한다. 절망으로 가득 찬 몸을 가지고 귀가하여, 잠을 청하지만 잠이 오겠는가, 음식을 먹어도 맛을 느끼겠는가?

개인적으로 우리는 풀림 호흡 발성을 이렇게 해야 한다고 본다.

"입은 편하게 벌리고, 아랫배로 호흡을 마시고, 의식은 아랫배에 두며, 아랫배에 힘을 빼어 아랫배가 꺼지며, 꺼지는 아랫배로 첫 단어의 가장 앞 글자를 항문 아래로 내보낸다."

만약 이 말을 바로 알아듣는다면, 이미 내공이 상당하다고 본다.

① 입 : 입은 그냥 말이 나가는 구멍으로 생각해야 한다.

입을 벌리고 닫고 하려는 의지가 있으면, 의식은 입으로 와 있어서, 중심이 떠 올라 있고, 아랫배에 의식을 두지 못해, 아랫배 힘을 빼는 데 장애가 된다. 아마도 입만 벙긋거리지 숨은 나오지 않을 것이다. 우리는 그동안 모든 의식을 입에 두었다. 하지만 지금부터는 중심이 아래에 있도록, 아랫배에 두어야 한다. 입으로 말하려고 절대 해서는 안 된다. 입은 그냥 연기가 나가는 굴뚝으로만 생각하고, 말을 하는 동안 항상 열어 두어야 한다. 입을 벌리고 닫으려는 의식조차 모두 아랫배에 두어야 한다. 입은 아무런 기능도 하지 못한다. 그냥 숨과 발성 지나가는 통로일 뿐이다.

의식되는 첫말의 입 모양만 만들어 놓고… 그 입 모양을 만들어 놓고 가만히 있으면 된다.

즉, 자전거가 의식된다면 '자'의 입 모양을 만들어 놓고, 그대로 아랫배로 호흡하고 입 모양 유지한 채로, "자"를 항문 아래로 내려 보낸다.

실제로 항문 아래로 어떻게 글자가 내려가겠는가?? 의식을 항문 한곳에 집중하여, 그렇게 하여 중심을 아래에 두고, 아랫배를 이완시키기 위한 방법이다.

상대 이야기를 듣고 있을 때도, 입은 편안히 벌려 놓으면 벌리고 닫고 해야 하는 부담을 줄일 수 있고, 아랫배 의념에만 집중할 수 있다.

② 상체 : 상체는 전체적으로 편안히 힘을 빼준 상태로 둔다.
　의식은 아랫배에 둠으로, 상체로 의식을 둘 필요 없으며, 단 편안히 힘 빠진 상태를 상상하는 정도인 듯하다. 목/가슴/어깨 등은 너무 가만히 두려고 할 필요 없다. 호흡하고 내보내는 동안, 약간씩 들썩이며 움직이는 것은 자연스러운 것이니 염려할 필요 없다.
　단, 모든 호흡을 들이마시고 내보내는 엔진은 아랫배임을 알아두면 된다.

③ 아랫배 : 아랫배는 치료를 위해 우리가 가장 의식을 두어야 하는 곳이다.
　단전호흡에서도 의식을 아랫배에 두면, 마음이 더 안정되는 뇌파가 나온다고 한다.
　아랫배라고만 하면 정확히 어디인지 애매하다고 할 있다. 그래서 나는 아랫배 단전 또는 항문이라고 말하고 싶다. 개인적으로 내가 가장 의식 집중하기 좋은 곳은 항문이다. 그래서 나에게는 아랫배가 곧 항문이다. 어렵게 들릴지 모르지만, 사실 간단하다. 항문을 통하여 공기가 들어오고 항문을 통하여 호흡(발성)이 나가는 것이다. 어떤 고수는 아랫배 아래(항문)로 호흡이 나가는 느낌(싱크대에서 물이 아래로 빨려 내려가는 느낌)

이라고 한다.

 물리적으로는, 호흡을 들이마시는 것은, 아랫배가 나오고, 횡격막은 수축되어 평평히 내려오고, 가슴은 넓어지며, 넓어진 공간으로 폐는 커지며, 공기가 폐 안으로 들어올 것이다. 가능한 가슴보다는, 아랫배가 많이 움직여야 보다 큰 호흡량을 가질 수 있을 것이다. 호흡을 내보내는 것은, 아랫배가 수축되고 안으로 들어가며, 횡격막은 아랫배의 올리는 압으로 올라가게 되고, 횡격막이 폐를 눌러주며 호흡이 나가는 것이다. 단 우리는 이 모든 것을 다 생각해 낼 필요가 없다. 우리가 의식할 것은 항문을 통해 호흡이 들어오고, 항문에 힘을 빼주면, 말이 항문을 통해 나가는 것이다. 아마 항문을 통해서 호흡이 들어오는 것은 충분히 상상하고 의식을 두면 할 수 있을 것이다. 경험상 사람들이 많이 어려워하는 게 아랫배(항문)의 힘을 빼는 것이다. 또한 상상으로 의식하여 말의 첫 글자가 항문 아래로 내려가는 것을 상상하여 의식하는 것 또한 어렵지 않을 것이다.

 그럼 지금부터 가장 어려워하는 아랫배 힘빼기의 느낌을 알아보자.

 사람마다 아랫배에 힘을 빼라고 하면, 매우 어려워한다. 사실 그게 수술로 해결될 문제도 아니고, 눈에 보이게 손을 올려라, 발을 어떻게 해라가 아니고, 몸 안에 현상을 말하는 것이어서 매우 설명하기 어려운 것 같다. 아랫배 힘빼기라고 하지만, 형태적으로 아랫배가 수축되는 것이다.

 간단히 말하면 우리의 목표는 '몸을 이완시켜, 이완된 몸으로 숨을 내보내는 것이다. 입은 통로이고, 내보내는 숨에 소리를 얹을 뿐이다.' 어쩜 내 원고에서 가장 표현하려고 했던 가장 중요한 내용은 아랫배로 힘을 빼며 발성하는 것이다. 아랫배 힘빼기는 = 부풀어진 아랫배 수축시키기인데 절대로 힘을 주어 수축시키면 안 된다. 그건 이전과 같이 힘을 주는 발살바 작용으로 발성과 관련된 근육, 즉 횡격막을 정지시켜 버린다. 제대로 힘을 주기 위해서는 우리 몸에서 숨을 내보내지 않는다. 의자에 앉아서 책상 밑에 양손을 대고 책상을 위로 올려 보려고 해보라 숨을 내보내면서 들어 보려고 하면 제대로 된 힘을 줄 수 없다. "숨이 멈추어 있는 상태에서 힘을 줄 수 있다" 이게 내가 말하고자 하는 핵심이다. "인간의 몸은 힘을 주면 숨이 멈추어진다. 그래서 우리는 발성을 하려면 힘을 주면 안 된다, 내려온 횡격막이 원래의 위치로 올라가도록 약간의 이완을 해주면 되는 것이다." 아마 발성이 되는 역할에서 가장 중요한 부분이 횡격막일 것이다. 횡격막이 아래로 내려가거나(숨 들이마시기) 또는 위로 올라가려면(숨 내보내기) 몸에서 힘을 내기 어렵다. 즉 횡격막이 움직이려면 신체에 힘을 주면 안 되는 것이다. 호흡은 횡격막의 움직이고, 발성도 횡격막의 움직임인 것이다. 말막힘을 고생하는 우리들은, 이 횡격막에 관심이 많아야 한다. 왜냐면 우리를 지옥으로부터 구원해 줄 수 있으니까, 횡격막을 자유자재로 써먹을 수 있어야 한다. 써먹으려면 몸의 이완을 잘해주면 게임 끝인 것이다. 그런 목표로 이완과 관련된 모든 행위들을 하는 것이다.

   국선도, 스트레칭, 마음공부 이런 공부들은 모두 이완을 하여 횡격막을 제대로 움직여 주기 위한 것이다. 어쩜 우리가 말하는 이완발성은 = 이완된 횡격막 발성으로 표현할 수 있다고 본다.

"횡격막이란 흉부와 복부를 나누는 경계가 되는 근육으로 이루어진 막이다."

횡격막은 폐와 소화 관련 장기들과의 사이에 있는 근육인 것이다.

길게 한숨을 쉬려 해도, 횡격막이 움직여 줘야 한다. 횡격막이 움직여 주어야 폐를 팽창/수축시켜 주는 것. 우리가 간단히 통제할 수 있는 호흡 발성은 복식호흡(횡격막 호흡)이고, 흉식호흡(늑간급호흡)은 활동량이 적어 통제하기 어렵다. 횡격막 호흡은 의식의 중심을 아래로 떨어뜨리고, 아랫배에 의식을 둠으로써 언제든 필요할 때 힘을 빼며 발성을 할 수 있는 것이다.

흡사 단전호흡에서 말하는 중심이 아래로 내려가고, 마음의 고요가 찾아온다는 원리를 우리는 이용하는 것이다.

아무튼 횡격막이 말막힘의 가장 중요한 핵심이라고 말하고 싶다.

다른 것들은 곁가지라고 생각한다. 그러면 그 횡격막을 움직이기 위한, 아랫배가 수축하는 느낌을 여러 가지로 표현해 보겠다.

④ 풍선 구멍(항문)으로 숨을 들이마시고, 둥글게 만들어진 아랫배를 전체적으로 힘을 빼준다.

즉, 둥글어진 풍선을 꺼지게 하여 작아지도록 하는 것이다. 아마 이게 가장 대표적인 표현인 듯.

아랫배 = 입이라고 생각한다. 입에 의식을 두면, 발성이 필요할 때 다시 의식을 아랫배로 옮기기 어렵게 된다. 따라서 아랫배가 입이고, 아랫배만 꺼지면 발성이 되니까 입은 없다고 생각한다.

이때 발성을 딱딱하게 한다는 것은, 상승하는 횡격막을 붙잡을 수 있으니, 풀리는 발성 즉, 혀가 풀리고, 아랫배가 풀리는 부드러운 발성을 하도록 노력한다.

⑤ 애통해하며 한숨을 쉰다.

우리가 한숨을 쉴 때는, 아마 공포를 느끼지 않을 것이다. 살면서 본인에게 큰일이 발생하면 나오는 한숨은, 횡격막이 편안히 이동하여 숨이 나오는 느낌이니, 의식을 아랫배(항문)에 두고, 아랫배를 푸~욱 꺼지게 하며 "아~이~고"하며 길게 한숨을 쉬어보라.

⑥ 한 번에 한 발성씩 해본다

처음에 상승하는 횡격막을 중간에 붙잡으면 안 된다. 즉, 발성을 끊어서 발성하면 상승하는 횡격막을 붙잡게 된다. 따라서 훈련할 때는 한 번에 발성을 하나씩 하며 아랫배가 멈추지 않고 계속 수축하는 느낌을 잡는다. 예를 들어 아~~~~하며 아랫배가 끝까지 꺼지는 느낌을 느껴보는 게 중요하다.

어쨌든 아랫배가 이완되며 수축하여 횡격막이 상승하는 게, 이게 바로 정답이다.

  이것을 무조건 자기 것으로 만들어야 한다. 우리 모임 분들이 설명하는 내용으로, 감이 오지 않는다면 느낌이 올 때까지 몇 달간 혼자가 해봐야 한다. 그렇게 본인이 주도하여 계속 그 원리를 터득해야 본인의 것이 될 것이다. 느낌이 올 때까지 여러 느낌으로 시도를 해보며, 느낌을 아는 고수들에게 계속 질문을 하고 답을 받아보며 내 것으로 만들어야 한다.

  어떤 사람들은, 모임에서 가르쳐주는 시간에만 집중하고, 혼자 있는 시간에는 집중하지 않는 사람들을 많이 보았다. 이완 발성을 학교에서 가르치는 한 과목 정도로 생각하는 사람들은 처절히 절박이 노력하지 않는 것을 보았고, 나중에 모임에도 잘 나오지 않고, 성과 없이 시간을 낭비하는 사람들을 보았다. 나의 경우에는 아랫배가 쑤~욱 꺼지는 느낌을 알 때까지 고수에게 물어보며 몇 달을 노력했다. 목욕탕에서도 차 안에서도 걸으면서 혼자 있는 시간은 "아~~~"하며 대체 힘이 빠지는 느낌이 뭔지 찾아보다가 어느 날 '아! 이 느낌이구나'라는 감을 느꼈다. 그때 참 기뻤다. 아랫배가 편안히 수욱 꺼지면 부드럽게 발성이 되는 그 느낌!! 그래서 기뻐서 여기저기로 전화를 했던 게 기억이 난다. 그 후에 혼자 매일 아침 호흡 발성을 하면서, 계속 나만의 방식으로 더 upgrade 해 온 것 같다. 그래서 이제는 나만의 방식으로 좀 더 쉽게 힘 빼는 방법을 구체적으로 실행하고 있다. 그리고 "내가 최고야"라는 경솔함은, 다른 사람들의 이완 방식을 보고 배우고 내 것으로 만드는 데 장애가 된다. 나도 가끔 그런 경향이 있는 것 같다. 늘 겸손하며 모임 때마다 다른 분들에게 배운다는 자세로 임해야 하는 것 같다.

가장 아쉬웠던 것이 20~30대 되는 분들이, 조금 해보고 그냥 모임에 나오지 않거나, 포기해 버리는 경우를 많이 보았다. 앞으로 멋지게 살아야 할 것들이 많이 남아 있는데 말이 막혀서 고생할 것들을 생각해 보면 될 때까지 했으면 하는데 떠나는 모습들을 보고 많이 안타까웠다.

치료 확률이랄까? 사회생활 할 수 있을 정도로 좋아지는 비율이, 정확히 세보진 못했지만 아마 10~20%인 듯하다. 내가 그 안에 들어가 있는 게 얼마나 다행인지, 감사한 일이다.

어떤 분은 그렇게 이야기한다. 절박한 만큼 받아들이고 노력한다고. 그런데… 절박할 듯한데 포기해 버리는 사람도 많이 보았다. 직업을 말하지 않는 직업으로 바꾸고… 그런 삶을 사는 것이다.

말막힘이 있으면, 사람이 자존감이 낮아서 제대로 된 감정을 느낄 수 없다. 사랑도 할 수 없고, 남에게 기대려고 하고 의존하며 살려고 한다. 모임에 나오고, 고수들에게 도움받고, 동기부여 받으며, 꾸준히 스스로를 성찰하고 답을 찾으면 어렵지 않게, 이완 발성을 하게 되고, 그러면서 빠져나올 수 있는데 충분히 지식을 가지고 있는 듯 해도 떠나가는 사람들이 있다.

치료가 필요한 환자의 자세는 매우 중요하다.

말막힘 치료는 수술이나 약으로 치유가 되는 게 아닌 철저하게 본인이 공부하여 빠져나와야 하는 어렵다고 보면 어려운 치료 과정이다.

본인이 일어나 하나하나 자기 것으로 만들어 지옥에서 빠져나와야 하는 길이다.

그런데 언제든 열려 있는 모임이 있는데도, 떠나야 하겠는가.

이런 사람들이 좋아지고, 극복한다고 본다.

"열려 있는 마음으로 극복할 수 있다는 방법에 대하여 조언을 믿고 철저히 끝까지 공부하며 해보는 사람"이다.

- 이렇게 되려면 그동안 여러 말더듬 치료 학원을 다녀서 실패를 많이 해보고⋯ 그리 쉽게 치료가 안 된다는 것을 알아야 하는 것 같다. 왜냐면 우리 풀림 발성은 풀려 들리기 때문에 저능아가 말하거나 외국인이 한국말을 하는 감으로 들리기 때문에, 창피해서 현실에서 과감히 적용을 일정 시간 동안 해야 하는 과정이 있다.
- 이렇게 되려면, 귀를 열 줄 아는 지혜가 필요한 듯하다. 한두 번 해보고 "아 이거 아닌데"라고 속단 속결로 판단해버리면 안 된다. 고수들의 말을 따라 해보고, 안되는 이유를 찾아보고⋯ 그런 지혜가 필요하다. 어떤 사람은 고집이 세서 남의 말을 잘 안 듣고 거리를 두는 경우를 보았다. 그리고 모임에 나와도 혼자 있는 느낌이었는데 안타까웠다.

3) 야외훈련

마음공부와 풀림 호흡 발성이 되면 사실, 현실에서 그대로 사용하면 된다. 그런데 우리는 수치심이 있어서, 과감하게 마음껏 이완하여 풀어내지 못하는 경향이다. 사실 그게 자연스러운 인간의 본능이다. 해서 그 본능과 마주 싸워 이겨내는 방법 중 하나가 야외훈련이다.

야외훈련 중 가장 강력한 것은 역시, 지하철 스피치이다. 연달아 몇 번을 할 수 있기 때문에, 할수록 본인이 부족한 점을 보완하면서 할 수 있다. 또한 사람들과 가장 가깝게 반응을 보면서 하기 때문에, 더 강렬한 느낌인 듯하다. 야외광장 또는 버스정류장 등에서 할 수 있는 경우는 많지 않고, 1번 정도 할 수밖에 없어서 감이 끊어지는 느낌이다.

초기 3~6개월 정도, 주1~3회 정도 하면 자신의 발성에 대하여 자신이 생기는 것 같다.

지하철 스피치를 하여 심리를 올린 후에 -> 상가실습이나 전화 훈련을 해야 더욱 잘되는 것 같다.

상가나 전화를 먼저 하면 심리를 올리기 좀 힘들다.

4) 현실적용

마음공부/풀림 발성/야외훈련을 제대로 하면, 몸도 되고, 마음도 되기 때문에, 현실에서 직장/가족/친구들과 풀림이 배어 나오는 발성을 할 수 있다. 나의 경우에는 훈련할 때 풀림의 어색함이 100%라면, 현실에서 30% 정도만 어색하게 풀어내도 대부분 문제없이 잘했던 것 같다. 물론 어려운 환경에서는 더욱 어색한 이완 발성을 쓰려고 해야, 심리적으로 압도하면서 성공할 수 있었다.

공포스러운 환경에서 100% 사용하려 해도, 본능적으로 30~50% 정도 사용이 되어진 듯하다.

그 정도로만 사용이 되어도 문제없이 잘 해냈다. 성공해서 이제 '완전', '완벽'하다고 생각되어도,

유지관리는 반드시 필요하다. 주위에 완치했다고 일반사람들의 발성으로 돌아갔다가 완전히 무너진 사람을 보았다. 우리는 '기질'적으로 말이 막히기 쉬운 성향이다. 그 성향과 이기려면 풀림의 현실적용은 반드시 필요하다. 숨이 멎는 그날까지 매일 아침 잠시 몸의 이완과 발성 훈련 시간을 갖고, 현실에서 풀림을 적용해야 한다. 나같이 업무적으로 압박이 많은 사람은 그 일을 하는 동안까지는 강력한 풀림의 적용이 필요하다.

여러 번 아주 어려운 상황을 성공해도, 편도체에서는 몇몇 어려운 상황을 아직도 패닉으로 판단해서 몸이 굳으려는 경험을 여러 차례 경험해 보았다. 그래서 우리는 늘 겸손하게 매일매일 시간을 투자하고 자신을 가다듬어야 한다.

처음엔 이렇게 해야 하는 상황을 부정하고 억울하게 생각했지만, 매일

매일 해보니까… 삶을 더 열심히 살아가게 되었다. 더 부지런히 아침의 풀림 일상을 지속하면서 부족해 보이는 발성을 현실에서 하면서 겸손해지고, 그 일상이 나를 더욱 삶에 충실히 노력하게 만들었다.

인생은 열심히 살아가는 사람이 반드시 성공하게 되어있다. 게으르고 나태한 사람들은 장기전에서 이길 수 없지만, 매일 열심히 살아야 하는 우리는 반드시 성공하게 되어있다.

5. 치료의 마지막 단계(완치에 대하여)

말막힘 치료의 완치에 대하여, 말막힘 세계에서는 말이 많다. 불치라거나 포기하라는 등 하지만 절대 포기해서는 안 된다. 우리는 이 문제를 반드시 극복하고, 다른 사람들과 동등하게 경쟁하여 이겨낼 수 있다. 치료를 포기하고 마음공부로 말막힘을 받아들이고, 심리치료를 통해 좋아지는 사람들을 극소수로 보았지만, 하지만 내가 치료한 풀림 발성만큼 거침없이 발성하지 못하고, 약간의 경직 상황에서 뭔가에 짓눌려 있고, 제한을 받은 발성을 하고 있다. 이거는 아닌 것 같다.

거침없이 쭉쭉 뻗어가는 풀림 발성을 할 줄 알기에, 뭔가에 눌려 있는 발성은 없어 보이는 것을 알고 있다.

완치에 대하여 몇 자 적고 싶다.

완치의 단계는 무엇을 말하는 걸까?

심리쪽 의료계서의 완치는, "노력하면서 살아가며, 사회생활 할 수 있는 단계"라고 한다.

즉, 환자 스스로 예전처럼 힘들게 살아가지 않고, 약간의 어려움은 있으나, 감소된 증상과 함께 살아갈 수 있는 수준을 말한다. 우리 증상은 사실 마음에서 비롯된 증상이어서 심리 쪽 의학계에서 오랫동안 치료해 온 결론과 동일하다.

솔직히 나도 이런 내용들을 무시하고 성격상 100%, 단 한 번도 말 의식 없이 공포 없이 그런 단계를 몇 년간 추구해 왔다. 사람은 기계가 아니다. 기계는 정해진 대로만 작동하지만, 사람은 그동안의 환경들, 편도체에 기억된 기억들, 현재의 다양한 변화들과 감정들로 어쩔 수 없이 급해지고 두려움이 생기는 상황들이 올 수밖에 없다. 왜냐? 의식을 100% 아랫배에 둘 수 없기 때문에 그리고 편도체에 쌓인 공포의 상황들은 생각보다 깊숙이 박혀 있는듯하다.

어쨌든 사회생활을 해낼 수 있을 정도가 완치이자, 치료의 마지막 단계이다.

나는 오래전에 완치를 했다. 그리고 더욱 완벽을 위해서 노력했는데, 조금의 말 의식이 생기면 그것 때문에 많이 괴로워했다.

우리는 이제 내려놓아야 한다.

완벽해지려는 의지와 노력은 좋지만, 완벽한 결과만 나오길 기대하면 안 된다. 때로 잠시 넘어지려 할 수 있고, 넘어져도 전혀 문제없다는 것이다.

모임의 어느 분이 한 얘기가 "우리는 넘어져도 다시 일어날 수 있는 풀림이 있잖아" 합니다.

1) 마음 공부도, 2) 풀림 발성도, 3) 야외 훈련도, 4) 현실 적용도 주구장창 해온 우리들은, 이제 옛날의 가여운 우리가 아니다. 소림사에 들어서 결투의 고수가 된 것과 같다. 우리는 강해졌다, 그걸 믿으면 된다.

옛날 공포가 오면 무조건 때리는 대로 맞고 쓰러지던 우리가 아니다, 물론 예전의 기억들로 공포만 찾아오면 패닉의 경직으로 자동 반사될 수 있다. 마음공부로 생각을 올바르게 하려고 노력해야 한다. 자동으로 생각나는 최악의 상황은, 4개의 과정을 거쳐 최고수가 된 우리들에겐 결코 일어나지 않는다 그걸 믿고 힘차게 가면 된다.

살아 있는 생명체가 수많은 환경들이 있는데 어찌 매번 완벽할 수 있을까.

사회생활을 해낼 수 있으면, 그것에 감사하고 겸손히 유지관리를 하면 그게 마지막 단계이다.

이렇게 현실을 직시하고 있는 사실 그대로만 인정하는 게 또 하나의 마음공부이다.

사람은 너무 완벽하면 거리감이 든다, 자신의 단점 하나 정도 있어서,

그걸 알려주고 공유하면 그 사람이 인간적으로 보여지고 가까워지고 싶어진다. 마음공부의 하나가 open이다.

이제 강력한 4단계를 거친 우리들은 과감히 타인에게 open해도 된다. 너무 일찍 open을 하면 아직 몸과 마음이 약한 상태에서는 open의 효과가 적을 수 있다. 하지만 4단계를 거치고 나면 어지간한 바람에 흔들리지 않는다.

내가 말막힘 증상이 있는 건 사실이다. 그걸 주위 사람들에게 open하고 자꾸 객관화시키는 작업이 필요하다. 뭐 아픈 상처 없는 사람이 어디 있겠는가!!

6. 맺음말

원고를 작성할 때, 처음 기획은 풀말 치료 방법에 대하여 그림과 사진도 넣어 보다 이해하기 쉽게 하고 싶었고, 좀 더 내용을 말막힘 후배님들이 읽는 관점에서 도움이 되도록 하려 했는데 한계를 느낍니다. 내용을 더 알차게 꾸미고 싶었는데, 직장생활을 하며 같이 해내기가 참 어려운 것 같습니다. 너그러이 이해 부탁드립니다.

이런 활동을 통하여 어둠 속에서 절망하고 있는 후배님들에게 빛을 보여주고, 희망을 주고, 더 나아가 구체적인 치료 방법을 제시하여 사회생활을 해낼 수 있도록 도움을 줄 수 있다면 평생의 영광으로 생각합니다. 잘 이해가 안 되는 부분이 있다면, 직대면을 통하여 가르쳐주고 싶습니다. 어릴 적 나의 말막힘을 고쳐주는 사람이 있다면 얼마나 좋을까 하고 체념하곤 했었습니다. 사실 지금 와보니 고쳐주는 사람은 바로 '나'였습니다. 내가 하면 됩니다. 열심히 삶을 살아온 사람은 반드시 행복하게 끝을 맺습니다. 우리도 마음을 열고, 옳은 방법을 찾아 절박하게 노력하고 배우면 됩니다. 우리 풀말 치료가 최고가 아닐 수 있습니다. 그리고 완벽하다고 생각하지 않습니다. 다만 제가 접한 치료 중에서 나를 살려낸 치료 방법이기에 후배님들에게 도움을 드릴까 해서 작성한 글입니다.

    도움이 되길 바라며, 희망을 절대 놓아선 안 됩니다. 그리 어렵지 않습니다.
    같이 그 멋진 길을 가도록 도와드리고 싶습니다.

    그럼.

2023년 12월에 강득헌 드림.

4장
치와와 님

1. 말막힘/더듬이 시작된 이야기

1) 말더듬이 생겼던 유년 시절

저는 아주 어렸을 적 기억이 나지 않는 순간부터 말을 더듬기 시작했던 것 같습니다. 부모님이나 주위 친척들 말을 들어 보면 유치원 다닐 때나 말을 배우기 시작할 땐 더듬지 않았었다. 라고 말씀하시는 걸 보아 초등학교 들어가면서 친구들을 많이 만나면서 시작된 것 같습니다.

따로 트라우마나 공포증으로 시작된 말 더듬은 아닌 것 같고 그냥 자연스레 생겨난 것 같습니다.

모 영화 〈킹스스피치〉 라는 영화를 보면 왼손잡이를 억지로 오른손으로 교정을 하다 말더듬이 온 조지 6세의 얘기가 있는데 저도 왼손잡이이고 부모님이 붕대를 감아 왼손을 사용 못 하게 하고 오른손잡이로 강제로 바꾸려고 했었다는 얘기를 들은 적이 있습니다.

그리고 후에 알게 된 사실이나 할아버지가 말더듬이 있었다는 얘기도 들었습니다.

위의 요인들이 저를 말더듬으로 이끌었다는 생각이 들기도 했지만, 현재 저의 가족들, 친척들 중 유일하게 저만 말더듬이 있으니 위의 얘기가 직접적으로 말더듬의 원인이라고 생각하진 않습니다.

2) 자신감을 많이 잃었던 청소년기

초등학교 시절 친구들에게 놀림을 많이 받았습니다. 처음엔 말더듬에 대해서 잘 인지하지 못하고 고치려는 노력도 잘 하려 하지 않았습니다. 그로 인해 친구들과 많이 싸우기도 했고 주변에서도 성인이 되면 괜찮아지겠지라는 생각으로 별로 큰일로 생각하지 않았던 것 같습니다. 그저 자신감이 없어서 그렇다는 등의 생각으로 웅변학원에 많이 다녔던 기억이 납니다. 그래도 계속 말을 더듬는 자신을 되돌아보며 스스로도 성격 문제라고 치부했었던 것 같습니다.

중고등학교로 올라가면서 급속도로 내성적으로 바뀌기 시작했습니다. 아이들은 소심하고 말도 잘 못하는 절 놀리고 놀림의 강도가 심해 폭력도 쓰고 따돌림도 했습니다.

친구들과 말을 길게 섞으려고 하지도 않았고 발표수업이나 책 읽기 등의 수업을 굉장히 싫어했습니다. (불행인지 다행인지 책을 읽을 때는 말을 안 더듬었습니다.)

성격도 점점 소심해지고 선생님들도 자신감 문제라고 생각하는지 오히려 더욱 발표나 책 읽기를 많이 시켰고 악순환의 반복이 되었습니다.

당연히 정신적으로 불안하니 공부도 잘 못하기 시작했고 인문계가 아닌 실업계에 진학했습니다.

실업계에 진학하니 따돌림과 폭력의 강도는 점점 심해졌습니다.

말 막힐 때 턱의 떨림과 얼굴 표정 찡그러짐을 친구들이 선배들이 의도적으로 따라 하며 놀려댔고 새로 부임하신 선생님이 저에게 말을 걸면 몇몇 아이들은 의도적으로 말을 더듬으며 저를 말 더듬는 아이라고 표현하기도 했습니다.

가장 상처가 되었던 사건은 졸업앨범 코멘트에 "너는 꼭 아가리 안 떠는 여자 만나라"라고 동창생들 모두 볼 수 있는 앨범에 그렇게 코멘트를 남긴 것이 참 원망스러웠고

이때 평생이 걸리더라도 말더듬을 고쳐야겠다는 계기가 확실히 생겼습니다.

3) 말더듬에 대한 노력으로 들어간 군대

대학교에 진학하자마자 군대에 가야겠다는 생각을 했습니다.

"중고등학교 때 선생님이 군대 가서 많이 맞다 보면 고쳐진다"라는 말을 몇 번 들었고 이때 저는 맞는 것 보다 말 더듬는 게 싫었기 때문에 최대한 힘든 군대에 가려고 노력했습니다. (정말 맞더라도 저를 말 안 더듬는 사람으로 만들어 줄 거란 막연한 기대로) 대학교 1학년 1학기 끝나자마자 군대를 알아봤고 해병대에 가기 위해 헬스장에 등록했습니다.

20년 살면서 처음으로 제 목표를 위해 노력을 하기 시작했고 운동을 평생 해본 적 없던 몸이라 느리게 운동이 늘어갔으나 힘들지 않았고 희망으로 하루하루를 살았습니다.

마침내 9월에 해병대 체력 시험에 합격했고 해병대 체력 시험을 준비

하던 중 특공대에 대한 얘기를 듣게 되었습니다. 해병대보다 훨씬 체력 시험 기준도 힘들고 공수 훈련, 천리행군 등 다양한 경험도 할 수 있다는 얘기를 듣고 해병대 면접을 앞두고 특공대 체력 시험을 같이 준비하였습니다. 특공면접 때 말을 매우 더듬었으나 악 지르는 발성으로 한 자 한 자 띄어서 얘기를 하다 보니 감점 점수가 별로 안 되었는지 결과적으론 해병대 특공대 둘 다 붙었고, 특공대에 입대하게 되었습니다.

학창 시절 땐 말더듬이 많았다면 군대에선 말막힘이 심했습니다.
예를 들어 학창 시절엔 후..훈련병 이..홍길동! 이렇게 말했다면, 군대에선 ㅎ..ㅜ... ㅎ... ㅎ...훈련병 홍길동! 이렇게 바뀌었습니다.
논산에서 기초군사훈련 중 "앉은 번호" 혹은 "점호 보고" 등 말을 하는 순간이 많았지만 악 지르는 발성으로 예를 들어 일! 소! 대! 점! 호! 보! 고! 라는 식으로 얼굴 빨개지며 얘기를 하다 보니 말더듬는 병사라기보다는 열심히 하는 병사로 인식이 되었던 것 같습니다.

하지만 이러한 노력은 자대배치를 받고 나서 완전히 깨졌습니다. 지옥 같은 선별 과정을 거치고 특공 흉장을 받았을 때 말더듬은 아무것도 아니다 극복할 수 있다는 생각에 기뻤지만 자대에 가서는 말을 길게 해야 하는 상황이 매우 많았습니다.
총기 제원이나 주특기 암기 사항 등 하루에 몇십 번씩 눈으로 보며 암기했던 내용이 선임들 앞에선 입술이 떨리며 잘 나오지 않았습니다.

앞 글자가 입에서 막혀 입술이 부들부들 떨리고 얼굴은 빨개지며 첫 글자가 나오는 데 한참 걸렸습니다.

머릿속으론 100번 200번 본 내용들인데 말로 원활히 나오지 않으니 선임들은 몰라서 그러는 줄 알고 다시 알려주었고 이게 반복이 되자 필수 암기 사항마저 외우지 않는 게으른 병사로 보였으며 수색병과 특성상 산에서 수색하는 과정을 무전기를 통해 틈틈이 보고해야 하는데 이때 말이 잘 나오지 않고 버벅거리니 이등병이 왜 이리 어리바리하냐며 많이 혼났습니다.

특히 제일 컸던 사건은 미군 연합훈련 때 밤에 경계근무를 서던 중 대항군을 발견했으나 특유의 긴장감 때문에 말막힘이 심해져 보고가 늦어져 부대가 뚫리기도 하였고 공수 훈련에선 착지 후 착지 보고를 해야 하는데 보고가 늦어져 전 부대원들이 저를 찾으러 나온 적도 있습니다.

이때부터 학창 시절과는 비교도 안 되는 강도의 육체적 정신적 폭력이 시작되었습니다. 말을 더듬을 때마다 얼굴을 맞아야 했고 더듬을 때마다 저뿐 아닌 저의 윗선임들 심지어는 후임들까지 집합시켜 때렸습니다. 후임이 들어와도 이러한 행동은 계속되었고 저는 후임들에게도 외면받았습니다.

부대에 처음 전입 때 자신감 있던 성격은 다시 움츠러들었으며 저 때문에 같이 맞는 동기들 선임들도 저에게 등을 돌리기 시작했고 나 때문에 다른 전우한테 피해를 준다는 생각에 밤마다 매우 힘들었습니다.

저를 특히 많이 때리던 선임들이 말년이 되었을 때 아침 점호를 나가지 않아 징계에 오르게 되었는데 선임들은 그때 당직이던 저의 탓으로 돌렸습니다. 그러면서 "우리가 일병 상병 때 너 때문에 입은 피해가 있으니 그걸로 퉁치자" 그들끼리 말을 맞추고 저도 그 사건의 가담자가 되어 남은 휴가를 모두 반납하게 되었고 분대장 직책도 내려놓게 되었습니다.

이 사건 때문에 저는 흔히 말하는 관심병사가 되었으며 부대의 임무를 수행하기엔 부적합하다고 판단되어 일반 사단 부대에 후송 얘기까지 나왔습니다. 하지만 후송부대로 가면 20년 살면서 유일하게 노력해서 온 곳인데 여기서 물러난다면 나쁜 생각을 하게 될 것 같고 앞으로의 인생을 패배자로 생각하게 될 것 같아 중대장님 앞에 사정하며 남게 해달라며 절규를 했던 게 기억이 납니다.

2. 말더듬을 극복하기 위해 노력했던 치료 방법들 (풀말 치료에 대한 나의 경험)

1) 의도적인 느림으로 발성 뚫어내기

군 생활을 1년 동안 했는데도 별다른 진전이 없자 싸지방에 가서 말더듬에 대한 정보를 틈틈이 찾아보았습니다.

그때 풀X 모임을 통해 발성법을 알게 되었습니다. 아나운서들이 쓰는 복식호흡이랑 비슷한 원리인데 숨을 들이쉬고 내쉴 때 아랫배가 들어가는 걸 느끼며 내쉬는 발성, 이러한 발성으로 얘기를 하면 말이 매우 느려졌고 말투도 살짝 어눌해졌습니다.(입 모양도 최대한 의식을 하면 안되므로…) 말을 하다가 순간적으로 빨라지고 호흡이 달려올 때 의도적인 느림으로 한 문단씩 끊으면서 얘기하는 훈련법을 했습니다. 밤에는 특정 문장을 몇 개의 문단으로 나눈 뒤 발성하는 훈련을 했고 이를 실생활에 조금씩 적응하려 했습니다.

예를 들어 당직 보고를 할 때 "오~늘/햇살~이/좋~아서/일~광건~조/실~시/하였~습니다"라는 식으로 보고를 하였고 처음엔 의아하다가도 더듬지 않고 한 번에 말하니 넘어가 주었습니다. 그 이후 앞 글자에 막힘을 확실히 뚫어 내기 위해 매일 밤마다 연병장으로 나가서 연습을 하였으며 불침번이나 근무 특히 후임하고 근무를 설 때 발성법으로 얘기를 많이 했습니다. (처음 발성법을 듣던 후임 표정이 지금도 잊혀지지가 않습니다.)

처음엔 3글자로 끊어서 얘기하였으나 점차 호흡도 길게 이어지게 되었으며 나중엔 한 번에 끊을 수 있게 되었습니다.

오~늘 햇~살이 ~좋아서/ 일광~건조 실~시 하~였습니다/

그 외에 평소에 발성법을 썼을 때 막혔던 부분 특정 단어가 잘 안 나왔을 때의 느낌을 기억하고 메모한 뒤 틈틈이 전화를 통해 물어보고 필요한 연습을 하였으며 휴가 외박을 통해 모임을 통해 내 것으로 만들기 위해 계속 노력을 했습니다.

2) 모임에서의 발성법과 현실에서의 발성법의 차이를 깨달음

군을 전역하고 '앞으로 내가 하고 싶은 말을 못 해서 불이익을 당할 일은 없겠다'라는 생각을 가지고 대학교에 복학을 했습니다.

모임에서도 발성법이 견고해졌다는 평가를 받았고 지하철이나 광장에서 짧은 스피치를 통해 체득화하려고 노력했습니다.

이때쯤에선 아랫배가 들어오고 나오고에 특별히 신경을 안 쓰더라도 자연스럽게 들어오고 나오고 했습니다.

그러나 모임에서만 쓰는 발성법과 현실에서의 발성법이 괴리가 느껴졌고 모임에선 말더듬의 인식을 아예 하지 않고 살다가 당장 집으로 가는 길에 기차표를 살 때 살짝 말 막히려는 느낌이 오는 걸 보고 일상생활에서도 최대한 발성법의 느낌을 이어가게 하려 노력했습니다.

아마 현실에선 조금 더 말을 잘하게 하려 한다. 즉 잘 보이고 싶어한다는 의식이 있어 그러는구나라고 생각이 되어 이것을 내려놓자고 생각을 했습니다.

상가에 가서 뭘 물어보거나 아니면 처음 보는 사람과 길게 얘기를 하려 할 때 '핑계'가 필요했고 말을 시작하기 전에 말했습니다.

"제가 긴장하면 말을 좀 더듬는 사람이라 좀 말이 어눌할 수 있으니 양해 부탁드립니다"라고 서두를 꺼내니 다 이해해 줬고 편하고 제가 하고 싶은 만큼 발성법을 시원하게 쓸 수 있었습니다.

3) 일상생활에서 절대적인 느낌에서 나만의 감당할 수 있을 만큼의 느낌

학교 복학을 할 시기가 왔고 이젠 연습을 일상화가 되기 위해선 사람들에게 "오픈"해야 했습니다.

이전까진 부모님 친구 등에 발성법을 써봤으나 너무나 이상하게 반응하는 것을 보고 발성법이 약해지다 결국 일반 발성법으로 돌아왔기 때문입니다. (일반 발성법을 썼을 때 말이 막히지 않다 보니 계속 써왔던 것 같음)

지하철 연습, 상가 연습 광장연습 등 오늘 보고 안 볼 사람들에겐 얼마든지 발성법을 쓸 수 있었지만, 이전 나의 모습을 아는 사람들, 혹은 앞으로 계속 봐야 할 사람들에게 발성법을 쓰는 건 매우 매우 새로운 도전이었습니다.

하지만 학창 시절 군대 시절을 회상했을 때 여기서 발을 빼면 다시 예전과 같은 생활을 할 수도 있다는 생각에 결심을 하게 되었습니다.

이미 몇몇에 오픈을 했던 대학 친구들과 같이 다니면서 한 명 한 명씩 저의 사정을 설명했습니다. (옆에 친구가 있으니 말하기가 매우 편했습니다.)

전공 1학년 수업에 들어가 수업을 듣던 중 발표의 기회가 왔습니다. 뭐에 홀린 것마냥 손을 들었습니다. 교수님이 발표의 기회를 주었고 자리에서 일어섰을 때 등에 땀이 흐르고 손이 땀에 의해 축축해져 있었고 설상가상 발성법을 써야 한다는 것도 망각한 채 입술이 다시 말막힘 때의 느낌처럼 바르르 떨리고 있었습니다. 한참 말이 없자 교수님이 제 눈을 마주쳤고 힘겹게 입을 뗐습니다.

/십~이/번/답~은/-1~입니다/

앞 글자의 십을 말했을 때 모든 시선이 저에게 쏠렸습니다.

정말 온 신경이 곤두서고 시간이 멈춘 듯 매우 당황스럽고 창피했으나 발성법을 잘 쓰지도 못하고 아랫배를 망각한 채 꾸역꾸역 말했습니다. 아마 이땐 의도적인 내림이란 것도 망각하고 노래하듯 말했던 것 같습니다. 교수님도 제 답을 듣기보다 제 모습을 보는 듯했습니다.(말을 이상하게 하니)

말이 끝나자 교수님은 한참 말이 없었고 앉으라고 짧게 말한 뒤 수업을 계속하셨습니다. 얼굴은 미친 듯이 빨개졌고 손과 발은 땀으로 축축해져 있었습니다. 몇몇 학생들이 제 얼굴을 빤히 쳐다보는 게 느껴졌지만 후회는 없었고 속으로 잘했다는 생각도 들며 제일 좋았던 건 '생각보다 덜 창피하네'였습니다. 이후엔 일상생활에서 오픈하기가 점점 쉬워졌고 군대에서 전역한 대학 동기들에게도 당당하게 말할 수 있게 되었습니다.(이상하게 보는 첫 눈빛은 적응하기가 힘들었습니다)

오픈을 하고 나서는 일상생활에서 발성법을 정말 많이 썼습니다.

대화를 많이 하다 보니 3음절. 혹은 4음절씩 끊어서 대화를 하기엔 한계가 있었습니다. 그래서 가끔은 한 호흡에 말해보고 내가 절대 안 더듬을 수 있는 절대적인 느림의 속도로 말하기 시작했습니다.

또한 일상의 대화를 틈틈히 녹음을 한 뒤 밤에 자기 전에 들어 보면서 입 모양만 그때의 상황을 상상하며 책 읽듯이 따라 했습니다.

만약 발성이 튀거나 쏟아지는 호흡(앞 글자만 느리고 뒤에 말들이 매우 빨리 나옴)이 나오면 어떤 상황에서 그랬는지 왜 그랬는지 복기하며 잤습니다.

저는 대화를 하다가도 틈틈이 친구들에게 지금 발성법이 어떠냐고 물어보곤 했는데 처음엔 "안 더듬는것보단 괜찮지", "조금 답답하긴 해", "영감 같아", "약간 부족한 사람처럼 들리긴 해" 등등 부정적인 의견이 많았으나 나의 의도적인 느림을 가지고 주도적으로 얘기를 하다 보니 "점점 듣기 좋아진다", "외국 사람 인척 컨셉을 가져봐라" 등 인식도 바뀌어가기 시작했습니다. 술자리나 학과 행사에서 친구들과 대화를 하면서 놀다 보면 발성법을 놓치고 순간적으로 쏟아져 나오는 발성(앞 글자만 느리고 뒤에 말들이 매우 빨리 나옴)이 나오긴 했지만 아랫배를 의식하며 다시 페이스를 찾으려고 노력했습니다.

후에 회사 생활을 하며 발성법에 많은 지적이 있었습니다. 하지만 입사 전에 저의 고충을 알고 계셨던 분들이라 이해를 해주었으나 미팅을 나가거나 거래처 사람들을 만날 때만이라도 조금 빠르게 발성을 하면 안 되겠냐는 말을 들었을 때 예전 같았으면 제가 그렇게 되면 말을 더듬을 것 같다고 양해를 구했으나 현재는 옛날처럼 상대방이 답답할 정도의 속도가 아닌 일반 기자들이 말하는 속도보다 한~두 템포 느린 속도 (녹음기를 들어보니 발성법은 유지해야 하니 톤이 조금 어색하게 들림) 등으로 점점 타협해 나가기 시작했습니다. 그 결과 현재는 점점 빨라질 때가 있긴 하지만 훈련 등으로 다시 바로잡는 "절대적인 느낌"에서 "내가 감당할 수 있는 의도적인 느낌"으로 발성 훈련을 하고 현재도 일상생활에서 적용하려고 노력하고 있습니다.

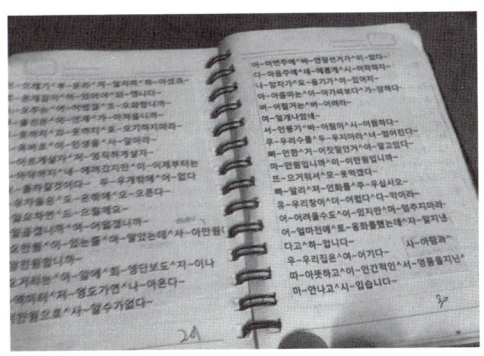

〈훈련 당시 항상 가지고 다녔던 수첩〉

4) 나의 소리에 익숙해지기

광장 연습, 지하철 연습 혹은 전화나 상가 연습 등을 할 때 발성법을 쓰며 대화를 하거나 상담을 했을 때 항상 용량이 큰 녹음기로 녹음을 하며 생활했습니다. 밤에 자기 전, 혹은 발성 연습을 할 때 이 녹음기로 대화를 복기하며 입으로는 발성을 따라하고 머리로는 그때의 상황을 인식하며 훈련해 왔습니다.

혹은 시장이나 광장의 일상 소음 혹은 영상을 틀어 놓고 특정한 장소의 일상 소음을 들으며 연습을 하니, 마치 그 상황이 자연적으로 떠올라 연습에 큰 도움이 되었습니다. 이러한 훈련은 그냥 나의 목소리보다 발성법의 소리에 귀가 익숙해졌고 조금 더 자연스럽게 발성을 낼 수 있었습니다.

무엇보다 발성을 하다 급해지거나 혹은 호흡을 놓치거나 실수가 있었던 부분을 금방 찾을 수 있었고 이를 보완하여 다시 똑같은 상황에서 실수가 없게 노력해 왔습니다. 이 결과 특정 단어, 특정 상황에서의 공포를 많이 줄일 수 있었습니다.

5) 이완으로 힘을 빼고 부드럽게 풀어내기

힘을 주며 강력하게 발성을 하는 것에 대한 한계를 느껴 훈련 방법을 바꾸려고 시도했습니다.

예전엔 한 글자 한 글자 호흡을 강력하게 뱉어 말더듬 말막힘을 뚫으려고 했다면

몸을 최대한 풀고 호흡을 들이마신 뒤 아랫배 먼저 움직이며 거기에 호흡과 발성을 얹는다는 느낌으로 발성했습니다. 그리고 현재 이러한 발성법을 계속 유지하고 있습니다.

3. 말막힘 훈련이 실패했던 경험

1) 의료기관과 검증되지 않은 업체에 의지

저는 초등학교 때 말더듬 말막힘을 인식하고 나서 집에서 많은 노력을 해주셨습니다. 혀가 짧아서 그렇다는 말을 듣고 설소대 제거 수술을 한 적도 있으나 효과는 없었습니다.

(설소대는 혀 아랫부분의 턱과 연결된 부분으로 혀의 이동 범위를 일정 수준까지 제한해 주는 역할을 함. 이를 제거시 혀의 이동 범위가 넓어짐. 한때 영어 발음을 좋게 해준다는 속설에 이 수술이 흥했던 적이 있음)

초등학교 6학년 중학교 가기 전엔 부산에 있는 언어교정 학원에 1년 동안 다니기도 했습니다. 간판은 언어장애, 말더듬 교정이라고 적혀 있었지만, 비록 가서는 책 천천히 읽기 연습, 호흡 길어지는 연습, 노래하기 등을 하였지만 효과는 전혀 없었습니다. 이때는 심지어 집에서도 돈을 저만치 줘도 아직도 더듬냐고 혼났던 기억에 오히려 자신감만 하락하였던 기억이 있습니다.

2) 무조건적인 의도적인 내림

군대에서 하던 한 글자씩 천천히 빼는 의도적인 내림을 했을 때 광장연습 지하철 연습을 하면 배를 뚫고 오는 강력한 발성이 말 막힘을 뚫어준다는 느낌에 의도적인 내림만 계속 연습을 하고 실생활에 적용하려 했었습니다.

그 결과 무조건 첫 글자에만 신경을 쓰게 되고 발성법을 적용하여 스피치를 하려고 할 때 몸의 긴장을 완전히 풀지 못하고 앞 글자만 길게 빼는 즉 아랫배의 움직임과 이완을 전혀 하지 못하는 스피치를 하게 되었고 앞 글자만 길게 뺀 뒤 뒷말은 다시 급하게 나오는 누가 들어도 다급하게 말하는 것처럼 들리기 시작했습니다.

이후 국선도를 병행하며 이완하는 법을 배울 때 이때 들린 습관을 고치기가 매우 힘들었습니다.

3) 몸이 만들기 전에 위험한 적용 해서 고생했던 기억

저 포함 말막힘으로 고생한 사람들은 누구나 스피치에 대한 두려움이 있다고 생각합니다. 발성법을 쓰며 말막힘에 대한 두려움이 조금 사라졌다고 하여 무분별하게 일상에서 적용을 하거나 광장이나 타인에게 써보는 것은 위험한 일이라고 생각이 듭니다. 저조차도 발성법을 완전히 체득하기 전 몸도 만들기 전에 타인에게 써보았다가 유연하게 풀지 못하여 발성이 딱딱하게 굳혀져 이를 풀기까지 많은 시간이 걸렸습니다. 두려움이란 것은 결국은 내가 이기는 것이라 생각이 들지만, 몸이 완전하게 이완을 배우지 않으면 옛날에 더듬었던 기억 때문에 다시 움츠러들고 유연하지 못한 아랫배는 이를 끌어올리지 못합니다. 평소에 유연한 아랫배 움직임을 100% 인식하고 또 무의식중에도 아랫배의 움직임을 인식할 수 있을 때 점차 전화 연습-광장연습-지하철 연습-일상생활에서의 연습 순으로 강도를 높여 가야 한다고 생각합니다.

3) 마음을 열고 다양한 사람들과 훈련하고 배우려고 노력하기

발성법을 초반에 배우고 연습이 어느 정도 되었을 때, 학교의 복학 핑계 혹 바쁘다는 핑계로 혼자 연습하고 모임을 소홀히 했던 적이 있습니다. 모임 분들에겐 죄송했지만 한두 달 지나가도, 모임에 못 나가도 몸의 컨디션은 다를 게 없었습니다. 그렇게 혼자 훈련을 하다 보니 말 못 할 외로움이 찾아왔습니다. 나만 혼자 다른 언어를 쓰는 사람 같고 모든 사람이 나를 이방인 취급하는 것 같았습니다. 나만의 발성법을 발성법으로 평가해 주는 사람이 없으니 훈련 방향에 대한 갈피도 찾지 못하였고 결국엔 다시 모임에 나가 사정을 설명드리고 착실하게 모임에 참석하기 시작했습니다. 연습의 방향성, 효과성뿐만 아니라 나와 함께 같은 목표를 향해 걸어주는 분들에게 큰 동지애와 '내가 지금 옳게 가고 있구나'라는 생각이 연습의 큰 동력이 되었습니다.

4) 규칙적인 훈련과 항상 아랫배에 집중하기

저는 일상생활에서 발성법을 많이 쓴다고 생각하여 따로 시간을 내어 훈련을 잘하지 않았습니다. 그러다 보니 말막힘은 확연하게 사라졌지만 가끔씩 마음이 급해지거나 준비가 안 되어있을 때 갑자기 말을 걸었을 때(아랫배를 놓치고 있었을 때) 막힘이 오거나 막힐 것 같은 불안이 왔습니다.

즉 마음의 준비를 하고 해야 할 말을 생각하고 준비가 되어야만 발성법을 온전하게 할 수 있는 몸이 되었습니다. 그래서 지난 과거에 반성을 하고 모임에서 추천받은 국선도를 아침에 다니기 시작했고 밤이나 시간이 날 때 큰 소리를 낼 수 있는 곳이면 어디든 발성 연습을 함께 하였습니다. 최대한 몸을 유연하게 하기 위해 항상 아랫배의 움직임에 집중하려 했고 예기치 못한 상황에서 말을 하게 될 때도 유연하게 말할 수 있었습니다.

4. 현재의 본인이 생각하는 옳다고 생각하는 치료의 방법

전 현재 많은 훈련과 회원 분들의 도움으로 말막힘의 불안감에 휩싸이는 감정이 1년에 손에 꼽을 정도로 많이 줄었습니다. 물론 억울한 일을 당하거나 감정이 복받칠 때 가끔씩 말막힘의 느낌이 오긴 하지만 옛날처럼 얼굴이 붉고 혈관이 보일 때까지 몸을 떨며 말을 하진 않게 되었습니다.

이는 호흡법으로 말하는 게 몸에 익숙해져도 있겠지만 저는 말막힘의 두려움에서 벗어난 게 가장 큰 힘이 된 것 같습니다.

말 막힘의 불안은 항상 저를 주눅 들고 자신감을 잃게 했습니다.

말을 시작하기 전 예를 들면 전화를 걸거나 받는 상황 갑자기 누구를 부르거나 얘기를 전달해야 할 때 속으로 더듬을 것 같은 느낌이 오면 어김없이 더듬기 시작했고 얼굴 찡그림이나 입술 떨림 등을 보여주는 것이 매우 창피해서 조금 자신 있는 단어로 바꾸어 말하거나 그 상황 자체를 회피하려 했던 적이 많습니다. 하지만 이는 잠깐이 아니고 계속 특정 상황 특정 단어에 불안감과 두려움은 항상 따라왔습니다.

이는 따로 정해진 방법이 있는 것이 아니라 훈련을 통해 몸의 컨디션을 좋게 만드는 수밖에 없다고 생각하고 훈련에만 더욱 집중했습니다. 시간이 오래 걸리긴 했지만 옛날 불안했던 상황들이

10번의 상황에 10번을 더듬었다면 10번에서 7번… 5번… 3번 점차 줄어들기 시작했습니다. 물론 불안과 두려움은 남아있었지만 7번 5번 3번으로 줄어드는 나를 보며 자신감으로 채워지기 시작했습니다. 또 마인드를 긍정적으로 잡게 되었습니다.

나는 100%로 말을 잘하는 사람이 아니라 70% 정도 잘하는 사람이니 한두 번 막혀도 된다는 생각을 가지고 가니 훨씬 편했습니다.

확실히 만족스러웠던 건 사람들이 말을 더듬고 잘 못하는 아이에서 말이 느리고 이상하게 하는 아이로 인식이 바뀌어 간다는 것이 매우 기뻤습니다.

1) 끝으로 말더듬/말막힘으로 고생하시는 분들에게

저는 말막힘을 어느 정도 극복했다고 생각했을 때 모임에 관련된 커뮤니티를 운영한 적이 있습니다. 커뮤니티를 운영하며 부산에 특수치료학과를 전공한 학생과 친구가 되었고 그 친구에게 커뮤니티를 공유하며 전국에서 말더듬/말막힘으로 고생하는 다양한 분들을 만났습니다.

제가 말더듬/말막힘으로 고생한 것보다 훨씬 더 고생을 하셨던 분들도 계셨고 오랫동안 힘드신 분들을 많이 만났는데 그분들의 특징은 마음을 쉽게 열지 못하였습니다. 또는 다른 사람들과 모임을 갖고 함께 지내는 것을 힘들어하시는 분들이 많았습니다.

말더듬 말막힘으로 고생하는 분들의 목표는 '말을 처음부터 끝까지 상대방에게 온전히 전달하는 것'이라고 생각합니다. 발성법으로 대화가 어눌하고 이상해 보일지언정 몸을 유연하게 만들고 완전히 훈련된 발성법을 쓰면 '말을 못할까'하는 걱정은 내려놓게 됩니다.

저 역시 말더듬 말막힘으로 학창 시절, 군대 시절을 힘들게 보냈더니 사람을 만나는 것이 쉽지 않았습니다. 그러나 마음을 열고 많은 분들을 만나서 좋은 결과를 얻었습니다. 우리는 결국 많은 사람과 대화를 원활히 하는 것이 목표인 사람들이니까요.

굳이 발성법을 연습하는 모임이 아니더라도 함께 말더듬과 말막힘으로 고생하는 모임을 만들거나 아님 그러한 사람을 찾아서 함께 대화하는 것만으로도 연습에 큰 힘이 되고 심리적으로도 큰 도움이 됩니다.

저희가 쓰는 발성법은 남들이 이상하게 보고 혹은 편견을 불러올 수 있는 발성이기는 하지만 저는 이를 외국어라고 생각합니다.

외국에 나가 외국에 오래 살다 보면 그들이 쓰는 언어가 익숙해지듯 저희가 쓰는 발성을 오랫동안 갈고 닦으며 유연하고 강력하게 뚫어낼 때 그들도 익숙해지고 더 나아가 우리와 그들의 벽을 점차 허물어 가게 된다면 더할 나위 없이 좋다고 생각합니다.

끝으로 저에게 도움을 주신 모임 분들 모두에게 감사의 인사를 전하며 제가 커뮤니티를 운영했을 때 도움을 주지 못하고 놓쳤던 회원분들에게 죄송하다는 말씀과 조금 더 나아졌다는 위로도 전합니다.

저 역시 말막힘 말더듬으로 고생하는 많은 분들과 함께 걷고 있는 사람 중 한 명으로 이 글이 조금이나마 도움이 되기를 바랍니다.

5장
고니 님

1. 나의 말더듬 시작

1980년대 어느 초등학교 2학년 학생이 친구들에게 책가방을 뺏기는 놀림을 당했다. 그 놀림 받던 아이가 바로 나이다. 내가 왜 놀림을 받는지 알 수 없었고 그때 하고 싶은 말을 하려고 발을 구르고 했던 것 같다. 너무 오래된 일이라 희미한 기억이나 그때가 나의 말더듬에 대한 첫 기억이다.

초등학교 4학년 때 담임 선생님의 특별 수업(수업 부진 학생들의 방과 후 보충 학습)을 통해 처음으로 책 읽기를 할 수 있었고 남들처럼 학습할 수 있는 기본기를 배웠다. 초등학교 5학년 때 부산 YMCA 언어치료소에 가서 호흡 늘리기, 동화책 천천히 읽기 등을 통해 처음으로 언어치료를 했다. 할아버지 손에 이끌려서 몇 번 갔었던 것 같은데 딱히 효과는 없었던 것 같다.

2. 말더듬과의 끝나지 않는 전쟁

중고등학교 때부터 자존심이 강해서 지금도 말 때문에 고통을 받는 것 같다. 수업 시간에 책 읽기가 두려워서 더듬더듬거리면서 책을 읽었다. 다리는 떨고 친구들이 키득키득하는 소리도 들렸다. 혼자서 책 읽기 연습도 많이 했다. 기억이 나는 것은 영어 시간에 영어는 잘하는데 한글로 내용 설명할 때 더듬었다. 한때는 한국말 안 쓰고 영어만 쓰는 곳으로 이민 갈 생각도 많이 했다.

1) 사설학원-1(부산)

대학교 입학하기 전 드디어 부산의 ** 능력개발학원이라는 사설 언어치료소에서 3주 과정으로 언어치료를 처음으로 시작했다. 나에게는 신세계 같았고 그분이 나를 정말 말더듬에서 해방시켜 줄 것만 같았다.

총 3주 과정으로 첫째 주는 단전호흡, 발성법(응~~~ 첫 음 길게), 야간 강의, 2째 3째 주는 야외 훈련 등을 하면서 치료하는 학원이었는데 내 인생에서 처음으로 말에 대한 공포가 없고 말하는 기쁨을 느끼게 해준 곳이다. 마치 마약 같은 곳이다.

학원 내에서는 학원생들끼리 말을 편안하게 하고 야외 스피치(지하철, 서면, 광복동, 해운대 등)도 하면서 자신감을 엄청 느끼게 해 준 시기였다. 3주 후에 집에서도 한동안 말을 잘했다. 대학교 입학하고 친구들 만났는데 한두 번 말이 막히기 시작하더니 또 예전처럼 말더듬이 재발하고 말하기 전에 공포가 몰려와서 학교 휴학하고 또 부산 학원에 다녔다. 또 말이 좋아졌다.

병무청 신체검사때 군의관에게 나는 말더듬이 심하다고 당당히 이야기했다. 군의관이 책을 읽어보라고 해서 책을 더듬지 않고 읽었다. 왜 이

때는 말이 술술 잘 나오는지 알 수 없었다. 본의 아니게 군대를 가게 되었고 역시 말때문에 고생을 많이 했다.

군대 입대하기 전 3개월 정도 말이 엄청 좋아졌다. 심리적으로 학업에 대한 스트레스도 없고 교정학원에서 학원생들과 훈련 및 야외 실습을 통해 많은 자신감도 가지고 해서 나름 자신이 엄청 있었다. 그 당시에는 이젠 나도 말의 고통에서 해방이 되었다는 생각이 들었다.

군대를 제대하고 또 부산 학원에 가서 치료받고 대학교 복학을 해서 겨우 학교를 졸업했다. 전공 관련 기업에 입사하고 퇴사하였다. 다시 1년 공부를 해서 공무원으로 다시 직장생활을 하였다. 일반 행정 공무원은 말이 꽤 필요한 업무였다. 대인관계가 중요하고 말로 보고를 하는 등 말에 대한 스트레스가 있었다.

2) 사설학원-2(서울)

서울 서초구에 있는 개인 치료 교습소를 추석 명절 단기 치료 코스(5일) 등록을 하였다. 학원에서 치료하면 치료비를 사후에 지급하게 된다는 조건이었다. 원장과 1대 1로 치료받는 방식이며, 처음에는 말은 엄청 천천히 호흡에 맞추어서 한 자 한 자 말을 하고 시간이 지나면서 한 단어, 두 단어 등 점점 더 길게 이어지도록 하는 방식이다. 아내에게 말이 너무 힘들어서 치료한다고 하고 다녔는데, 학원에서는 말이 되었는데, 직장에 출근하니 이전이랑 차이가 없었다. 몇 달 지속적으로 다녔는데 도움이 되었으나 근본적인 해결이 되지 않았다. 여기 학원에서는 처음에는 한 자 한 자 천천히 이야기하여 자신감을 가져서 다음에는 단어, 문장 등으로 확장해서 치료하는 방법이다. 원장이 원생이 말할 때 호흡, 속도 등을 확인하면서 치료하는 방법이다.

3) 한의원(서울)

한방 치료도 받아본 적이 있다. 송파구 잠실 근처 한의원에서 얼굴에 중국 침(대형 침)을 놓아서 안면 긴장을 해소하는 방법인데 얼굴, 혀 등에 침을 놓았는데, 특히 혀에 침을 놓았을 때는 엄청 아팠는데 침 맞고 나서 말이 부드럽게 나왔다. 신기했다. 하지만 며칠 지나니 효과가 없었다. 침을 계속 맞을 수도 없고 비용도 만만치 않고 해서 그만두었다.

어느덧 말 더듬 치료를 불가능한 것인가 하는 마음이 들었다. 주변에서도 그 정도 했으면 그만 포기하라는 말도 들었다.

4) 병원(신경정신과)

직장생활 및 말 때문에 불안하여 신경정신과에 가서 상담도 받고 약도 먹어서 치료를 해보았다. 병원에서는 심리가 불안하니 신경안정제 같은 약을 처방해 줘서 약을 먹고 필요하면 직장도 휴직도 해서 치료한 후에 복직하라고 했는데, 약을 먹고 며칠은 좋아졌는데 어느 정도 지나니 약도 효과가 별로 없었어요. 중도에 포기했습니다.

5) 사설(언어치료학 박사 원격 치료)

우연한 기회에 언어치료학 박사님을 통해서 그룹 치료를 해본 적이 있다. 7명 정도의 소규모 그룹으로 1주일에 1번 저녁에 90분 수업을 하였다. 7명 모두 40대 이상으로 직장 생활을 하고 있었다. 그 말은 직장에서 어느 정도 말을 할 수 있는 경증(?)이지만 심리적으로 많은 고통을 받는 사람인 것이다. 컴퓨터 프로그래머, 프리랜서, 공무원 등 다양한 직업을 가진 사람이다. 치료 과정은 치료 전에 본인의 현재 언어 상태에 대해서 설문지 작성 및 녹화를 통해서 현재 상태를 기록하고 치료 후에 설문지 작성 및 녹화를 통해 변화 상황을 확인하는 방식이다. 치료는 언어치료의 과정, 말을 하는 원리, 인체의 상태, 심리적인 원인 등을 인지시키고 일상생활에서 적응하도록 노력하는 것이다. 말이 막혔을 때 쉽게 빠져나올 수 있도록 정신적인 단련 및 여러 가지 기술(방법) 들을 알려주었다. 효과는 있었다.

3. 풀말과의 만남

　2019년 한말협 때 알게 된 친구를 통해 대구풀말학원을 처음 알게 되었습니다. 서울에서 대구까지 가깝지 않은 길이지만 답답하고 지푸라기라도 잡는 심정으로 가게 되었다. 처음 가서 호흡에 대해서 이야기해 주고 이완이 된 풀림 발성을 처음 배웠습니다.
　처음에는 띄엄띄엄 학원에 다니고, 속마음은 '여기도 또 다른 학원처럼 순간적으로 좋아지고 나중에는 원상태로 되겠지' 하는 마음이 들어서 그런지 열심히 하지 않았습니다.
　2020년 코로나가 전국적으로 발병하고 더욱 대구 학원에 발길이 뜸해졌습니다. 직장생활을 부드럽게 하기 위해서 2022년 하반기부터 다시 이완 발성을 통해 말 더듬을 치료하기로 마음을 먹고 노력하고 있습니다.
　2022년 청도 여름 세미나에서 풀말 회원들과 호흡도 같이 하고, 강의도 듣고 하면서 여러 가지를 느꼈는데, 그중에서 기억이 남는 말이 있습니다.
　"너 지금 말 못 고치면 나중에 10년 뒤에 또 이런 자리에 올 수 있다."
　저는 그 말에 충격을 받았습니다.
　"포기하지만 않으면 실패한 것이 아니다."
　여러 말들이 생각이 납니다.
　2023년 공주 동학사 세미나에서 또 풀말 회원들과 호흡하고 강의 듣는 나의 모습을 보면서 '그래, 포기하지 않으면 실패는 없다. 지금이라도 성공하면 된다'라는 마음을 다짐하였습니다.

직장에서는 여전히 전화할 때 말이 안 나오고 두렵지만 그래도 내가 경험한 방법 중에서는 풀림 이 방법이 제일 좋은 길이 맞다고 생각합니다.

4. 미궁에 쌓인 말 더듬의 본질

2023년 12월 현재 나는 아직도 말에 대해서 심리적 불안, 불규칙한 호흡 등으로 유쾌하지 않은 인생을 살고 있다. 하지만 포기하지 않으면 실패가 없고 풀림 방법은 내가 알고 있는 최고의 말 더듬 고치는 해결책이다.

우리의 몸 상태는 말, 억압된 상황에 대한 불안한 심리, 말을 할 때 불규칙한 호흡, 무호흡 상태에서의 발성, 발성 후 자기 비하의 무한 악순환에 빠진 것이다.

직장에서 불편한 말하기(사무실 내에서 전화하기, 상사에게 보고하기 등) 할 경우 의지와 상관없이 몸은 자동적으로 경직이 됨, 일시적으로 모면하려고 다른 곳에 힘이나 자극을 주어서 말을 하더라고 나중에는 더 큰 자극을 주여야만 말을 할 수 있으므로 안 좋은 결과가 오는 것 같음

(예시, 직장에서 민원인에게 전화가 와서 비난하는 말을 할 경우 자초지종을 설명하고 부득이한 상황임을 인지시키려고 해야 하는데, 말이 막

히니 본능적으로 말을 짧게 하고 나오는 말만 한다. 그리고 자기 비하를 하는 악순환에 빠짐)

해결책은 경직을 피하는 것, 말 더듬을 드러내는 것임을 알고 실천함.

5. 풀림 치료법

현재 내가 생각하는 언어치료 방법은 풀림을 통하는 방법이다.

풀림의 기본 원칙은 아래와 같다.

① 단전호흡을 통한 심리적 안정
- 단전호흡을 통하면 마음이 차분해지고 심리적인 안정을 취할 수 있다.
- 단전호흡을 하기 전 몸풀기 국선도 체조는 몸의 이완을 시킬 수 있고 마음의 이완할 수 있도록 준비를 시켜준다.

② 안정된 호흡
- 호흡이 일정하고 안정되어 있으면 자신감이 상승하고 말에 대한 두려움이 감소된다.

③ 부드러운 첫음

- 말을 할 때 제일 중요한 첫 음에서 힘을 주지 않는 부드러운 말하기는 말 막힘을 없애는데 좋은 방법이다.

④ 내 호흡에 맞는 말속도
- 사람에 따라서 호흡 속도가 다르기 때문에 자신이 감당할 수 있는 말 속도로 이야기를 해야 한다.

⑤ 치료학원 또는 자조 모임
- 혼자서 모든 것을 한 번에 하면 좋지만 말 막힘 치료는 장기간의 시간, 쪽팔림 같은 내적 갈등 등을 겪게 되기 때문에 혼자서 시도하면 쉽게 좌절할 수 있어서 치료학원과 병행하는 것이 효과적이다.
- 실패했을 때 옆에서 누군가가 성공하는 모습을 보고 자극을 받아서 다시 도전할 수 있다. 우리는 모두 초인적인 의지력을 가지고 있지 않다.

⑥ 발살바 방법

발살바(valsalva) 말 더듬 치료(저자: 권도하) 책 및 기타 인터넷에 글의 일부 내용을 인용하겠다.

〈말 더듬의 종류는 후천적 말 더듬과 발달성 말 더듬이 있다.〉
우선, 후천적 말 더듬은 머리에 타박, 뇌졸중 등으로 대뇌 자체에 어떤 종류의 신체적 상해로 말 더듬이 시작될 수 있다. 극단적인 상황 하에서 특히 전쟁 중의 병사에게 발생하는 상황에서 말 더듬이 발생한다.

발달성 말 더듬은 거의 대부분의 말 더듬은 신체적 손상 또는 정서적 외상을 포함하고 있지 않다. 말 더듬은 그저 어떤 특별한 이유 없이 자발적으로 발생하는 것 같다. 일반적으로 초기 아동기에 시작(보통 3세에서 5세 사이)되며, 점진적이며 진전된 형태의 말 더듬과 회피 형태로 발달하여 간다.

발살바 작용이란 공기를 빠져나가는 것을 막기 위해서 입 혹은 후두를 강하게 폐쇄하는 동안 폐 속의 기압을 증가시키는 것으로 입 또는 후두는 그만큼 강제적으로 닫혀지는 현상이다. 예를 들어 풍선을 불 때와 비슷하다.

즉 발살바 상태에서 말을 억지로 밖으로 내려고 노력하면 노력할수록, 그만큼 더 구어는 막히게 된다.

대부분의 말 더듬은 유창하게 말할 능력이 결핍되어서가 아니라, 힘을 가하기 위한 신체적인 메커니즘에 의해 그것을 방해하기 때문이다. 수년 동안 말을 더듬은 후에, 이런 행동들은 대뇌의 신경 속에 깊게 뿌리를 내리고 있어 그것을 변화시키기 대단히 어렵다.

발살바 조절은 나 자신의 말 더듬을 내가 "다루게" 하는 접근법이고, 뿌리박힌 행동으로 된 나이 든 아동, 십대, 성인들을 목표로 만든 방법이다.

신체적, 심리적인 수준 2가지 모두에서 말하는 상황에 대한 당신의 반응을 완전히 재프로그램하는 것을 요구하는 점진적인 과정일 것이다. 발살바 조정은 '완치'를 제공하지 않으며, 완벽한 유창성을 영원히 보장하지도 않고, 매일 계속된 연습도 필요하다.

남자가 여자보다 말 더듬 비율이 높은 것은 힘을 쓰는 근력이 발달하는 것은 발살바 상태와 유사한 환경에 놓여있는 조건이 많아서 그렇지 않나 생각도 든다. 남자는 여자보다 '후두'가 큰데, 발살바 상태에서 후두가 강력하게 노작성 폐쇄를 수행하도록 해 준다. 남자들은 본능적으로 구어에서 어려움을 극복하려고 할 때 발살바 메커니즘을 사용하려는 경향이 크다.

〈말 더듬의 2차적인 이익〉
우리가 말 더듬 행동을 계속하는 이유는 말 더듬으로 얻는 2차적 이익이 있어서일 것이다. 예를 들어 어떤 사람들에게 말 더듬은 하나의 피난처가 되었고, 무언가를 하지 않을 것, 사람들을 만나지 않을 것, 전화로 통화를 하지 않을 것, 두려운 상황을 피하는 좋은 핑계가 되는 것이다.

즉, 말 더듬을 통해서 우리의 말과 생각에 대한 책임을 져야 하는 두려움을 회피하게 할 수 있다.

말 더듬은 남의 동정이나 관용을 얻기 위하여 무의식적으로 계산된 행동일 수도 있다. "당신은 나를 벌을 주어서는 안 됩니다. 내가 말 더듬는 것은 내 잘못이 아닙니다. 내가 얼마나 간절히 시도하고 있는지 알아야 합니다."

<말 더듬 싸이클>

① 어려움에 관한 얘기

- 말하는 것이 어려울 것이라는 기대, 혹은 특정 단어나 음이 말하기 힘들 것 같다는 기대, 말하는 것에 대한 공포, 정서적 갈등, 말 더듬인으로서의 자아상

② 열심히 노력해야 한다는 충동

- 말을 억지로 밖으로 보내기 위해서는 신체적 노력이 필요하다는 감정 및 신체의 발살바 메커니즘을 통해 무의식적으로 몸과 정신이 변하는 것

③ 발살바 튜닝

- 후두 또는 입을 폐쇄하고, 흉근 및 복근에 힘을 주는 것이 말을 밖으로 나오게 하는 데 도움이 될 것이라는 잘못된 믿음을 통해 몸이 반응함.

④ 음성 지연 및 노작성(운동 등 노력이 들어가는 움직임에 동반되는 것) 폐쇄

- 후두가 발성보다 노작성 폐쇄를 수행하도록 준비되었기 때문에, 발성에 어려움 또는 지연이 발생됨. 구어에 방해가 됨.

⑤ 회피 행동
- 구어의 막힘을 극복하거나, 회피하거나, 연기하거나, 숨기기 위해서 회피 행동을 시도한다. 머뭇거림, 호흡의 불규칙성, 얼굴 찡그림 등과 같은 행동

⑥ 정서적 반응
- 말하는 것이 어려운 것이라는 것에 대한 확신, 노작성 폐쇄가 말을 산출하는 데 도움이 된다는 잘못된 믿음, 죄의식, 부끄러움, 당황함, 자신감 상실

⑦ 처음으로 1.. 어려움에 대한 얘기(무한 반복)
- 말 더듬의 악순환에서 악 소용돌이로 변할 수도 있다. 말 더듬 한 사이클을 돌 때마다 이전보다 더 심한 경우가 될 수 있다. 이 경우 악 소용돌이에서 탈출하기가 더 어려워지고 더 힘들다.

말 더듬인들은 흔히 비웃음, 차별, 부정적인 고정관념의 희생자이다. 말 더듬인들은 고용과 승진 기회에서 현저하게 손해를 본다는 고정적인 관념을 믿고 있다. 역설적으로 나쁜 고정관념으로 인하여 말 더듬을 회피하거나 감추려고 노력함으로써 더 나쁜 말 더듬 상태가 된다.

일반적으로 말 더듬을 인정하는 말 더듬인들은 말 더듬을 인정하지 않

으려는 말 더듬인들보다 오히려 더 좋은 인상을 주는 것으로 나타났다. 청자의 반응 측면에서, 우리는 말 더듬을 숨기려고 노력하는 것이 실제로 우리가 할 수 있는 가장 나쁜 것이라고 한다.

따라서 우리가 부정적 고정관념을 깨뜨리려면, 우리는 자신의 말 더듬을 받아들이고 인정해야만 한다. 말 더듬이라는 것이 부끄러워해야 할 것도 없다는 것을 고용주와 다른 사람에게 알려주어야 한다.

5. 기타

1) 자조 공동체

언어치료에 있어서 어느 정도의 자조 공동체가 필요하다고 생각한다. 의지력이 강한 사람인 경우에는 혼자서 해결할 수 있지만 나 같은 보통 사람은 끊임없는 당근과 자극이 필요한 것 같다. 자조 모임은 24시간 내 곁에 없으나 자조 공동체가 있으면 하루에 최소한 1번은 자기 반성을 통해서 전진할 수 있으리라 생각이 든다.

서울 지하철 역 근처에 있는 주거용 오피스텔, 빌라 같은 곳이면 좋을 듯하다. 월세 등이 비쌀 수도 있으나 직장 출퇴근 등을 고려해서 3개월~12개월 정도의 거주 기간이면 될 듯하다.

말 더듬은 암과 같은 존재이다. 내 몸의 일부분이자 없애려고 하면 방사선 치료 같은 아주 강력하고 끊임없는 관찰이 필요하다. 자조 공동체가 훌륭한 방법이 될 듯하다.

2) 말 더듬 습성

우리들은 말을 고치려고 학원에 방문한다. 자존심 상하지 않고 힘들지 않은 방법으로 예를 들어 병원에서 치료 또는 수술받아서 쉽게 해결하려고 한다. 하지만 현실은 몸 내부의 문제여서 자존심이 상할 정도로 힘들게 해야 고칠 수 있는 것 같다. 누군가에게 도움을 받아서 치료한다고 하면 힘들고 내가 누군가의 치료에 도움을 주다가 보면 나도 모르게 치료가 되지 않을까 한다.(아직 나도 진행 중이어서 이렇게 쓰는 것이 맞는 것 같습니다.)

기본적인 의식주 생활의 안정이 필요하고, 몸이 아플 때는 정신적으로 나쁜 영향을 주고 말이 더 막히는 것 같다. 건전한 정신에 건전한 몸이 반드시 같이 병행되어야 한다.

3) 단전호흡

나에게서 단전호흡은 국선도 학원을 통해서 호흡하고 있다. 기본적으로 단전호흡은 준비 운동, 단전 호흡, 정리 운동으로 진행이 되며 90분 정도 하고 있다. 호흡을 통한 명상을 하고 있으며, 단전 호흡 수강생들도 연세가 있으신 분들이 많고 재촉하지 않는다. 기본적으로 본인이 할 수 있을 정도의 편안한 호흡으로 진행하고 있다. 중간중간에 무리하지 말고, 근심 걱정을 잠시 잊어버리고, 고요한 물소리, 새소리 등 심신을 편안하게 해 주는 작용을 한다. 분명히 치료에 도움을 주는 것 같다.

4) 비만

엉뚱한 이야기이지만 비만이 되니 호흡이 가빠지고 말이 잘 안되는 것 같다. 나는 살이 없을 때가 말이 더 잘 되는 것 같다. 심리적인 원인일 수도 있으나 내 개인적인 생각이다.

5) 리듬(노래하는 것)을 주면서 말하기

리듬을 타면서 말을 하는 것도 도움이 된다. 과도하게 노래하듯이 말을 하는 것이 아니라 말의 높낮이를 두면서 이야기를 하면 듣는 사람도 지루하지 않고 말은 부드럽게 연결할 수 있어서 쉬운 발성이 된다.

6) 직장(경제적 조건)

직장은 공무원, 컴퓨터 프로그래머, 회사원 등으로 보통 말을 많이 하지 않는 직업이나 말 때문에 사퇴하지 않는 직업을 선택한다. 가끔은 회사 영업 같은 것을 통해서 더 적극적인 직업을 갖기도 한다.

본능적으로 직장에서 생존할 정도의 말은 하는 것 같다. 아니면 직장에서 도태가 되는 것 같다. 어떤 사람들은 사회 초창기에 직장생활을 하고 재취업은 포기하는 경우도 있다. 직장에서 좋은 조건을 받지 못하니 차라리 자발적 실업을 통해서 다른 쪽으로 인생을 설계하는 것 같다.

7) 말 더듬 유전

말 더듬은 유전적인 요인이 있다. 모두 알고 있듯이 여자보다는 남자가 말을 많이 더듬고, 내향적이고 머리가 좋을수록 더 말을 더듬는 것 같다. 머리가 좋아서 나쁜 것도 쉽게 자기 것으로 받아들이는 것 같다. 여자들은 언어 능력이 남자보다 더 좋아서 쉽게 말 막힘에서 벗어나는 것 같다.

8) 말 더듬 형성

구어 패턴들이 고정되는 시기는 5세에서 7세 사이가 매우 중요한 시기이다. 이 시기에 말을 더듬으면, 그 말 더듬 행동이 확고히 형성되어서 바꾸기가 어려울 것이다.

9) 말 더듬 협회

2000년대 말 더듬 협회를 만들려는 움직임이 있었다. 홈페이지는 90년대 구축된 박**씨의 '한국말 더듬협회' 홈페이지를 이용하는 것으로 추진이 되었으나 비용 부담 및 주도적으로 추진할 사람 문제로 결실을 맺지 못했다.

말 더듬 협회를 통해서 여러 가지 방안 제시(언어치료에 있어서 정부의 보조금 지원, 사회 인식 개선, 장애인 등록 완화 등)하는 것이 필요하다. 미국에는 말 더듬 협회가 있어서 여러 가지 행사 등을 하고 있듯이 우리나라도 협회가 필요하다.

세계 말 더듬의 날을 이화여대 등에서 개최하여 학술회 같은 것을 하는 것으로 알고 있음.

6. 말 더듬 완치자 및 중도 포기자

1) 말 더듬 치료 완치자

우선 말 더듬 완치자의 정의는 일상생활에서 말에 대해서 어려움이 없고 본인이 하고 싶은 말을 피하지 않는 사람으로 한다. 내가 아는 사람들은 말에 대해서 많은 고통을 받은 사람이 독한 마음으로 말 더듬을 완치하였다. 지하철 스피치, 상가 실습, 전화 실습 등을 통해서 단련을 해서 어느 순간부터 말이 편안하게 된다고 한다. 물론 완치자들도 가끔 재발도 하고 다시 완치하고 하면서 점점 더 확고한 완치자가 되는 것 같다.

● 사례1(경상도에 거주하시는 분)

해당 분은 유년기에 말을 더듬기 시작하여 40대까지 말 더듬으로 고생하였고 40대 후반에 신경증(노이로제) 학원에서 부원장을 하시면서 말을 고치셨다고 함.

현재 연세가 고령이시며 예전에 도매상을 하시면서 물건을 판매하는데 말이 안 나와서 발음이 잘되는 가격을 말해서 본의 아니게 가격을 저렴하게도 많이 파셨다고 함.

말을 고치는 방법은 안정된 호흡에서, 더듬어도 괜찮고, 말을 피하지 않고, 끊임없이 말할 기회를 가져서 자신감을 가지게 되어서 말을 고쳤다고 함. 내가 옆에서 지켜본 바에 따르면 전화 통화, 식당에서 이야기하는 것 등 일반인이랑 다름이 없음.

● 사례2(서울에 거주하시는 분)

해당 분은 초등학교 때 말을 더듬기 시작하여 20대까지 말 더듬으로 고생하였고 30대 초반에 검도를 통해 말을 고치셨다고 함.

검도 수련하면서, 차분하게 말하고, 말하는 것에 회피하지 않고 천천히 말하다가 보니 말을 고쳤다고 함.

훈련은 혼자서 책 읽기 연습을 하고, 남들 앞에서 말하는 기회를 얻으려고 노력하였으며, 나이가 들면서 서서히 좋아진다고 함.

내가 옆에서 지켜본 바에 따르면 말을 고친 지 수십 년이 되셔서 이제는 말 더듬에 얘기 불안 같은 것은 없고 예전의 말 더듬었던 기억이 남아 있음.

말하는 형태가 말을 질질 끌면서(끊지 않고 계속 말을 연결함) 말하는 형태입니다. 첫 음이 되시면 말을 계속 연결하니 말이 잘 나오는 것 같음.

2) 말 더듬 치료 중도 포기자

● 사례1(중년 남성)

해당 분은 유년기에 말을 더듬기 시작하여 20대까지 말 더듬 치료를 했으며 30대 이후에는 자조 모임 등을 통해서 활동하였음. 직장생활을 하면서 그럭저럭하였고 40대 이후에는 말 더듬은 불치병으로 생각하고 본인의 인생을 즐기는 것으로 변경하였음.

현재 말은 긴장된 상황에서 말을 더듬으면서 하고 싶은 말을 함. 편안한 상황에서는 말을 잘함.

● 사례2(수도권에 거주하시는 분)

해당 분은 유년기에 말을 더듬기 시작하여 말 더듬 치료를 받아 본 적 없음. 그냥 편안하게 더듬으면서 하고 싶은 말은 하고 있음. 평소 술을 먹고 나면 말이 정말 안 된다고 이야기함. 이 분은 '말은 중요하지 않고 일을 처리하면 되는 것이니 말에 대해서 너무 고통받을 필요가 없다'라고 생각함.

    말을 고치려고 하면 할수록 더욱 말에 대해서 집착해서 말이 안 좋아짐.

7. 나의 다짐

- 매번 적당히 말 더듬을 숨기면서 말을 하여 상황을 헤쳐 나가는 나는 더 이상 없다.
- 습관적으로 눈치 보는 것.
- 잘하려고 잘 보이려는 욕심을 최대한 내려놓자. 한 글자 한 글자 아랫배로 힘을 빼자.
- 말하는 이런 좋은 기회가 왔으니 힘 빼기로 즐기자.
- 끝을 쭉 빼주면서 호흡하자.
- 이제는 말 막힘의 본질인 경직 없는 호흡, 생각, 행동을 통해 나머지 나의 인생을 행복하게 살자.
- 먼저 생각하고 계획하고 행동하라.
- 긴장하는 나도 사랑하자.
- 말은 암과 같은 존재이며, 2년만 하자 (~2024. 12. 31. 까지)
- 말은 암과 같은 존재여서 쉽게 보면 절대로 해결할 수 없다.

6장
스틸맨 님

1. 우등생에서 열등생으로(나의 말 더듬 이야기)

나는 어렸을 때, 기억해 보면 말 수는 없었지만, 막히거나, 더듬지는 않았던 거 같다. 아주 희미한 기억이지만 유치원, 초등학교 때도 친구들과 운동장에서 편을 갈라 피구, 축구, 야구를 즐기고 친구 집에 먼저 전화를 걸어서 "누구누구 친구 OOO인데요~ OOO 집에 있나요?"라고 아무런 어려움 없이 통화도 잘했던 거 같다.

하지만 부끄럼을 잘 타는 성격이었고, 손을 들고 발표한다거나 그런 것들은 싫어했던 기억은 희미하게 남아있다.

그리고 나름 기억이 선명한 초등학교 때, 친했던 친구들과 야구장도 함께 가고, 집에서 비디오도 빌려보고, 가수 콘서트도 가고, 친구 집에서 하룻밤 자고 오고, 지금과 같은 말 막힘, 말 더듬에 대한 걱정 없이 신나게 초등학교 시절을 보냈던 거 같다.

그리고 원활하게 교우관계를 맺고 지냈던 걸로 보이는 몇 가지 증거들은 집에 6학년 때 친구들과 교환했던 크리스마스카드 등이 수북이 있는 걸로 봐서는, 말 때문에 고립되지는 않았던 거 같다.

중학교를 입학해서는 공부에 취미를 붙여, 하루 1,500원(?)을 내고 독서실에 친구와 선의의 경쟁으로 새벽까지 공부를 했고, 공부도 곧 잘해서 표창장, 우등상장을 종종 받아와서 어머니를 기쁘게 해드렸다.

그렇게 하루하루 공부에 흥미도 느끼고, 친구들과 경쟁하며, 지기 싫어했던 나의 성격을 지금 생각해 보면 지나치게 꼼꼼하고, 약간의 강박증 같은 완벽을 추구하려고 했던 성격이었던 것 같다. 그 성격은 지금 40살이 넘은 지금까지도 계속 유지가 되는 거 같다. 지금도 회사에 출근하면 하루하루 해야 할 것들을 1번부터 10번까지 노트에 기록을 해놓지 않으면 뭔가 하루가 개운하지 않은 거 같다.

그렇게 중학교 3학년 동안 우등생을 놓치지 않고, 특히 영어에 관심이 많아서, 당시 윤선생 영어라는 가격이 저렴하면서 선생님이 집으로 전화를 걸어와 영어 단어암기 했는지를 매일 체크해주고, 일주일에 한 번씩 선생님이 집으로 와서 과외처럼 수업을 받았다.

중학교 3년 동안 내내 윤선생 영어 선생님의 전화를 긴장 없이 받고, 암기했던 단어를 술술 말했던 것을 생각해 보면 중학교 때도 나의 말 더듬은 없었던 것으로 생각된다. 그리고 중학교 영어 수업 시절 자발적으로 손들고, 영어책을 자신있게 읽었던 것은 아직도 뇌리에 강하게 박혀있다.

그럼 나의 말 더듬, 말 막힘은 언제부터 시작이었는지를 다시 곰곰이 생각해 보면, 고등학교 1학년 여름방학을 마치고 와서 시작되었던 거 같다.

처음 말 막힘을 겪었던 상황을 생각해 보면 윤리 과목 수업인 것으로 기억되는데, 그때 나의 번호와 그날 달력의 날짜가 일치하여, 선생님께서 책 읽기를 시키셨는데, 갑자기 책을 읽고 싶은데 말이 안 나오는 경험을 했던 거 같다.

갑자기 그렇게 발현이 된 이유는 정확히 모르겠으며, 고1 때 2차 성징으로 인한 호르몬 변화 때문인지, 성격이 좀 더 내성적이게 변모되었던 거 같다.

그렇게 책을 읽는데 말이 안 나오는 공포, 정적을 처음 겪은 후로는 친구들과 평소에 하던 대화들도 말이 안 나오기 시작했다.

친구 이름을 부르는데 말이 안 나와 바로 앞에 앉아있는 친구 팔을 때리면서 말하기도 했고, 친구들이 이런 상황을 웃으면서 왜 그러냐고 할 때 엄청난 수치심과 내가 좀 이상하다는 것을 인지하게 되었던 거 같다.

그런 말이 안 나오는 상황을 겪으면서, 수업 시간에 집중 잘하고, 선생님 눈 맞추는 걸 좋아하고, 수업 듣는 걸 즐기던 우등생은 점점 열등생으로 바뀌어 갔다.

나는 인문계 고등학교를 다니고 있어서 야간 자율학습까지 하고 밤 9시가 되어야 집에 가야 했다. 그때는 야자라고 해서 학교에서 강제로 공부를 시켰다.

말 더듬 말 막힘 때문에 항상 의욕이 없고, 걱정으로 가득했던 비참한 학창 생활이 지독하게 이어져 갔다.

그땐, 공부하는 게 가장 중요한 시기였지만, 나는 공부보다 말 한마디 편하게 못 하게 된 그 상황이 너무 무섭고 두려웠고, 친구들과 함께 있는 거 자체가 괴로웠던 거 같았다. 그래서 이 핑계, 저 핑계를 만들어서 야간 자율학습 조퇴도 자주 했으며, 친구들과 교류도 끊어져 갔다.

친구 집에 전화를 걸고 싶어도 걸지 못하는 바보가 되어갔다. 그래도 다행스럽게도 농구를 매우 좋아했던 나는 체육 시간에 말은 안해도 되니,

그때만큼은 친구들과 편을 나누어 열심히 운동을 했다. 또 주말에 혼자서 학교 운동장에 가서 농구공 하나 가지고, 공을 골대로 던지며 혼자서 시간을 보내는 법을 터득할 수 있었다. 그 때 농구라는 운동이 없었더라면 나는 어떻게 버텼을지, 농구가 참 고맙게 느껴진다.

갑자기 왜 이런 말 더듬이 갑자기 생긴 건지는 알 수 없으나, 말 더듬 유전 인자는 분명 나에게 있는 거 같다. 아버지가 나처럼 말을 유연하게 하지 못하는 것을 알게 되었으며, 작은아버지, 그리고 사촌 동생도 더듬는다는 걸 느끼게 돼 있다.

평소 학교나 직장에서 말 더듬는 사람을 겨우 1~2명 만날까 말까인데, 이렇게 가까운 가족들 3~4명이 나와 비슷한 증상(?)이 있는 것은 유전이 아니고서는 설명할 길은 없는 거 같다.

그렇게 나의 인생에서 가장 중요한 고등학교 3년의 시간을 어정쩡하게 보내고, 수능 점수에 맞추어 대학과 전공 결정도 수동적으로 했다. 그리고 지방에 있는 대학에 입학하게 되었다. 그리고 대학교에 입학해서도 과, 동아리 신입생 환영회, 엠티 등 다양한 경험을 할 상황이 많으나, 이놈의 말 더듬 때문에 소극적으로 활동했었던 거 같다.

술을 좀 먹고 취하면 어떤 날은 말이 잘 나와서 재밌게 놀 수 있었지만, 어떨 때는 술을 먹으면 더 말이 안 나오는 느낌도 들었고, 술을 먹어도 즐겁지 않은 대학 생활의 연속이었던 거 같다.

그리고 생각하기도 싫은 군 생활 이후 복학하여 취업전선에 뛰어들게 되었다.

하지만 취업 면접 때도 말 더듬은 나를 계속해서 괴롭혔다.

정말 간절히 원하는 회사 면접은 내가 생각해도 낯 뜨거울 정도로 말이 막혀서 땀을 줄줄 흘리고 나온 기억이 있으며, 그냥 크게 관심 없는 회사의 면접은 그럭저럭 더듬, 더듬하면서 말이 나와서, 최종 합격까지 하게 되었다.

고1 때부터 시작된 말 더듬, 막힘은 내 삶의 브레이크 같은 존재가 되어갔다.

하지만 나는 누구도 원망할 수 없었다.

또, 누구에게도 말할 수 없는 나만의 비밀이 되어가고 있었다.

2. 나의 말 더듬, 말 막힘 극복기

나는 첫 직장을 창원으로 발령을 받았다. 나름 규모가 큰 회사여서 기숙사도 배정받았다. 꼭 오고 싶은 회사는 아니었지만, 가족들, 친구, 지인들은 대단하다며 큰 축하를 해 주었다.

당시에 나는 속으로 '말 더듬이 치고는 좋은 직장도 얻었으니, 나름 성공했다고 생각했고, 꼬박꼬박 월급 받으면서 회사를 쭉 다니면 되겠다는 생각'을 했다.

하지만 이것은 사회 초년생으로서, 큰 착각이었다.

회사에서 매일 지옥 같은 회의, 발표가 이어졌고, 하루 종일 업무 전화가 끊이질 않았다.

일이 힘든 거 보다, 말 더듬이로서 회사에서 온전히 하루를 보낸다는게 정말 지옥 같은 느낌이 들었다.

회의 때 그 쉬운 한 줄을 읽지 못하고, 여러 사람들의 매서운 눈초리를 받았다.

그럴수록 말은 더욱 안 나와서 발악을 하며 힘주어 말했지만, 겨우 더듬으며 말이 나오면 다행이었다.

또, 전화 통화할 때 관등성명이 나오지 않아서 더듬거리고 막혀서, 나 스스로 부끄러워서 먼저 끊은 적도 많았다. 이러한 수치심이 말 막힘을 더욱 심하게 만들고, 나는 우울감에 하루하루 버티기도 어려워져 갔다. 그래서 이때부터 말을 고쳐보려고 본격적으로 인터넷을 찾기 시작했다. 이때가 2011년도 겨울쯤 되는 거 같다.

이때만 해도 지금처럼 유튜브도 없었고, 개인 블로그도 활성화가 안 되었기 때문에, 원하는 정보를 찾는 게 쉽지 않았다. 그러던 중 내가 다니던 직장 근처 진해에서 말 더듬 완치자가 학원을 개원해서 공개수업을 한다는 글을 보게 된 것이다.

정말 지푸라기라도 잡는 심정으로 그 학원에 가게 되었다.

말 더듬을 극복한 원장님과 상담 후 나도 극복을 꼭 하겠노라 다짐하며, 3개월에 100만 원(?)이라는 거금을 내고 말 더듬 학원 등록을 하게 되었다.

학원에서 가르치는 방식은 복식호흡, 발성을 가르쳐 주었다. 처음에는 아무 생각 없이 기계적으로 따라 하기에도 바빴다.

복식호흡, 발성을 할수록 배가 땡기는 느낌을 받았고, 배에서는 꼬르륵 소화되는 소리가 귀에 들릴 정도로 열정직으로 학원 훈련에 임했다.

학원에서 매주 주말 훈련을 마치면, 집에 돌아와 혼자만의 공간에서 반복 훈련을 하면서 막연한 기대감에 부풀기도 했다.

완치자에게 배우니 나도 완치 되겠지라는 막연한 기대감이었던 거 같다.

하지만 서울대생 강사에게 배운다고 서울대에 들어갈 수 없는 것처럼 완치자에게 배운 것을 내 것으로 소화시키지 못하면 아무 소용이 없었다.

약간의 말 더듬 말 막힘의 좋아짐은 있었지만, 여전히 회사만 가면 심한 말 막힘으로 도저히 회사 생활을 이어갈 수가 없었다.

그리고 회사 사람들도 이런 나의 모습에 엄청난 실망을 하는 눈치였고, 여기서도 나는 점점 고립되어 가는 느낌을 받게 되었다.

그러던 중 옛날부터 가고 싶었던 회사 그룹에 채용공고가 떴고, 이판사판으로 '이곳 회사보다는 회의, 전화 업무는 덜 하겠지'라는 막연한 생각으로 지원하게 되었다. 신기하게도 면접에서 별로 더듬지 않고, 말을 잘하게 되었고, 이직에 성공하게 되었다. 나중에 들은 이야기지만, 00씨는 생김새, 인성이 착해 보여서 면접 때 후한 점수를 줬다는 이야기를 들을 수 있었다.

그렇게 이직을 하고 또, 더듬거리고, 막히면서 회사 생활을 하던 중 진해 학원에서 알게 된 00형님에게 안부 문자를 하게 되었다.

정말 다행스럽게도 OO형님께서 현재 진해 학원은 없어졌으며, 그때 훈련하던 사람들이 대구 쪽에서 자조 모임을 계속 이어가고 있다는 소식을 전해 주었다.

그리고, 나에게도 말 더듬 증상을 물어봐 주며, 생각 있으면 대구에 와서 함께 극복해 나가자고 이야기를 해 주었다.

나는 이번만큼은 꼭 극복하리라는 다짐과 함께, 대구 자조 모임에 참가하게 되었다. 대구 웅변 학원을 빌려서 2주에 한 번 훈련을 하였다.

이때가 2016년 3월이었다. 지금 생각해 보면 이때가 내 인생의 전환점이 되었던 순간이었던 거 같다. 옛날 초등학교 때 개그맨 이휘재가 나는 결심했어 라고 외치며, A or B길 결과를 보여주는 것과 유사한 것 같다.

현재 나의 상태는 나의 몸을 객관적으로 바라볼 수 있으며, 경직/이완을 인지하면서 시의적절하게 발성을 풀어가면서 막히지 않고 말을 할 수 있게 되었다.

나의 훈련은 1단계[2016년 3월~ 2018년 12월]와 2단계[2019년~현재]로 나눌 수 있다.

먼저 1단계에서는 말 더듬이 왜 생기는지에 대해서 공부를 하기 시작했다.

물론 혼자서는 절대 알기 어렵다. 말 더듬 정석 책과도 같은 발살바 책도 읽어야 하고, 모임의 여러 사람들의 지식, 경험, 가르침 등이 모여 하나하나 깨닫게 되었다. 내가 생각하는 말 더듬의 원인은 먼저 호흡이 일반인에 비해 약하다는 것이다.

다시 말해, 날숨(공기량)이 약한 것이 원인인 거 같다.

약하다는 표현에 조금 보충하자면, 어떤 말 하고자 하는 단어, 문장에 필요한 날숨(공기량)이 충분하지 못한 거 같다. 다른 정상인에 비해서 왜 호흡이 약하고, 불충분한지는 모르겠으나, 일단 말을 하기 위한 충분한 호흡이 부족한 것은 분명한 거 같다. 말하고자 하는 단어, 문장에 필요한 날숨(공기량)이 충분하지 못하니, 그 부족한 날숨만큼을 주변 목, 어깨, 혀 등 말할 때 힘을 줘서는 안 되는 기관에 힘을 줘서 말을 하는게 말 더듬, 막힘을 일으키는 원인이라고 볼 수 있겠다.

그리고 우리 같은 말 더듬이들은 유독 긴장 상황이 되면, 호흡을 거의 멈추게 되어있다. 호흡을 멈춘다는 것은 말할 때 필요한 재료인 들숨, 날숨이 없다는 뜻이다.

그럼 말의 재료인 호흡을 어떻게 훈련하면 좋을까? 여기에 대한 답은 그 당시 모임에서 국선도라는 단전호흡에서 찾을 수 있었다. 국선도에 대해서 궁금하신 분께서는 인터넷 유튜브를 검색해 보면 바로 확인이 가능하다.

보통 정상인들은 호흡에 별다른 신경을 쓰지 않고 살아간다. 하지만 우리 같은 말 더듬는 사람들은 호흡을 어떻게 하느냐가 정말로 중요하다. 왜냐하면 말이 잘 안된다는 건 다시 말해 호흡이 잘 안된다는 의미이기 때문이다.

결론은 말을 고치려고 접근하기보다는 호흡을 고치려는 연습을 꾸준히 해나가야 한다. 호흡 공부를 하면서 깨달은 게 있다면, 호흡 훈련을 하기 전에 정신을 가다듬고, 스트레칭 등을 통해서 몸과 마음을 충분히 이완시키는 것이 선행되어야 한다는 것이다. 딱딱하게 굳어있는 몸에서는 호흡이 제대로 될 리가 없다.

국선도를 다녀본 사람들은 잘 아시겠지만, 호흡 훈련 전 행공(준비동작)을 20~30분 정도 반드시 한다. 이를 통해 호흡할 수 있는 몸 상태를 사전에 준비하는 것이다.

나는 말 더듬을 고치고 싶어 하는 사람들에게 호흡의 중요성을 꼭 전달해 드리고 싶다. 유튜브를 통한 호흡 공부가 아닌, 국선도 같은 호흡 수련 기관의 도움을 받는 것을 추천해 드린다. 인터넷에서 얻을 수 있는 정보보다 호흡에 대한 공부를 정확히 할 수 있을 것이다.

국선도를 꾸준히 하다 보면 호흡에 감이 잡히게 되면서 일상생활 중 일을 할 때나, 텔레비전을 볼 때나, 게임을 할 때나 언제 어디서든 복식호흡을 일상화할 수 있다.

그리고, 이런 호흡 훈련을 할 때 반드시 처음부터 무리해서 하지 말라고 권하고 싶다. 일반인들이야 호흡량을 늘리기 위해서 과하게 들숨, 날숨을 할 수 있지만, 이미 호흡 체계가 무너져 버린 말 더듬는 사람들에게는 오히려 독약이 될 수 있기 때문이다. 기준을 드리면 호흡 중 몸에 힘이 들어가지 않는 선까지 편안한 호흡 훈련하는 것을 추천해 드린다.

이런 호흡 훈련을 하다 보면 들숨, 날숨을 이해하게 되고, 들숨 때 배가 볼록하게 나오는 것, 날숨 때 배가 오목하게 들어가는 것을 알게 된다.

사실 호흡 훈련 전에는 이런 것에 관심을 두는 사람은 많지 않을 것이라고 생각이 든다. 그리고 호흡과 말하는 것을 연결시키면, 말할 때 숨이 나가므로 배가 오목하게 들어가고, 다시 숨이 폐로 들어차면 배가 볼록하게 나온다는 이론을 쉽게 이해하게 된다.

말 더듬을 고치겠다고 마음을 먹는 순간 24시간 온전히 자신의 호흡을 주시했으면 좋겠다. 물론 일을 하거나, 다른데 정신이 팔릴 수는 있지만, 어느 정도 또 자신에게 여유가 생기면 또 호흡에 집중하는 루틴으로 만드는 것이 너무너무 중요한 거 같다. 이런 호흡 훈련이 호흡 체계가 완전히 무너져 있는 말 더듬는 사람에게 필수로 해야 할 연습인 거 같다. 또, 이런 호흡 훈련을 통해서 호흡의 길이는 차츰 늘어나며, 말을 할 수 있는 공기량(말을 할 때 재료)을 충분히 만들어 줄 수 있다.

또한 풍선 불기, 오래달리기, 수영 등을 통해서 호흡을 차츰 늘리는 것도 더불어 추천드린다.

그다음은 발성 훈련을 말하고자 한다.

앞에서 호흡을 충분히 익힌 후 그 호흡에 맞추어서 발성 훈련을 하는 것이다.

발성이 되면 배는 오목하게 들어갈 것이며, 발성이 끝나면 다시 호흡이 들어차면서 배는 볼록하게 나올 것이다.

나는 지금도 출퇴근 승용차 안에서 발성 연습을 틈틈이 한다.

보통 자모음 훈련이라고 해서 가~, 나~, 다~, 라~…… 하~ 까지 복식호흡을 이용해서 1사이클을 발성한다. 이때도 입과 가슴에서 발성하는 것이 아니라 반드시 아랫배가 오목, 볼록하게 되는 것을 확인하면서(= 아랫배와 연동하면서) 발성 훈련을 한다. 그다음은 모음 훈련인데, 아~, 야~, 어~, 여~, ……이~ 까지 복식호흡을 이용하여 1사이클을 발성한다. 이때도 자음 발성과 마찬가지로 아랫배 연동을 통해서 호흡과 연계하여 발성한다.

발성 훈련 시 호흡과 연동하는 것이 매우 중요하다. 말 더듬 말 막힘을 풀어주려면 이런 호흡을 실어서 발성하는 것이 너무너무 중요하기 때문이다.

그리고 이런 발성 훈련을 할 때, 입 앞에 손을 대고 해보는 것을 추천드린다. 그래야 실제로 목에서 발성하는 것이 아니라, 손에 따뜻한 호흡이 나가는 것을 느낄 수 있기 때문이다.(호흡을 충분히 입 밖으로 섞을수록 좋다)

다음으로 발성 훈련 시 말 속도는 최대한 느리게 하는 것을 추천드린다.

자조 모임에서는 나무늘보와 같이 엿가락 늘어지듯이 느리게 발성훈련을 하였다.

느리게 말할 때의 이점은 너무나도 많다.

느리게 말을 하게 되면 발성기관의 긴장은 전혀 되지 않는다. 충분히 이완된 발성이라는 뜻이다. 이렇게 이완된 발성은 호흡이 충분히 실리게 되어있다.

항상 빠른 속도로 말하는 데 익숙한 우리 말 더듬는 사람들은 느리게 말하는 것에 엄청난 거부감을 느끼고 있다.

훈련하는 동안만큼은 자신이 할 수 있는 최대한 느리게 훈련해 보자.

하다 보면 이런 생각을 하게 된다. '지금껏 감옥 같은 창살 안에서 평생 말을 했구나!', '이렇게 편안하게 느리게 말을 할 수도 있구나!'. 이런 것들 느끼게 된다.

하지만 우리가 살아가는 현실에서는 이렇게 느리게 말하기란 쉽지 않다.

내가 전달해 드리고자 하는 것은 훈련 때만큼은 최대한 나무늘보같이 발성기관에 힘을 빼고, 천천히 이완해서 훈련하라는 것이다.

이런 발성 훈련이 익숙해 지면 차차 2음절, 3음절, 4음절 단어 연습을 하고, 그다음 단문 연습, 장문 연습을 해나가면서 복식 발성을 몸에 익혀 나가면 된다.

이때도 마찬가지로 훈련 때만큼은 최대한 나무늘보와 같이 느리게 하는 것을 추천드린다. 또한 이런 훈련은 혼자 할 때보다는 2인 or 3인이 한 공간에서 모여서 하는 것이 효율적이다.

사람이란 동물은 금방 싫증을 느끼기 때문에, 혼자서는 오래 지속하기가 쉽지 않다. 20~30년 동안 잘못된 호흡/발성을 해왔던 말 더듬는 사람이 다시 정상적인 호흡/습관화하는 데는 오랜 시간이 걸리게 된다. 그래서 오래 지속할 수 있으려면 혼자서 훈련하는 것은 추천하지 않는다. (혼자서는 불가능에 가깝다.)

앞서 말한 복식호흡과 발성 훈련이 익숙해지면, 이젠 실전 대화에 적용하는 것이다. 하지만 이렇게 새로운 호흡, 발성을 실전 대화에 즉시 적용하기란 엄청나게 어렵다.

왜냐하면 20~30년 동안 말하는 습관을 1~2달 만에 바꾸는 건 사실상 불가능에 가깝다. 그래서 자조 모임에서 했었던 것이, 지하철 스피치, 상가 실습, 전화훈련 등으로 새롭게 훈련해서 만들어진 호흡, 발성을 이용해서 여러 차례 실전 연습을 진행했다. 이렇게 할 수 없을 것만 같던 어려운 상황에서 새롭게 만들어진 호흡, 발성 체계를 연습하다 보면 실전 대화에서도 서서히 접목되기 시작한다.

다시 말해 진짜 실생활에서도 과거의 말 더듬는 호흡, 발성이 아닌 새롭게 만들어진 싱싱한 더듬지 않은 호흡과 발성을 서서히 접목시킬 수 있는 것이다. 이렇게 하면서 나는 서서히 말 더듬 굴레에서 벗어날 수 있었다.

여기까지가 나의 1단계-[2016년 3월~ 2018년 12월] 과정 이야기였다. 전문적으로 글 쓰는 사람이 아니라, 전달력이 미숙하지만, 천천히 내가 쓴 글을 읽다 보면 이해가 될 걸로 생각된다.

이젠, 나의 2단계[2019년~현재] 훈련을 소개하겠다.

2018년도에는 나에게 특별한 한 해였다. 나의 딸이 태어났기 때문이다.

하지만 딸이 태어나면서 육아라는 것을 하게 되었다. 점점 개인적인 시간이 부족해졌다. 또, 대구 자조 모임에 빠지는 횟수가 늘어나게 되었다. 설상가상으로 코로나가 대한민국을 덮치면서 오프라인 모임을 갖기가 어려워졌다.

하지만, 혼자서는 도저히 극복할 수 없다는 걸 알기에, 자조 모임 사람들과 함께 영상통화를 이용해서 훈련하였다.

요즘엔 카카오 페이스톡, ZOOM 등 마음만 먹으면 사람들과 얼굴을 보면서 이야기도 나눌 수 있고, 훈련도 함께할 수 있다.

일명 새벽조 훈련이라고 해서, 새벽에 시간이 맞는 4~5명 정도 6시에 일어나서 국선도 행공을 함께하면서 몸을 풀어내고, 발성 연습을 하고 회사로 출근하였다. 아침에 훈련하고 출근한 날과, 훈련하지 않고 출근한 날의 발성은 확연히 차이가 났다. 연습하지 않고 출근하면, 또 관성에 의해 옛날 더듬던 호흡, 발성으로 되돌아가려는 습성이 스물스물 올라오는 걸 느꼈다.

이 괴물 같은 말 더듬 습관을 완벽하게 없앨 수는 없지만, 꾸준한 훈련을 통해서 새로운 말 더듬지 않은 호흡, 발성 습관을 지속시켜 나갈 수 있다.

하지만 역시 온라인 영상통화 훈련보다는 오프라인 모임 훈련을 나는 추천하고 싶다. 말 더듬는 우리는 사람 만나기를 어려워하고, 눈을 쳐다보기를 어려워하고, 항상 주눅이 들어왔기 때문에, 직접 사람을 대면하고 눈을 쳐다보면서 말연습을 하는 게 가장 효과적인 훈련이라는 생각이 든다.

2단계[2019년~현재] 훈련 시기때 나는 이미 말 더듬에서 많이 벗어나 있었다.

새롭게 구축된 호흡, 발성을 처음 만나는 사람, 편안한 사람 등 어렵지 않은 대화 상대부터 차츰차츰 접목을 시키면서 습관화를 시켜나갔다.

그다음 친한 친구, 가족, 회사 사람 등 적용하기 어려운 사람에게까지 확대시켜 나가면서 말 더듬지 않는 호흡, 발성을 적용하면서 갈고 닦았다.

사실 이제는 어느 누구와 말을 해도 옛날같이 동공이 흔들리고, 몸이 경직되어서 말 한마디 나오지 않는 극한 상황은 오지 않는다. 왜냐하면 이미 몸과 호흡을 객관적으로 바라볼 수 있고, 안 막히는 호흡과 발성을 적절하게 쓸 수 있는 몸을 만들었기 때문이다. 나는 여기서 말 더듬 극복했다고 자랑하려고 글을 쓰는 것이 아니다. 이렇게 약 7~8년이라는 긴 세월 동안 누구보다 열심히 훈련했고, 그리고 자조 모임을 통해 최선의 노력과 제대로 된 가르침을 받는다면 누구나 말 더듬, 막힘에서 극복할 수 있다는 사례를 보여주고 싶을 뿐이다.

나는 회사에서 빈틈없는 사람, 냉철한 사람, 스마트한 사람, 세 보이는 사람, 철두철미한 사람이 되고 싶지만, 이런 생각들 때문에 나는 말 더듬 말 막힘에 사로잡혀 20년 넘는 고생을 한 거 같다.

말 더듬에서 진정으로 자유롭고 싶다면, 나를 있는 그대로 인정하고 나를 내려놓고, 부족함을 인정하고, 완벽을 추구하기보다는 조금 부족해도 인간미가 있는 그런 사람이 되어야 한다고 생각한다.

이 글을 읽는 말 더듬 때문에 힘들어하는 사람들에게 꼭 전달해 드리고 싶은 말이 있다면 말 더듬을 제대로 공부하고, 제대로 된 방법 및 꾸준한 시간 동안 훈련한다면 반드시 극복된다는 것이다.

요즘에 내가 아침마다 일어나서 회사로 출근하면서 되새김질하는 글(=말 더듬 기본기)을 공유하면서, 이만 글을 줄이겠다.

내가 낼 수 있는 호흡 분량만큼만 발성하겠습니다. 그 이상 발성은 경직이 동반된 발성이므로, 말 더듬을 유발하는 근육의 개입이 생길 수밖에 없는 듯합니다.

내 몸은 말을 위한 호흡 분량이 항상 적다는 인식을 가지고, 경직 생기지 않도록, 일정한 틀로 숨 쉬면서 말하겠습니다. 빠른 발성으로는 아무리 발성이 잘 되어도, 말 더듬을 유발하는 근육의 개입이 있었다는 걸 인지하고, 말하는데 불필요한 근육을 쓰지 않는 느린 발성법으로 다시 세팅하겠습니다.

일상생활에서 안 더듬는다고 빠른 발성을 하는 것은 호흡이 나가지 않고, 다시 들어오지 않는 발성임을 잊지 말아야겠습니다.

다시 기본기로 돌아갑니다. 다시 초심으로 돌아갑니다.

우리가 숨 쉬면서 말할 수 있는 발성법을 습관화시키려면 어떠한 경우라도(=잘 나온다고 따발총 발성이 아니라) 일정한 틀을 지켜야겠습니다.

어떠한 경우라도 자신만의 호흡 분량으로 일정한 틀을 지켜낼 수 있을 때만이 숨 쉬면서 말하는 순간이 될 거 같습니다.

제가 여기까지 극복할 수 있게 도와준, 자조 모임의 여러 고수님들께 감사함을 전합니다. 파이팅하겠습니다.

2024년 1월 25일

7장
흐르는 강물처럼 님

1. 저는 환자와 많이 이야기하는 직업, 약사입니다.

저는 약 20년 성도 약사로 근무하고 있습니다.

약사라는 직업의 특성상 환자와 끊임없이 대화하게 됩니다.

아픈 곳을 묻고, 아픈 곳에 대한 처방이 어떻게 이루어지는지, 그리고 이 약을 통해 어떻게 치료가 되는지, 궁금한 부분을 답하게 되죠. 지금은 개인 약국을 하고 있지만, 약사로 근무했을 당시 말 막힘으로 인해 직장에서 눈치도 많이 보았고, 많은 부분을 신경 썼던 것도 사실입니다. 때로는 말해야 하는 상황에 말이 나오지 않을 때도 있었고, 환자의 이름이 나오질 않아 발만 구르고 있을 때 직원이 대신 이름을 불러줄 때도 있었습니다.

그럴 때는 얼굴이 붉어지며 심한 모멸감을 느끼곤 했었습니다.

"나의 말 막힘은 왜, 언제부터 시작되었을까?"

시간을 거슬러 생각을 해보니, 아마도 말 막힘이 시작되었던 것은 중학교 1학년 저를 괴롭히던 친구와 있었던 일로부터 시작이 되었던 것 같습니다. 초등학교 때 그 친구한테 괴롭힘을 당하며 돈도 빼앗겼었습니다. 중학교 때 우연히 다시 그 친구를 만나게 되었고 그다음 날 그 친구 집에 가서 그 친구 이름을 부르려는데 정말 이상하게도 친구의 이름 첫 자가 입 밖으로 나오지 않았습니다.

말 막힘의 원인은 유전적, 발달적, 환경적, 심리적 요인 등이 복합적으로 작용한다고 하는데, 저의 경우에는 그 친구의 괴롭힘과 폭행 등에 대한 두려움으로 시작되었던 거 같습니다. 이후 말 막힘으로 인한 당황과 좌절감 등이 대화하는 데 있어 부정적인 감정과 태도를 더 깊게 만들어 말 막힘이 더욱 심해지지 않았을까 생각합니다. 지금 생각해 보면 말이 나오지 않았던 공포스러웠던 그 순간과 그 상황을 회피하고 싶은 마음과 말이 나오지 않는다는 두려움이 발성기관을 경직하게 만들었던 것 같습니다.

제가 기억하는 첫 말 막힘 이후에 학교에서 책을 읽을 때, 그 당시 학급 반장으로 수업을 시작하고 마칠 때, "차렷! 경례" 등 어렵지 않은 단어의 첫 자가 안 나오기 시작했습니다. 말 더듬과 말 막힘으로 학교생활에서 위축은 좀 되었지만, 그래도 큰 문제가 아니라고 생각했고 별탈 없이 학교를 졸업하게 되었습니다

2. 직장을 시작으로, 더 심해진 말 막힘 그리고 결심

그런데 정작 진짜 문제는 약사로 직장생활을 시작하게 되면서부터 생겼습니다. 말이 나오지 않으니, 환자를 상대하는 게 두려워지고, 환자들에게 처방에 따른 약을 주기 위해서 환자의 이름을 불러야 하는데, 환자의 이름이 나오지 않았습니다. 환자의 이름이 나오질 않으니, 약국 내 업무

를 도와주시는 분이 저 대신 환자의 이름을 부르기가 일쑤였고, 그때마다 저희 자존감은 바닥을 치는 듯했습니다.

말은 해야 하는데, 말이 나오지 않을 때, 이 글을 읽으시는 분들은 어쩌면 그런 경험을 한 분들이 있을지 모르겠습니다만, 그 공포심과 두려움은 죽음의 공포와 가까웠습니다. 마치 물에 빠져 허우적대는데, 전혀 수면 위로 올라가지 않고 더 가라앉는 느낌. 그런 기분을 매일 매일 느껴야만 했습니다.

직장생활을 위해 기본적으로 되어져야 하는 부분이 어려워지니, 말 막힘을 이제 더 이상 그대로 두면 안 되겠다는 생각이 들었고 어떻게든지 완치를 해보자는 마음을 굳게 먹게 되었습니다.

그동안 말 막힘의 원인을 모르니, 이를 극복하기 위해 정신과 치료도 받아보고, 인성의 문제라고 생각해 '00인성 개발원'도 다녀보았습니다.

말 더듬을 완치했다는 분들에게 찾아가 수업도 들어 보았지만 아주 잠깐, 그때만 약간의 호전이 있을 뿐 이내 곧, 예전의 상태로 돌아오곤 했습니다.

그러던 찰나 진해 백선생님을 알게 되었고, 이런 말 막힘을 극복하려고 노력하는 모임이 대구에 있다는 것을 알게 되었습니다. 그 당시 저는 직장에서 많이 힘들었던 때라 지푸라기도 잡고 싶었던 간절한 마음이었습니다. 대구 말 막힘 모임을 통해 저와 비슷한 처지의 사람들을 만나게 되었고, 당시 모임을 통해서 많은 도움을 받았습니다. 특별히 퍼니가이 형님과 도전님, 현*를 만나게 되었고, 많은 도움을 받았습니다.

대구의 말 막힘 모임을 하기 전, 스피치 모임을 다녔던 적이 있었습니다. 당시 이 모임에서 지하철 스피치를 하곤 했습니다. 지하철 스피치는 운행하고 있는 지하철에서 용기를 내어 2~3분정도 스피치를을 하는 것입니다.

이를 통해 불안과 공포증을 극복하고자 했으나 도리어 너무 긴장을 했던 기억이 있습니다. 저에게는 긴장하게 되고 어려웠던 지하철 스피치 훈련을 이 모임에선 식은 죽 먹듯 아주 쉽게 하는 것을 보고 놀라웠습니다.
일반 사람들이 들으면, 아주 어색할 정도로 마치 테이프가 늘어진 것처럼 아주 느린 발성으로 지하철에서도, 전화를 통해서도, 상가 등에서도 훈련을 하기도 했습니다.

그런데, 이렇게 여러 훈련을 하는데도 저의 말 막힘은 더 나아지지 않았고 극복이 되지 않았습니다.
도대체 왜, 무엇이 문제일까(?) 고민을 많이 했습니다. 어느 날, 저는 우리 모임에서 말 막힘을 고치려고 호흡량을 무리하게 늘려 훈련하고 있다는 것을 깨닫게 되었습니다. 무리하게 들숨을 하게되면 횡격막이 경직되게 되고 말 막힘이 더욱 강화된다는 것을 알게 되었습니다.

3. 말 막힘, 자연스러운 호흡을 통해 조금씩 긴장 풀기

일반적인 호흡은 들숨을 통해 공기나 대기 중의 산소를 몸에서 받아들이고 이산화탄소를 몸 밖으로 배출하는 것을 말하는데, 횡격막과 갈비뼈 사이의 운동으로 허파에 공기를 받아들이고 이산화탄소를 배출합니다.

보통은 1분에 15~18회의 호흡이 이루어지며, 한 번에 받아들이는 공기는 약 500ml 정도가 된다고 합니다. 우리는 보통 숨을 쉴 때, 의식을 하지 않고 숨을 들이마시고 내쉬며 자연스럽게 호흡을 합니다.

그런데, 말 막힘을 빨리 고치기 위해서 무리하게 호흡을 연거푸 하다 보니 횡격막의 긴장과 경직을 가중시켜 말 막힘이 더 심해진다는 것을 알게 되었습니다. 호흡이 자연스럽게 되듯 말도 자연스럽게 되어야 하는 것도 알게 되었고, 횡격막의 경직을 풀어줌이 말 막힘의 치료의 시작임을 깨닫게 되었습니다.

다행히 예전에 국선도를 잠깐 배웠던 적이 있었는데 그때 호흡을 알게 되었고, 큰 도움이 되었습니다.

국선도의 호흡은 다른 호흡법과는 좀 다릅니다. 가슴 호흡을 먼저 시작해서 단전까지 내려가거나(연정원) 석문혈에 집중(석문호흡)하는 것이 아니라 아랫배, 즉 배꼽 아래가 들이쉴 때 나오고 내쉴 때 들어가게 하는 호(呼:날숨)와 흡(吸:들숨) 사이에 머무르는 호흡법입니다.

무리하게 힘을 주어 억지로 밀거나 많이 마시려 하지 말고 자연스럽게 흡(吸:들숨)하고, 내쉴 때도 자연스럽게 호(呼:날숨)를 충실히 해서 호흡이 부드럽게 이루어지도록 합니다.

들숨은 호흡을 통해 자연스럽게 들어오는 만큼만 들이쉬고, 내쉬는 숨을 충실히 해야 그 반동으로 들어오는 숨도 저절로 깊어집니다. 집중하며 호흡을 하다 보면, 호흡도 깊어지고 그에 따라 아랫배의 움직임도 우리가 호흡을 생각하면서 하지 않듯 자연스러워집니다. 여기서 가장 중요한 것은 몸이 경직되지 않도록 억지로 하는 것이 아닌 자연스럽게 호흡하여야 한다는 것입니다.

호흡은 들여 마시는 게 아니고 바닥부터 채워진다는 느낌으로 하다 보면, 숨이 들어와 몸에 채워지고 숨이 어느 정도 몸에 채워지면 날숨이 되어 몸에서 바깥으로 나가게 됩니다. 그리고 들숨부터 채우는 것이 아니고 날숨부터 내보내고 빈 공간을 들숨이 채워지도록 호흡한다고 생각하면 되겠습니다.

호흡을 많이 마시려 하기보다는 날숨으로 숨이 빠져나간 만큼 들숨이 채워진다는 느낌으로 호흡하시면 됩니다.

　호흡을 통해 부교감신경이 활성화되면 횡격막의 경직이 풀리며 부드러운 날숨과 들숨을 하게 될 수 있습니다. 말 막힘이 있는 사람들의 성대를 해부학적으로 관찰하게 되면 유창성 있게 발성하고 있는 상태에서도 발성기관은 언제든 경직 단계로 넘어갈 수 있도록 준비돼 있다고 합니다. 저의 경우에는 부드러운 호흡을 통해서 횡격막과 발성기관의 경직과 긴장을 풀어 주는 것이 말 막힘 치료의 핵심이라고 생각이 듭니다.

4. 말 막힘을 풀어주는 풀림 발성

　우리 같은 기질을 가진 사람들은 말 더듬을 감추려 하다 보니 막힘에 이르게 되었습니다. 막힘을 드러내다 보면 말 막힘으로 인한 공포로부터 벗어날 수 있다는 생각이 듭니다.

　풀림 발성법은 막힘을 드러내는 가장 좋은 수단입니다.

　막히지 않을 수 있는 최선의 풀림과 느낌을 구현함으로 자신의 부족한 모습을 그대로 드러내는 것입니다, 풀림 발성을 할 때의 느낌은 날숨부터 먼저 내보내며 말하고 입은 최대한 힘을 빼고 아랫배로 얘기한다는 느낌으로 하시면 됩니다. 풀림 발성을 함으로써 이완을 느끼게 되면 경직된 횡격막의 움직임이 살아나며 발성 시 나간 날숨만큼 들숨이 아랫배로 채워지게 됩니다. 들숨을 과하게 하면 가슴의 답답함이 느껴지며 횡격막의 경직을 불러올 수 있게 됩니다.

어느 순간 말이 막혔을 때 막힘을 풀어낸다는 것은 어쩌면 실현되기가 어려운 생각일 수가 있습니다. 이미 불안과 긴장으로 몸과 마음이 경직된 상태에서 풀림 발성이 나올 수 없다는 생각이 듭니다. 저는 24시간 아랫배 움직임을 그저 바라보는 훈련이 정말 중요하다고 생각합니다.

아랫배의 움직임을 놓치지 않고 따라가다 보면 몸과 마음은 이완돼 있고 그 이완의 흐름에 따라 열린 입으로 날숨을 내보내면 됩니다.

날숨을 부드럽게 내보내게 되면 들숨은 아랫배가 살짝 부푼다는 느낌으로 채워집니다. 이 채워진 들숨으로 날숨을 통해 발성하게 됩니다.

날숨을 통한 발성법 연습은 자음 모음으로 시작해서 단어훈련까지 합니다. 자모음을 통하여 발성기관의 이완을 느끼며 훈련을 해봅니다. 단어훈련까지 부드럽게 풀림 발성이 되면 한 호흡에 2어절 3어절을 발성하게 됩니다.

예를 들면

사~~암백으로 사~~알수 이~~있습니까?

대~~애전을 가~~압니까 대~~애구를 가~~압니까

이런 식으로 호흡을 통한 풀림 발성을 훈련하면 됩니다.

개인의 의지와 처지에 따라 하루 한두 시간 정도 꾸준히 시간을 확보하여 훈련하여야 합니다. 제대로 풀림 발성을 하시게 되면 풀림 발성만으로도 몸의 이완과 발성기관의 이완을 느끼시게 됩니다. 풀림 발성을 무수히 반복하다 보면 본인에게도 어느 정도 익숙하게 되고 현실에서 적용하려는 시도가 필요합니다. 풀림 발성을 현실에 적용하기 위해서는 이완된 상태에서 한 호흡에 2~3어절을 발성할 때 시원함을 느껴야만 합니다. 각자의 몸 상태에 따라 한 어절 정도만 가능할 수도 있습니다.

그러나 이완된 상태에서 발성법을 무수히 반복하다 보면 자연스럽게 호흡량이 늘어 한 호흡에 발성할 수 있는 어절을 늘릴 수 있으리라 생각이 듭니다. 저 같은 경우는 한 호흡에 2~3어절을 발성할 수 있어야 심리에서 밀리지 않고 훈련할 때의 발성법을 현실에 최대한 적용할 수가 있는 것 같습니다.

이제는 풀림 발성을 현실에서 적용할 단계인데 대부분의 사람들은 현실에서 이러한 발성법을 적용하기에는 어려움이 많을 것입니다. 풀림 발성을 현실에서 적용하기 위해서는 대중 앞에서 해보는 지하철훈련이나 광장훈련 등이 필요합니다.

저 같은 경우는 지하철훈련을 하면서

아~~안녕 하~~아십니까

자~~암시 시~~일례 하~~아겠습니다

이런 식으로 발성을 하며 3분 정도 스피치를 하곤 했습니다. 이렇게 스피치 훈련을 하는 동안 심리가 최고조로 상승을 하게 됩니다. 이때의 발성법 느낌과 박자 등을 몸에 기억시켜 현실에 적용시키면 지하철 훈련 때의 성취감이 되살아나곤 했습니다. 지하철훈련을 마치고 상가 실습을 하게 되면 발성법 적용이 훨씬 수월하고 시너지효과가 있습니다.

이러한 훈련을 통하여 풀림 발성법을 현실 적용할 수 있는 용기와 배짱을 키우실 수 있습니다. 풀림 발성을 현실에 적용시킬 때는 막힘에 신경 쓰지 말고 내가 풀림 발성을 제대로 적용하느냐에 집중해야 합니다.

사실 이 정도까지 훈련을 하게 되면 막힘은 어느 정도 사라질 수 있습니다. 그러나 막힘이 사라지는 순간 풀림을 드러내려는 마음이 약해지면 예전의 발성으로 되돌아가곤 합니다. 그럴 경우 어김없이, 심리가 약해지는 순간 더듬과 막힘은 자석과 같이 다시 달라붙곤 합니다.

우리는 기질 면에 있어서 언제든 더듬과 막힘이 재발할 수 있음을 인정하고 받아들여야 합니다. 풀림 발성을 통해 이완을 느끼며 무수한 발성 연습으로 왜곡된 발성 체계를 교정시키는 작업을 하셔야 됩니다. 우리 모임에서는 이것을 경직에서 풀림으로 몸이 바뀐다고 얘기합니다. 몸이 바뀌지 않는 이상 심리의 변화에 따라 언제든 막힘에 사로잡힐 수 있습니다.

발성법 연습할 때 막히지 않으려 하기보다는 어떻게 하면 나의 발성을 현실에 적용할 수 있느냐에 맞춰서 발성법을 다듬으며 훈련을 하셔야 합니다. 풀림 발성법을 함으로 나의 부족함을 드러냄으로 자신을 객관화시키고 더듬과 막힘이 더 이상 극심한 수치와 공포를 안겨주는 괴물이 아님을 깨달으셔야 합니다.

그동안 말 막힘은 나에게 좌절과 절망만을 안겨주었던 존재였지만 이것을 극복하는 과정 중에서 한계를 부딪치며 겸손을 배우고 나의 부족함을 그대로 들어낼 수 있는 용기를 얻었습니다.

지금 말 막힘으로 인해 절망에 빠져 있는 분들이 있다면 말씀드립니다.

풀림을 몸으로 체득할 수 있는 인내와
이 발성을 드러낼 수 있는 용기만 있다면
여러분도 능히 할 수 있습니다.
감사합니다.

제 2부
심리와 명상편

1장
물오리 님

1. 말 더듬의 시작

1969년도 인천에서 2남 1녀중 차남으로 태어났고 현재는 아들과 딸과 부천에서 살고 있고 소프트웨어 프로그래머로 일하고 있다

올해 2024년도를 기준으로 56세이다.

옛날 한창 더듬었을 때 내가 밥벌이를 제대로 할 수 있을지 가정을 꾸밀 수 있을지 정말 알 수 없었다. 삶이 불안하고 두려웠다.

사실 지금도 불안하고 두렵다. 그러나 지금은 불안과 두려움을 익숙해 있다고 할까.

56년을 살면서 산전수전 다 겪어서 그런가 삶에 공짜가 없다고 하듯 불안과 두려움은 삶을 살아가는 데 필요한, 없어서는 안 되는 경험인 것 같다.

현재 나는 말 더듬을 완치했다고 생각한다. 사실 완치라는 표현을 좋아하지는 않는다.

나의 과거를 모르는 현재 사람들은 내가 말 더듬 때문에 한평생 고통받았다고 하면 도저히 안 믿겨 진다고 할 정도로 외향적이고 할 말을 다 하는 모습으로 변했다.

나의 말 더듬 이야기를 시작하려고 한다.

현재도 말 더듬는 후배님들이 있을 거 같은데 나의 작은 글들이 약간이라고 도움이 됐으면 좋겠다.

보통 말 더듬은 말 더듬는 것의 모방을 통해 더듬는 경우를 많이 봤는데 나는 처음부터 말을 더듬었다.

내 최초의 기억은 4~5살인가… 내가 누군가에게 쫓겨서 집으로 들어갔는데 마루에 엄마와 작은엄마와 큰엄마가 있었다.

내가 무서워서 엄마에게 더듬으면서 무슨 말을 한 것 같고 그때 큰엄마가 내 더듬는 모습에 웃으신 거 같고 내가 엄청 창피해한 거 같다.

이때 작은엄마가 그러지 말라고 말씀하신 것 같은데 그때 엄마가 내 더듬는 모습을 흉내 내면서 웃은 것 같다.

더듬는 나를 보호해 주고 막아줘야 하는 엄마가 내 더듬는 모습에 웃고 흉내 내는 것에 난 엄청 충격을 받은 것 같다.

그게 말 더듬의 시작이었던 것 같다.

내 인생을 완전히 바꾸어 놓은 이 말 더듬, 정말 한스럽다.

말이라는 것이 잠자는 시간 빼놓고 거의 하루 종일 하는 것인데 이 사건을 시작으로 어릴 때부터 더듬지 않으려고 불안과 공포 속에서 보내는 말 더듬이 시작된 것 같다. 심지어는 꿈에서도 더듬지 않으려고 노력하는 꿈들을 많이 꾸었다.

24시간 365일 말 더듬과 나는 떼려야 뗄 수 없는 관계가 되었다.

지금 생각해 보면 정말 어이없는 것이 생각 즉 사고를 잘못한 것 같다.

머릿속에서 더듬을까 봐 생각조차도 못 하고 안 했던 것 같다.

이 정도면 거의 정신병원에 갈 수준인 것 같다.

지금 이 글을 쓰면서도 옛날 생각을 하면 정말 어이가 없다.

정말 심했구나…너무 상상 이외의 말 더듬 인생을 보낸 것 같다.

2. 말 더듬의 고통

뭐라고 얘기해야 하나 뭐부터 말해야 할지….

초등학교 들어가서 선생님이 책 읽기 시킬까봐 거의 초죽음의 상태로 보낸 것 같다….

날짜가 내 번호와 일치하는 날은 그 전날부터 잠을 설쳤다….

중학교 때 국어 시간에 내가 책을 읽었는데 그때 심하게 더듬었다. 반 애들이 쉬는 시간 내 주위에 모여서 더듬는 나를 따라 흉내내고. 그때 화장실에 뛰어 들어가서 문 닫고 한참 있다가 나온 기억이 있다.

왜 이렇게 창피했는지 할머니와 어머니가 지속적으로 말을 더듬을 때마다 너 그러면 장가 못 간다고 끊임없이 말한 것 같다.

할머니가 병신이라고 말하면서 화를 내면서 더듬지 말라고 그러고….

어릴 적에는 말하기 전에 침을 꿀꺽 삼키면서 말을 했던 것 같다. 침을 한번 삼키면 말이 상대적으로 잘 나왔는데 한번 해서 안 되면 두 번 세 번 이렇게 삼키면서 말한 것 같다. 지금 기억나는 것이 내가 침을 삼킬 때마다 반 선생님이 뜸 들이지 말고 바로 말을 하라고 놀린 기억이 난다.

초등학교, 중학교, 고등학교, 대학교 등 모든 수업 시간에 집중을 못하였다. 정말 학교를 다녔지만 독학으로 공부를 한 것 같다….

심지어는 머릿속에서도 말을 더듬을까 봐 생각도 제대로 못 하였다. 너무 지긋지긋한 말 더듬 어떻게 그렇게 살았는지 이해가 잘 안 되지만.

대학교 때는 교재를 구입해야 하는데 서점에서 책 이름이 안 나와 교재 없이 공부한 강의도 있었다.

어릴 적 엄마나 할머니가 그렇게 더듬으면 장가를 못 간다고 그 소리가 아직도 귀에 생생하다.

거의 한평생 말 더듬의 고통으로 산 것 같다.

그 공포 두려움… 직장에 다닐 때 그 두려움, 무엇을 물어보기도 겁나서 항상 혼자서 끙끙대는 나 자신. 첫 직장에서 전화가 오면 "감사합니다. xx부서 xxx입니다"를 해야 하는데 "감사합니다"가 말이 안 나와서 전화가 올까 봐 가슴이 너무 콩당콩당한 기억이 난다.

학창 시절에 선생님이 나에게 질문을 하면 알고 있는 내용도 말 더듬 때문에 질문에 답을 못 해 혼나고 기합받은 적이 한두 번이 아니다.

군대 훈련소에서 암기 상황을 외웠는데도 불구하고 말이 안 나와서 기합받은 일 등 지금 생각해 보면 어떻게 생활했는지 참 힘들었구나 생각을 넘어서 너무 어이없다는 생각이 난다.

이렇게 더듬으면서 어떻게 살았는지.

말 더듬이 기질은 유전되는 것 같다.

우리 아들이 어렸을 적 말을 배울 때 더듬는 것이다.

그때 와이프에게 주위 사람들에게 더듬어도 절대 뭐라고 그러지 말고 그냥 아무렇지 않게 하라고 당부한 게 주효한 것 같다. 몇 달 더듬더니 그 다음부터는 더듬지 않게 됐다. 다행인 것 같다.

대학교 때 이쁜 여자도 사귀고 싶었고 다양한 동아리 활동도 하고 싶었지만 이 지긋한 말 더듬 때문에 못 해보았다.

몇 년 전 어머니에게 왜 그렇게 놀렸냐고 물었더니 어머니가 미안하다고 했다.

흠 미안하다는 말을 들었다고 뭐가 변화된 것도 없고 내 인생이 이렇게 고통받았는데.

당연히 그 당시에 어머니도 모르셨겠지만 너무 한스러웠다.

아버지는 굉장히 수줍음이 많으셨다. 어릴 적 내가 보기에도 아버지는 대인관계가 굉장히 어려우셨다.

아마도 아버지의 내성적인 기질을 물려받은 거 같다.

3. 말 더듬의 극복

말 더듬의 극복 여정은 나에게 깊은 인상과 변화를 가져다주었다.

나의 어린 시절부터 청년기에 이르기까지, 말 더듬은 제 삶의 큰 부분을 차지했으며 70~80년대, 내가 학창 시절을 보낸 시기에는 심리학이나 마음공부에 대한 이해가 매우 제한적이었다.

대부분의 사람들은 말 더듬을 단지 자신감 부족이나 내성적인 성향의 결과로만 생각했기 때문에 그래서 자신감을 키우는 사설학원들이 유행했고, 저도 그런 학원들을 다니며 '나는 할 수 있다'는 긍정적인 암기문을 외우며 시간을 보냈다.

매일 중얼거리며 자신감을 키우려 애썼지만, 이러한 방식이 다소 비현실적으로 느껴지기도 했다.

대학 시절엔 서울의 혜화동과 부산에 위치한 말 더듬 치료 교정소를 다녔다. 유창성을 향상시키려는 목적으로 4~5군데의 학원을 전전했으며, 전철에서 대담하게 '나는 말 더듬입니다'라고 외치는 자신감 키우기 훈련에 매진했었다. 부산에서는 어느 대학교 체육대회에서 수백 명 앞에서 스피치를 하며 공포를 극복하려 노력했으며, 이러한 과감한 시도들은 저에게 큰 도전이었으며, 말 더듬을 극복하기 위한 처절한 노력이었다.

하지만 이 모든 노력에도 불구하고, 나의 말 더듬은 여전히 나아지지 않았다.

결국, 이 문제가 단순한 유창성의 문제가 아니라 심리적인 근원을 가지고 있다는 것을 깨닫게 되었다. 그래서 저는 심리적인 접근 방식으로 전환했다.

불교의 마음공부 방법, 특히 '알아차림'을 통해 감정을 피하지 않고 직면하는 훈련에 집중했으며 말 더듬의 두려움을 경험하며 내면의 심리적인 맷집을 강화하는 것이 목표였다.

매일 출퇴근 전철에서 말 더듬의 트라우마와 최악의 순간을 상상하며, 극도의 긴장감과 공포 속에서도 스스로를 잃지 않는 연습을 했다.

이러한 심리적 접근은 나에게 큰 변화를 가져왔다. 말을 더듬지 않고 잘하는 것이 아니라, 말을 더듬어도 두려움과 공포를 직면하고 이겨내는 과정이 중요하다는 것을 깨달았다.

이 과정을 통해, 나는 점차 자신감을 되찾고, 말 더듬이라는 심리적 장벽을 넘어서는 데 큰 도움을 받았다.

이제 나는 말 더듬이라는 개인적인 도전을 극복하는 여정을 통해, 더 강하고 자신감 있는 사람으로 성장할 수 있었으며 이 경험은 제 삶에 깊은 영향을 미쳤으며, 이를 통해 다른 사람들에게도 도움이 될 수 있기를 바란다.

4. 현재의 모습

현재, 말 더듬의 어려움은 대부분 극복된 것으로 보인다. 이제는 말하면서 내가 전하고 싶은 바를 잘 표현할 수 있고, 삶을 즐기며 살아가고 있는 것 같다. 예전의 내성적인 모습에서 벗어나, 외향적인 성격으로 크게 변화했다. 그러나 여전히 많은 사람들 앞에서 말하는 것은 쉽지 않다. 긴장이 덜어지지 않고, 긴장이 자연스럽게 생겨나는 것으로 느껴진다.

하지만 이제는 긴장을 없애려는 시도보다는 긴장을 경험하고 받아들이는 쪽으로 접근하고 있다. 말을 잘하는 것이 목표가 아니라, 말 더듬의 두려움을 경험하고 인정하는 것이 중요하다고 생각한다. 흐르지 못한 감정, 즉 에너지를 흐르게 만들기 위해 다양한 연습을 하고 있다. 최악의 상황을 상상하면서 말 더듬의 공포를 경험하고 훈련하는 것이 그중 하나이다.

말을 잘하는 것이 목표가 아니라, 더듬었을 때의 공포와 창피를 견디는 훈련을 중시하고 있다. 유창성을 향상시키는 것이 아니라, 어려움을 극복하고 성장하는 과정에서 나 자신을 찾고 있다. 이런 방법이 나에게 효과적으로 작용한 것 같다. 끊임없는 노력과 자기 극복의 과정을 통해, 나는 말 더듬의 제약을 넘어선 자신감과 자아를 찾아 나가고 있다.

현재의 나는 더 이상 말 더듬의 제약으로 삶을 제약받는 것이 아니라, 오히려 이를 극복함으로써 더욱 강하고 자아실현에 가까운 모습을 찾아가고 있는 것 같다. 이런 변화는 내게 큰 자아 발견과 성장의 기회를 제공해 주고 있으며, 말 더듬이 나에게 주었던 어려움을 긍정적으로 바라볼 수 있는 역할을 하고 있다. 나는 계속해서 자아를 찾아 나가며, 말 더듬을 통해 얻은 경험을 삶의 보탬으로 삼아 나 자신과 타인에게 도움이 되는 존재가 되고 싶다.

말 더듬이 완치되면 뭐가 제일 좋을까? 개구리 올챙이 시절을 모른다고 하는 말이 기억난다.

그 옛날 말 더듬만 해방되면 그 이상 소망할 것이 없다고 생각했는데 그게 아닌 것 같다.

정말 말을 더듬었던 기억이 점점 없어져 같다. 내가 정말 말을 더듬을까 그렇게 맘고생 하면서 살아왔던 나 자신이 믿어지지 않는다.

일단 제일 좋은 것은 불안과 공포가 많이 줄어든 것이 제일 좋은 것 같다. 불안과 공포가 줄어드니 대인관계가 상상 이상으로 넓어졌다. 각종 모임에도 나가게 되면서 내가 리딩하는 모임도 생기기도 한다. 이런 나의 모습을 보면 내가 말 더듬이었다는 것을 가끔 얘기하면 사람들은 깜짝 놀란다. 옛날 내가 말하는 것보다 듣는 쪽이 더 많아서 그런지 지금도 대화할 때 주로 듣고 말하는 것 같다.

그럼 지금은 전혀 더듬지 않은가?

아니다 지금도 가끔 말이 막힐 때도 있다. 특히 발표나 사람들 많은 곳에서 얘기할 때는 긴장되어서 버벅댈 때도 있다. 그런데 지금은 그것 때문에 좌절하거나 공포에 휩싸이지 않는다.

그냥 정상적인 버벅됨이랄까… 약간의 마이크 울렁증 있는 사람 정도로 비칠 뿐.

말 더듬의 완치는 말을 더듬지 않는 것이 아니라 말을 더듬을 수 있는 힘 즉 더듬어도 비정상적인

불안과 공포를 경험하지 않고 그냥 웃으면서 넘길 수 있는 것이 말 더듬 완치이다.

5. 말 더듬은 축복인가? 저주인가?

말 더듬이란 존재는 나의 삶에서 축복과 저주 사이를 오가는 복잡한 역할을 해왔다. 어릴 적부터 나는 말 더듬 때문에 많은 시간과 노력을 투자해야 했다. 학창 시절, 친구들이 취업 준비와 학업에 몰두할 때 나는 말 더듬을 극복하기 위해 노력하는 데 대부분의 시간을 할애했다. 대학을 졸업하고 사회에 첫발을 내디뎠을 때도, 말 더듬이 내 직장생활에 지대한 영향을 미쳤다. 다른 동료들처럼 순조롭게 일을 진행하기 어려웠고, 이는 때로는 내 자신감에 큰 타격을 주기도 했다.

하지만 시간이 흐르며 나는 중요한 깨달음을 얻었다. 바로 우리 모두는 각자의 십자가를 지고 살아간다는 것이다. 어떤 이들은 가정의 문제로, 어떤 이들은 경제적 어려움으로, 또 다른 이들은 신체적, 정신적 건강 문제로 고통받고 있다. 이처럼 나의 말 더듬 또한 많은 사람들이 겪는 수많은 고통 중 하나임을 인식하게 되었다. 처음에는 이를 사회적, 대중적 관점에서 바라보았지만, 이제는 그것이 나만의 독특한 경험임을 이해하게 되었다.

또한, 말 더듬을 극복하는 과정에서 나는 많은 것을 배웠다. 말하는 데 어려움을 겪으면서, 남들보다 더 깊게 듣고 이해하는 능력을 키웠다. 이것은 나에게 정서적 지능이라는 새로운 영역을 개척하게 해 주었다. 사람들의 감정과 말에 숨겨진 의미를 더 잘 파악하고, 이를 바탕으로 더 깊은 수준의 대화와 관계를 형성할 수 있게 되었다.

이제 나는 말 더듬이 나의 삶을 한정 짓는 장벽이 아니라, 다른 사람들과의 소통을 위한 다리가 될 수 있다고 믿는다. 이를 통해 나는 내 자신의 한계를 넘어서 다른 사람들의 경험과 감정을 더 깊이 이해하고 공감할 수 있는 기회를 얻었다. 말 더듬이라는 나의 도전은 나를 더 강하고, 더 지혜롭고, 더 연민이 깊은 사람으로 만들었다. 지금 나는 이것을 나의 삶에 주어진 독특한 선물로 여기며, 나 자신뿐만 아니라 타인에게도 긍정적인 영향을 미칠 수 있는 방법을 모색하고 있다.

6. 내가 생각하는 치유 방법

요즘 알아차림이라는 명상이 많이 보급된 것으로 안다.
나는 불교 심리학이나 명상 쪽 훈련이 아주 많은 도움이 됐다.
유창성 훈련이 나에게는 큰 도움이 안 된 것 같다.
매일 출퇴근하면서 전철 안에서 이미지트레이닝 훈련을 많이 했다. 최악의 상황을 상상하고 그 순간을 피하지 않고 경험하는 두려움에 흠뻑 젖는 훈련을 많이 했는데 그게 주효한 것 같았다.
상상 속에서 이미지 훈련을 할 때는 정말 현실처럼 진땀이 흐르고 굉장히 두렵지만 할 때마다 익숙해진 것 같다. 그다음부터는 더듬어도 크게 공포심을 갖지 않게 되었다.

말 더듬을 받아들일 수 있는 맷집이 커지는 것 같다.

트라우마라고 개인마다 씻을 수 없는 상처가 남아서 내 의지하고는 상관없이 끊임없이 일어나 나를 괴롭히는 심리적인 용어인데 아마 모두 알 것이다.

이런 트라우마는 무의식에 남아서 내 이성적인 의식 하고는 상관없이 일어나기 때문에 우리가 현실에서 아무리 말 더듬에 관대하려고 해도 안 되는 것 같다.

난 이것을 흐르지 못하고 막힌 에너지라고 표현하고 싶은데 명상의 알아차림이 이런 무의식에 흐르지 못한 에너지를 뚫어주는 흐르게 해 주는 아주 좋은 기법인 것 같다.

내가 두려워하고 있구나 하고 내 신체에 두려움을 느끼는 부분을 집중해서 알아차리면 정말 뭔가 뻥뻥 뚫리는 경험을 하면서 시원해지는 경험을 많이 했다.

또한 요즘 유튜브에 마음공부니 신경정신과 의사들의 공황장애 치료에 대해 많이 나오는데 나는 말 더듬는 후배들에서 공황장애 쪽 치유기법으로 접근하면 좋을 것이라고 생각한다.

극도의 말 더듬의 비정상적인 공포에서 정상적인 가벼운 창피함을 느끼는 쪽으로 목표로 잡고 훈련하는 것이 좋다.

말 더듬을 정의할 때 나는 말을 더듬을까 봐 극도의 공포를 느끼는 것이 말 더듬이라고 생각한다.

우리는 말을 더듬거나 막힐 때 마치 죽음의 공포를 경험하듯 공포를 경험한다.

　무의식의 쌓인 말 더듬 공포의 흐르지 못한 에너지 흘러보내는 훈련 말 더듬에 내면의 고통을 그저 에너지 흐름으로 생각하고 이 경험을 두려워하지 말자. 무시당하거나 병이 나면 어떨지 누가 죽으면 어떨지 혹은 다른 뭔가가 잘못되면 어떻게 해야 할지 두려워할 필요가 없다. 실제로 일어나지 않고 있는 일을 피하느라 평생을 보낼 수는 없다.

　말 더듬의 고통을 느낄 때 그것을 하나의 그저 에너지로 바라보라. 이 내부의 경험들을 가슴을 지나가는, 의식의 눈앞을 지나가는 에너지로 바라보라. 그러고는 이완하라.
　움츠러 닫는 것과 반대의 일을 하라. 긴장과 고통이 있는 바로 그 자리에 기꺼이 있을 수 있어야 한다.

　고통을 피하지 않고 고통의 층을 통과하는 것 이것이 말 더듬의 구속에서 해방되는 핵심이다. 의식적으로 고통을 경험하는 것, 이런 방법이 주효했다.

　상처받은 치유자라는 말이 있다. 내가 참으로 좋아하는 구절이다. 상처받은 사람이 상처받은 사람을 이해할 수 있고 치유할 수 있다. 말 더듬이라는 나만의 십자가를 짊어지고 험한 광야를 걸어왔다. 지금도 걸어가고 있는 중인지도 모르겠다.

지금 말 더듬으로 인해 한창 고통받고 있는 후배님들에게 나를 보고 힘내라고 말하고 싶지 않다. 그 고통이 너무나 크기에 감히 이런 알량한 말로 후배님들에게 위로해 주고 싶지도 않다.

철저히 심리적으로 접근한 나는 말을 더듬지 않는 나를 보고 더듬지 않으려고만 하는 그 노력 자체가 오히려 후배님들의 말 더듬을 악화시킬까 두렵기도 하다.

말을 절대 더듬지 않는다가 아닌 말을 더듬어도 된다는 마인드를 키우는 것 그리고 말 더듬이라는 비합리적인 공포와 두려움을 경험하는 것 이것이 말 더듬 치유의 시작이라고 생각한다.

7. 말 더듬 치유에 영향을 준 책과 방법

- 에크하르트 톨레 : 삶으로 다시 떠오르기 / 고요함의 지혜 / 지금 이 순간을 살아라
- 페마초드론 : 모든 것이 산산이 무너질 때
- 김주환 : 내면 소통
- 마이클싱어 : 상처받지 않은 영혼(목차 중에 고통의 층 넘어가기라는

부분이 제일 와닿았다)
- 명상 : 알아차림 명상 / 위빠싸나 명상
- 법상스님 : 목탁 소리 등

8. 옛날 내가 쓴 글들

1) 버림받음=상실=죽음=고독의 감정 에너지는 항상 존재한다

감정 에너지를 느낄 때 가장 거부감을 느끼는 것이 버림받음의 에너지이다. 맛보기 상당히 혐오스러운 에너지이다.

그러나 싫을수록 그 에너지의 기운은 강력하다. 자잘한 에너지를 느껴줄 때보다 이런 상실의 에너지를 맛보는 것이 좋다.

많은 시나 다양한 문학작품의 소재가 바로 버림받음이다. 흔히 고독이라고 표현을 많이 한다. 요즘 기독교 관련 책을 읽어봐도 고독하라는 메시지가 많이 눈에 띈다.

사랑이나 이별 헤어짐 등의 많은 인간사의 원천에너지가 버림받음이다. 우리의 고민인 말 막힘 공포도 양파껍질을 벗기면 죽음=버림받음의 에너지다. 맘 공부가 진전될수록 아주 친숙해주는 화두 또한 죽음의 에너지이다.

가만히 보면 버림받음은 항상 일어난다.

숨을 쉬고 내쉬는 것이 바로 죽음이다.

맘 공부하는 사람들의 착각이 아주 편안한 상태를 지향하는 데 아니다.

모든 감정을 거부하지 않고 저항하지 않고 경험할 수 있는 프로세스를 구축하는 것이 맘 공부다.

태어남 자체가 버림받음이고 삶 자체가 버림받음이다.

숨을 쉬는 것이 탄생이고 내뱉을 때 죽음이다.

인간의 세포도 몇 달이 지나면 다 새롭게 바뀐다고 한다.

지금 이 순간에도 탄생과 죽음은 동시에 일어나고 있는 것이다.

이런 에너지를 거부하고 저항하는 것이 인간사고 우리들의 문제이다.

상실과 고독, 버림받음의 감정과 친숙해야 한다.

이것을 없애는 것이 아니다.

부활하기 위해 죽어야 하듯 죽음이 곧 탄생이다.

맘 공부의 하이라이트는 바로 이 버림받음의 에너지에 있다.

신은 아마 사람이 가장 싫어하는 감정이 버림받음 속에 심연으로 존재하러 들어가는 문을 숨겨놓았다.

세속적인 무너짐은 맘 공부 레벨에선 아주 엄청난 기회이다.

작게는 말 더듬어서 입는 피해가 곧 엄청난 기회이다.

예기 공포와 자학 등의 일련의 감정은 완전 대박 나는 보물덩어리 에너지이다.

노천광산이라고 들어봤는가?

땅속 깊이 안 파도 바로 석탄을 캐는, 예기 공포와 공황이 등이 바로 이것이다.

맘 공부하는 사람들은 엄청난 것이다.
노이로제 없는 사람들이 쥐어짜야만 만나는 무의식의 에너지 덩어리들을 가만히 앉아서 맛볼 수 있으니. 샘물 솟듯 끊임없이 넘쳐나는 예기 공포는 그냥 긁어 담을 수 있는 노다지광산이다.

우리는 맘 공부 욕심이 과한 사람들이다.
그래서 이 생에 태어날 때 바로 이러한 모습으로 태어난 것이다.

2) 글을 올리면 사실 가장 큰 이익은 바로 나 자신입니다.

글 쓰면서 정리되고 체계화시킬 수 있거든요.
요즘 읽는 책은 "모든 것이 산산이 무너질 때"입니다.
아주 좋습니다. 인연되시는 분들 한번 읽어보시길.
10년 전에 나온 책인데 원서로 구입해서 읽을까 생각하고 있습니다. 영어 공부도 할 겸. 요즘 영어 공부에 정진하고 있습니다.

외국계 회사인데도 불구하고 영어를 못하는 것이 아쉬웠는데 맘속 깊은 곳에 열망을 끄집어내어 열공하고 있습니다.

사람 성격이 변했기는 변했습니다. 억압된 에너지를 만나는 것은 고통스러운 만큼 많은 것을 얻습니다. 나쁘다고 생각되어진 에너지일수록 사실 진국인 에너지가 대부분입니다. 날카로운 창끝에 기댈수록 에너지 흐름을 원활히 할 수 있습니다.

사실 죽음은 항상 일어나고 있습니다.

들이쉬고 내뱉는데 속에서도 헤어짐 속에서도 등등.

우리가 공황의 정점에 가장 강력한 죽음의 에너지와 연결되어 있지만 좀 더 들어가 보면 하루 24시간 365일 항상 죽음과 탄생은 동시에 진행되고 있습니다.

소위 우리가 싫어하는 부정적인 감정이나 일들의 원조는 죽음이면서 또 하나의 자연스러운 에너지입니다.

맘 공부하면서 함정에 빠지기 쉬운 것이 진도 나가다 보면 아주 편안한 상태를 자주 맛보는데 이게 궁극적인 모습이라고 착각할 수 있습니다. 이것을 깨닫는 데 몇 년 걸린 것 같습니다.

사실 인생이란 좋은 것은 취하고 나쁜 것은 버리는 에너지 편식의 일년이기도 하지요. 조물주가 인간이 가장 접근하기 싫은 두려움 속에 많은 것을 숨겨놓은 것 같습니다.

인문학 서적을 많이 읽을수록 맘 공부에도 아주 좋습니다.

베스트셀러란 인간의 가장 깊숙한 곳의 희로애락의 감정을 끄집어내는 탁월한 책이 인기가 많습니다.

영화나 드라마도 마찬가지입니다.

눈물 자아내는 슬픈 영화나 무서운 공포영화도 좋습니다.
맘 공부와 일맥상통합니다.
두서없이 썼습니다.

3) 제가 요즘 젤로 좋아하는 글귀입니다.

읽을 때마다 씹는 맛이 틀린 점점 진한 국물이 우러나듯 하는 글입니다.
삶은 언제나 불확실하다.
내 삶이 어떻게 될지는 아무도 모른다.
늘 불안정하고, 불안하며, 심지어 위험하기까지 하다.
그러나 역설적이게도 그렇기 때문에 삶은 아름답다.

삶이 안전하고 확실하게 정해져 있고, 안정적인 분명한 미래가 보장되어 있다면 그 삶은 얼마나 생기를 잃고 말 것인가. 그런 삶은 언뜻 보기에는 안정되어 보이고 행복해 보이겠지만 그런 삶을 사는 자는 나약하고 속박되어 있으며 틀에 박혀있고 생기가 없다.

모든 것이 정해져 있고, 그것도 확실하게 보장되어 있다면 거기에 나만의 자유의지를 펼칠 공간이 없다. 확실한 삶에 틀어박히고 구속된 채 자유를 잃고 헤맬 수밖에 없다. 그런 삶은 얼마나 희뿌옇고 재미없는가.

내일 무슨 일이 일어날지, 한 달 뒤, 일 년 뒤, 십 년 뒤 먼 미래에 무슨 일이 일어날지 분명하게 알 수 있다면 그것처럼 따분하고 기계적인 맹숭맹숭한 삶이 또 있을까. 그것은 삶이 아니다. 그저 기계의 움직임일 뿐.

그것이 아무리 부유한 미래일지라도 그것은 구속이요 속박이다.
돈과 재물로 가득 찬 부유한 노후라고 할지라도 지혜로운 사람이라면 그런 삶에 그다지 매력을 느끼지 못할 것이다. 아니 어쩌면 그런 삶에 지쳐 미쳐버릴지도 모른다.

불확실한 미래를 걱정하고, 노후를 준비하려 들지 말라. 내 삶의 미래며 노후는 불확실하고 불안정하기 때문에 아름다운 것이다.
가장 분명하고 알찬 미래며 노후 준비는 오직 지금 이 순간에 주어진 삶을 온전하게 받아들이고 살아내는 일이다.
노후 자금을 은행에 넣어두는 일보다 더 중요한 것은 바로 지금 이 순간에 깨어있는 삶으로써 시공의 법계에 무량한 공덕을 저축하는 일이다.

삶은 불확실하기 때문에, 불안정하기 때문에 아름답다.
단 한 순간의 미래도 보장되어 있지 않고 언제나 변하기 때문에 경이롭다. 우리는 그 불확실한 흐름을 거스르지 않고 그 흐름에 나를 얹어놓은 채 다만 따라 흐를 수 있을 뿐이다. 물론 불확실하고 정해진 바가 없다면 불안할 수는 있다. 그러나 불안을 두려워하지 말라. 내 삶에서 때때로 마주하게 될 혼란과 위험을 거부하지 말라.

　삶이라는 것은 우리 생각처럼 그렇게 좋은 일만 일어나는 곳은 아니다. 내가 원하는 일만 일어나는 곳이 아니다. 원하는 대로 다하며 살 수 있는 사람도 없고 그런 삶도 없다. 좋은 일만 일어나며, 원하는 대로 다 하고 살 수 있는 인생이 있다면 그 인생처럼 따분하고 심심하며 불행한 삶은 없을 것이다. 그런 삶에는 생기가 없고 지혜가 없으며 자유가 없다.

　삶은 누구에게나 때로는 힘겹고 때로는 눈물겹다.
　삶의 모퉁이에서 역경을, 위험을, 좌절을 만나게 된다면 호흡을 가다듬고 반짝이는 눈으로 눈부시게 지켜보라. 혼란스런 삶도 깊이 바라보면 눈부시게 빛난다.
　또 때로는 극단적인 좌절과 혼란이 도리어 저 반대편의 극적인 기쁨이 되는 수도 있다.

　최악의 상황에서 인생을 포기하려고 하던 사람들의 기도를 본 적이, 들은 적이 있는가. 인생의 최저의 나락에 빠진 이들일수록 그것에서 빠져나오려는 에너지는 최고조에 달한다. 그리고 그 에너지는 단번에 그 상황을 바꾸어 놓을 수도 있다.

　극과 극은 언제나 가깝다. 그 둘은 서로 다른 극단이 아니라 다만 에너지의 다른 흐름일 뿐이다. 에너지의 흐름만 살짝 바꾸어 놓는 순간 그 삶은 경이로운 반전이 시작된다. 그렇기에 최악의 괴로운 삶은 곧 최고의 행복과 가깝다. 그 둘은 극단의 먼발치가 아니라 어깨동무를 하고 있는 길벗이다. 살짝 고개만 돌리면 언제나 눈빛을 나눌 수 있다.

사랑을 시작했다면 그 이면에 증오를 또한 시작하고 있는 것이며, 크게 성공할수록 크게 실패할 가능성도 안고 있는 것이고, 삶에 대한 욕구가 클수록 죽음에 대한 고통 또한 클 수밖에 없는 것이다.

그러나 사랑을 놓아버릴 때 증오 또한 놓이며, 성공에 대한 욕구를 놓아버릴 때 실패의 두려움도 사라지고, 삶에 대한 집착을 놓아버릴 때 죽음에 대한 괴로움도 사라지는 것과 같다.

이처럼 극과 극은 언제나 함께 길을 걷고 있다.

인생이 자꾸만 꼬이고, 괴롭고, 답답하다고?
인생에서 지금이 최악의 순간이라고?
괴로운 일들이 몇 가지고 겹쳐서 나를 미치게 한다고?
잘 되었다. 지금이 바로 삶의 경이로운 반전이 시작될 시점이다.
내 생에 가장 큰 공부가 곧 시작될 것이니, 정신을 바짝 차리고 주의 깊게 삶을 지켜보라.

'이럴 때 도대체 어떻게 해야 하느냐'고 고민하지 말고 주의 깊게 마음을 지켜보기만 하라.

지켜보는 관조가 예민해지고 깊어지는 순간 마음의 메시지를 들을 수도 있을 것이고, 혹은 불현듯 어떤 생각이 떠오를 수도 있을 것이다.

기도를 하고 싶을 수도 있고, 절을 하고 싶을 수도 있고, 아니면 무언가를 저질러 볼까 하는 생각이 일어날 수도 있다.

그렇다면 다만 그것을 하라.

주의 깊게 지켜보면서 다만 그것을 해보라.

운이 좋다면 삶의 엄청난 기적이 일어나는 순간을 놓치지 않고 알아챌 수도 있다.

언제나 그렇듯 기적은 아주 사소하게 우리 삶에 등장한다.

진리도 그렇고, 변화도 그렇고, 깨달음도 그렇고, 언제나 정점을 지나는 일은 놀라울 만큼 조용하고 차분하고 미세하게 다가온다.

아니 어쩌면 지금까지 우리 삶에 엄청난 진리가, 부처가, 신이 봄바람이 불 듯 그렇게 살며시 왔다가 살며시 몇 번이고 우리 존재를 스쳤을 터다.

그렇기 때문에 아주 깊은 관찰로 삶을 지켜보아야 놓치지 않을 수 있다.

이처럼 삶의 역경과 혼란을 타고 진리는 온다. 삶이 비탈진 내리막에서 뒤집혀 막 내동댕이쳐지고 있을 때 도리어 삶의 획기적인 변화가 소리 없이 찾아온다.

이처럼 불안과 혼란과 위험과 역경은 모두 우리를 더욱더 내면 깊은 곳에 뿌리내리게 하고, 존재의 깊은 심연에 이르게 해 주는 영적인 동반자요 도반 같은 것이다.

그것들이 없다면, 그래서 세상일들이 원하는 대로 순탄하게만 펼쳐진다면 그때부터 우리의 삶은 중심을 잃고 헤매게 될 것이다.

역경이 없고 순경만 있는 삶이란 그것이 곧 가장 큰 역경이다.

우리의 삶이 역경과 순경, 편안과 불안, 긴장과 이완이 반복된다는 것은 여간 감사한 일이 아니다. 또한 여간 당연한 일이 아니다.

그것이 삶의 속성이요, 진리의 모습이다.

우리는 다만 그것을 있는 그대로 받아들이면 된다.

좋고 싫게 받아들이고, 집착과 미움으로 받아들일 것이 아니라 다만 오면 오는 대로, 가면 가는 대로 그저 받아들이면 된다.

그러지 않고 불안과 위험을 버리려 애쓰고, 행복과 편안과 순탄한 삶만을 바라기 위해 애쓴다면 그때부터 삶은 그대를 외면하고 심지어 파멸시켜 버릴 것이다. 그런 사람은 삶을 온전하게 살아낼 수가 없다.

온전한 삶이 그대를 비켜 가기 때문이다.

삶을 조종하려 들지 말라.
삶을 내 방식대로 통제하려 들지 말라.
내가 원하는 삶만을 살고자 애쓰지 말라.

그런 삶은 없다.

그렇기에 그런 삶을 추구하는 사람에게 삶은 컴컴한 어둠 속이다.

내 앞에 일어나는 삶을 아무런 조건 없이 받아들이라.

좋고 나쁜 것을 분별하여 선택적으로 받아들이지 말고, 전체적으로 통째로 받아들이고 환영하며 감사하라.

삶을 조종하려는 자는 삶을 살 수 없다.

자기가 좋아하는 일들만이 일어나기를 바라는 자는 삶을 살 의지를 포기한 것일 뿐이다. 그런 자는 삶을 살아갈 아무 이유가 없다.

안정적이고 평탄한 삶을 추구하려는 생각이 모든 화를 부른다. 순탄한 삶만을 바라는 생각이 도리어 순탄하지 못한 삶을 만들어 낸다. '이런 삶'을 살아야 한다고 고정적으로 정해 놓은 생각이 많을수록 '그런 삶'과는 점점 더 멀어지고 만다.

'이러이러한 삶'을 살아야겠다는 그 모든 생각을 놓아버릴 때 삶은 저절로 삶 그 본연의 길을 걷게 된다.

편안함을 갈구할수록 더욱 불편해지고, 안정을 갈구할수록 삶은 더욱 불안해진다. 편안, 안정에 대한 욕구를 놓아버릴 때 삶은 순조롭다.

이 세상의 근본 이치는 언제나 변한다는 제행무상의 이치와 고정된 것,

확정적인 것은 아무것도 없다는 제법 무아의 이치를 따른다.

또한 그러므로 삶이란 언제나 불안전하고 불안정하며 괴로울 수밖에 없다는 일체개고의 이치에 기초하고 있다.

그것이 삶의 기본 원칙이며 이치이다.

그런데 사람들은 그 기초를 거스르려 애쓴다.

불안정하고 불확실하며 끊임없이 변하는 세상을 살면서, 안정적이고 확실하며 불변하는 미래를 꿈꾼다.

그러나 그런 것은 어디까지는 꿈이고 환영이며 억지일 뿐, 그런 것은 없다. 없는 것을 찾아 나서 봐야 찾을 수 있는 것은 없다.

삶을 전체적으로 받아들이라.

삶의 불확실성과 불안정성을 있는 그대로 수용하고 인정하라.

그랬을 때 삶은 아름답다.

아니 사실은 불안하고 불안정하며 삶의 곳곳에 내재한 위험과 혼돈이 있기 때문에 삶은 경이롭고 찬연히 빛날 수 있는 것이다.

도대체 알 수 없는 삶의 복잡성과 혼란과 어느 때고 쉴 사이 없이 불쑥불쑥 튀어나오는 위험과 근심과 역경들, 그것들이야말로 우리 삶에 가장 필요한 요소다. 그런 도전들이 없다면 우리 삶은 얼마나 피폐하고 나약해지고 말 것인가.

삶은 언뜻 보면 혼란스러워 보일지 모르지만 본질적인 진리의 관점에서 본다면 그 모든 혼돈은 혼돈이 아니라 한 치의 오차도 없는 조화로운 인연의 화합이요, 진리의 드러남이다.

혼란스럽게 보이는 모든 삶에는, 그것이 아무리 하찮은 것일지라도, 우리가 알지 못하는 분명한 신의 메시지, 붓다의 뜻이 담겨있다.

마음을 편안하게 가지라.

느긋하게 삶의 혼란을 즐기라.

아수라장처럼, 난장판같이 튀어나오는 삶의 모든 위험을 그저 한 발자국 떨어져 가만히 지켜보라.

다가오는 삶을 전체적으로 느끼고 만끽하고 수용하라.

그리고 그 모든 삶에 감사하라.

이렇게 될 수도 있고, 저렇게 될 수도 있으며, 이것이 될 수도 있고, 저것이 될 수도 있는 모든 가능성이 열려 있는 삶이란 얼마나 생기로우며 아름다운가.

4) 당신은 생각이 아니라 생각을 지켜보는 자다.

당신은 감정이 아니라 감정을 지켜보는 자이며, 욕망이 아니라 욕망을 지켜보는 자다. 또한 당신은 몸이 아니라 몸을 지켜보는 자이다. 몸을, 생각을, 감정을, 욕망을 나와 동일시하지 말고 떨어져 나와 지켜보라.

생각이 만들어내는 온갖 고통들, 문제들, 판단과 느낌들, 그로 인해 괴로워진다면 재빨리 질문해 보라. '이것이 생각이 만들어 낸 것은 아닌가?' 하고. 만약 생각이 만들어 낸 것이라면 그저 가볍게 미소를 짓고 거기에서 끝내버리라. 그것은 전혀 실체가 아니니. 그게 바로 생각의 특성일 뿐이다. 생각은 끊임없이 괴로울 거리들을 찾아내어 나를 못살게 군다. 그리고 우린 그 생각이 나라고 착각하여 생각이 괴로우면 나도 괴롭다고 여기는 것이다. 생각이 만들어낸 그 어떤 고통에도 속지 말라. 그건 가짜다. 하루 6만여 개의 생각들이 끊임없이 나를 공격해 오겠지만, 그저 가볍게 웃어넘기라. 한 발자국 떨어져서 생각이 지껄여 대는 무수한 더미들을 그저 지켜보는 것으로 충분하다.

생각하는 나는 진짜배기 내가 아니다. 생각을 써먹으며 살되 생각에 지배되지는 말라. 생각이 일어날 때 재빨리 알아채라. '이것은 내가 아니야'라고. 생각에서 떨어져 생각을 지켜보기 시작하는 순간, 깨어남은 시작된다.

5) 흘러 보내기

사람에 따라 틀리겠지만 우리 말 고민하는 사람들은 예기 공포는 끊임없이 계속 일어난다.
　다만 일어났을 때 흘러보낼 수 있으면 된다….

흘려보낼 수 있는 내공이 깊어질수록 말 막힘 공포에 점점 무뎌진다. 얇아진다….

예기 공포가 일어나는 것은 내외적인 자극에 대한 우리 무의식의 자동적인 반응이라 막을 수 없다.

일어나는 것에 신경 쓰지 말고 일어났을 때 흘려보내는 내공을 쌓아야 한다.

큰맘 공부는 하루에 정기적인 시간을 갖고 무의식 심연 깊이 쌓여 있는 억압된 감정을 어느 방법이 되었든 의식화시켜 흐르게 한다….

(무의식을 컨트롤하는 테크닉을 익혀야 한다. 어떤 것이 되었든 간에….)

평상시 맘 공부는 일어났을 때 흐르게 하는 것.

시간이 갈수록 점점 얇어지고 무관심해진다.

말 더듬 허용은 맘 공부 차원에서 말하자면 예기 공포나 자학 등을 허용하는 것이다.

즉 공황을 허용하되 그것에 연연하지 않는 즉 흐르게 하는 것이다. 이 차원까지 가면 감히 완치라고 할 수도 있을 것. 더듬지 않는 것이 아닌 더듬는 것을 흘려보내는 것.

6) 공지영의 글을 읽고서

공지영의 글은 다 좋다. 소설이건 산문이건.
넘 감정표현을 소설쟁이답게 와닿게 쓴다.
사랑이나 이별이 되었든 읽는 나에게도 가슴을 후벼판다.
한장 한장 읽고 보면 어느새 내 눈가에 눈물이 맺힐 때가 있고 너무 가슴이 아려 정말 미칠 때가 있다.
평범한 사람들 얘기인데 그 속에는 진한 감동이 있다.
느끼기도 이와 같다.
우리는 주로 공포인데 그것을 느껴주면 된다.
너무 간단하지만 그것이 진리다.
공포를 경험하지 않으려다 더 커졌지만.
어찌 보면 우리 잘못 아닌 잘못이다….
사람 사는 문화 자체가 금기 그 자체니깐.
그러나 조금 맘속을 들여다보면 내외부자 극에 나의 무의식이 맞장구치는 한바탕의 놀이마당이 우리들의 맘속 풍경이다.
한마디도 더듬지 않고 공포를 느껴서는 절대 안 된다는 우리들의 무의식적인 자동적인 습관을 관해야 한다.
관하면 곰팡이 햇빛에 사라지듯 어느덧 거기서 내성이 길러지는 내 모습을 보게 된다.
더듬어서 피해 보는 것은 어느 정도 감수해야 한다.

정말 싫지만 어떡하냐.

말 막힘 공포는 분명 세속에선 비정상이니깐.

모든 사람들이 나를 좋아해야 하는 것도 말도 안 되는 발상이다.

내성을 길러야 한다.

말 막힘이라는 나의 현상을 받아들일 수 있는 맷집을 기르는 것이다.

더듬는다고 죽지 않는다.

너무 오바하는 것이 우리들의 문제다.

작게부터 말 막힘을 허용하자.

말 막힘으로 인해 힘든 것도 사실이니깐.

힘든 것을 받아들이는 것이 내성을 키우는 것이다.

정말 우리는 일반 사람들이 평생 몇 번 느끼는 공포를 하루에 수백 번도 더 경험한다.

말할 때마다 어찌 보면 대단한 삶이다.

그런 불안과 공포를 견디며 사는 것이 참 대견스럽다….

일반 사람들은 상상도 못 할 것이다.

홧팅.

7) 말 막힘 공포의 정점=블랙홀=공황.

보통 사람들이 이런 공황적인 상황을 특수한 경우 즉, 생명의 위협을 받을 때나 직장을 잃었거나 가까운 사람의 죽음 등에서 경험하는 반면 우리는 하루에도 수십 번 수백 번씩 경험한다.

세속적인 관점에선 참으로 기구한 팔자다.

그러니 항상 불안 공포에 질려 있고 주눅 들어 있다.

타인의 얘기가 귀에 안 들어온다.

당연한 얘기지만.

지독히도 말 막힐 때 불안 공포가 따라온다.

그리고 엄청난 자괴감.

유창성 방향에서는 말을 잘하는 방법을 하지만 맘 공부에서는 그 반대다. 주구장창 글을 쓰지만 성인 말 더듬은 이제는 말 더듬 용어는 쓰지 않겠다. 말 막힘 공포를 가진 우리는 막혔을 때 공포를 덜 느끼는 쪽으로 가야 한다.

어느 방법이 되었건 간에.

여기서 치료의 기준은 말을 잘하는 것이 아니다.

얼마나 말막힐 때 공포를 덜 느끼느냐이다.

10여 년 넘게 우리 말 막힘 공포를 가진 동지를 많이 만나왔는데.

겉으로 보기에 심하지 않은 사람들은 제자리걸음이거나 더 심해진 사람도 있고 눈으로 보기에도 대화가 안 되는 동지들이 아주 많이 좋아졌다.

물론 현상적인 말하는 유창성에서 말하는 것이다.

그 이유는 뻔하지 않은가?

더듬는 현상이 깊으니 숨길 것도 없으니깐.

더듬으면 사회적으로 쌓은 수많은 유무형적인 자산을 잃는다는 공포가 우리를 옥죄게 한다. 그리고 사실 맞기도 하고….

누가 더듬는 우리를 좋아하는가?
장애 아닌 장애로 보는데 그래서 힘들다.
그래서 많은 동지들이 유창성 쪽으로 접근한다.
물론 어느 정도 효과 있다.
사회생활 하면서 덜 피해당하면서 생활할 수 있을 정도로 되기도 한다. 완치보다 사회생활 하는 데 지장이 없는 것이 목표라면 맘 공부를 기본으로 하고 유창성을 하면 좋을 것 같다.

아주 공포 상황에서는 유창성이 먹히지도 않겠지만 적당히 믹스해서 하면 도움이 상당히 될 것이다.
나도 지금도 순간적으로 막힐 때는 유창성을 쓴다.
그러다 안되면 버벅대거나 마는 것이고.
나오거나 말거나. 그리고 사실 이것이 완치다.

8) 자기의 가장 못난 부분을 받아들이는 것은 참 힘들다.

특히 사회적으로 비정상이라고 낙인찍힌 우리의 말 공포를.
그래서 심리 쪽 접근은 힘들다.

그러나 성인 말 공포는 말을 더듬지 않으려고 발버둥 치다 더듬는 것이다. 뒤틀린 말 더듬 핵심은 힘들 때 얼마나 자연스럽게 더듬을 수 있을까 불가능한 목표를 설정치 말자.

누군들 말 잘하고 싶지 않겠냐만 이미 수십 년 말 공포로 몸에 밴 우리가 안더듬었던 사람처럼 되는 것은 아주 어렵다.

기준치를 낮추자.

예기 공포가 오면 반갑게 맞아주고 공포의 정점에선 몸이 얼어붙어 도저히 말을 잘할 수가 없다.

그냥 버벅대면서 말하자.

남이 우리 모습 보고 웃으면 같이 웃고 열받으면 열받아야지 뭐 어떻게 하냐 이렇게 된 것을.

바늘구멍이라도 말 더듬을 허용하자.

조금이라도.

조금이라도.

말 더듬이 아니라 말 더듬 공포다.

말을 더듬는 것이 무서운 것이다.

말 더듬을 점점 덜 무섭게 하는 방향으로.

덜 창피하게 덜 두렵게.

더듬을 수 있는 자신감.

더듬을 수 있는 그릇.

공포를 막는 것에 초점 맞추지 말고 공포가 왔을 때 녹이는 것에.

공포를 받아들일 수 있는 그릇을.

소리에 놀라지 않는 사자처럼
진흙에 물들지 않는 연꽃처럼

I can do it , I can stuter.

9) 호랑이 굴에 들어가야 호랑이를 잡듯이 말 더듬도 어찌 보면 똑같다.

그냥 더듬으면 된다.
그러나 더듬으면 비정상적으로 생각하는 것이 세상사의 이치 때문에 안 더듬으려고 하다가 더듬는 병으로 발전한다.
지켜본다.
그냥 더듬는 상황을 지켜보면 된다.
저항하고 안 더듬으려고 하는 모든 정신적, 신체적 반응을 지켜보기만 하면 된다.
그러나 지켜보는 것이 말이 쉽지 잘 안된다.
정말 안된다.
더듬으면 피해 보고 조롱받는 것이 사실이니깐.
좋은 방법이 있다.
조용한 데서 상상 속에 하는 방법이다.

내가 가장 무섭고 접하는 싫은 상황을 설정한 후 머릿속에서 그 상황을 직접 부딪쳐 보라.

지켜보는 방법은 여기 사이트나 여기저기 많은 방법들이 있으니 맘에 드는 것 하나 선택해서 해라.

핵심은 더듬는 것을 안 더듬는 것이 아니다.

더듬을 때 그 모든 상황을 그냥 받아들이는 것이다.

떨리고 망신당하고 피해를 입는 하여튼 모든 상황을 머릿속, 몸속에서 그냥 받아들이는 것이다.

몸에 어디가 경직되는지.

호흡 상태는 어떤지.

머릿속에 무슨 생각이 떠오르는지.

뭉친 에너지는 지켜보기만 하면 바로 풀린다.

미세하고 작은 덩어리부터 점점 큰 덩어리까지.

익숙해지면 하면 할수록 시원하고 편안함을 느낀다.

가을 하늘 구름 한 점 없이 푸르른 시원한 기분이 느껴진다.

예기 공포는 뭉쳐진 에너지 덩어리가 흐르기 위해 현실로 나오는 것이다.

어찌 보면 아주 좋은 것이다.

풀기 위해 나오는 것이니.

그래서 더듬으라고 하는 것이다.

더듬는 것은 에너지를 흐르게 하는 것이기 때문에 초기 아동 말 더듬은 그냥 더듬게 편안하게 더듬게 놔두면 치료된다.

상상 속에서 어느 정도 익숙해지면 현실에서 하나하나 도전하는 것이다.

여기서 어느 정도 익숙해지면 말이 잘 나오는 유창성 기법을 써라.

아무거나 맘에 드는 방법을 택해서 하면 된다.

사실 이 정도까지 오면 유창성이고 뭐고 쓰지도 않지만, 말 더듬은 현실에서 비정상적이고 피해 입는 것이 사실이니깐 더듬지 않아야 하는 상황에선 써라.

이런 심리요법을 병행하지 않으면 말 더듬 완치는 없다.

어느 정도 완화되는 것은 있어도.

그리고 한두 달 만에 뚝딱대는 것이 아니니 현재 하고 있는 일들 공부면 공부 일이면 일들 열심히 하면서 말 더듬도 고치세요.

10) 두려움의 고통을 아파하기

두려움을 수용하는 데는 고통이 수반된다.

마치 고슴도치를 품에 안듯 무의식 속에 억눌렸던 두려움이 올라올 때마다 가슴에 고슴도치를 점점 꽉 힘을 주어 안듯 고통스럽고 아프다.

말 더듬이란 용어를 쓰지 말자.

이 용어 자체가 치유를 방해한다.

말 더듬은 최말단의 증상일 뿐.

두려움은 고통스럽고 아프다.

말 그대로 두려움은 두렵다.

피하고 싶고 도망가고 싶다.

피하고 도망가서 두려움이 해소되는 것이 아니다.

예수가 십자가를 져 해방되듯 두려움이란 고통의 십자가를 온몸으로 아파해야 한다.

병을 앓아야 하듯 두려움의 아픔을 경험해야 한다….

11) 말 더듬 고치는 법

오랜만에 사기 한번 치고 싶은 욕망에.

말이 막힐 때.

말을 더듬거려서 어쩔 줄 몰라 엄청난 공포와 당황 속에 있을 때.

사람들이 비웃고 수군거리고 손가락질할 때.

나는 이 상황에 얼마 동안 머무를 수 있을까….

핵심은 그 상황을 벗어나 평온한 상태를 만드는 것이 아닌
그 괴롭고 피하고 싶은 상황에 머무는 것이다….
그 상황을 지켜보며 받아들이는 것이다.

말이 막히는 그 순간에 고통의 중심으로 중심으로 그 중심으로 한 걸음 한 걸음 들어가라.
극도의 태풍이 몰아치는 그 중심으로 나 자신을 걷게 하라.

그 극도의 공포의 정점에 머물러라….

공포의 정점에 머무르면 머무를수록 말 막힘의 껍데기가 벗겨지는 것을 느낀다.

그 짜릿짜릿한 그 느낌.
정점에 섰을 때 홀가분한 기분….

내가 이때까지 허깨비를 붙잡고 싸웠다는 것은 정점을 경험하지 않으면 모른다.

그것은 지식으로 이해될 수 없다….
경험해라.
체험하라.

다시 한번 말하면 핵심은 말 막힘을 없애는 것이 아니다.
불안과 공포를 평안으로 만드는 것이 아니다.
저항하는 것이 아니다.

그 말 막힘과 불안과 공포를 의식적으로 경험하는 것이다.
저항하는 것이 아닌 경험하는 것이다.

흠뻑 경험하고 느껴봐라.
머릿속에 일어나는 온갖 최악의 상상을 받아들여라.

가장 좋아하는 사람에게 버림받고.
회사에서 잘리고 망신당하고.
손가락질당하고.

더 나아가 이러한 일들을 당하고 싶지 않다는, 도망가고 싶다는, 피하고 싶다는 생각까지도 받아들이고 수용하라.

경험해라.

소나기를 흠뻑 맞듯.

온전히 경험하라.

좋은 주말 보내세요.

오랜만에 사기 치니 유쾌하다.

12) 말 더듬 고치는 법2

두 번째 사기!!

흔히 말 더듬을 고친 다음의 모습에 대해 상당히 궁금해할 것이다. 수많은 대중 앞에서도 더듬지 않고 당당하게 유창하게 얘기하는 모습을 상상할 것이다.

음. 그럴 수도 있다.

이 글을 쓰는 자칭 완치자인 나도 회사의 회의 석상이나 고객사의 임원들 앞에서 PT나 1년에 한두 번 있는 워크 에서 수백 명 앞에서 자기소개와 팀 소개를 비교적 유창하게 하니깐.

그러나 완치의 정확한 모습은 더듬지 않는 것이 아니다.
오히려 그 반대인 더듬을 수 있다는 것이다.

정상인들과 말 더듬인 우리들의 차이점은 무엇인가?
더듬는 것과 안 더듬는 것인가?
이것은 현상적인 모습이고 한 껍질 벗겨보면 더듬었을 때의 반응이다.

많은 대중 앞에서 여유있고 당당하게 말을 잘 할 수 있는 사람이 몇이나 될까마는 흔히 정상인들은 어쩌다 더듬어도 그냥 넘어간다. 어려운 자리이니깐 흥분하고 더듬는 것을 자연스럽게 생각한다.
그러나 우리는 엄청난 극도의 공포감에 벌벌 떨면서 심한 자책감에 젖어 든다.

즉 더듬고 안 더듬고의 차이가 아니라 더듬었을 때의 반응이며 해석이다.

그냥 대수롭지 않게 지나가느냐.
우리같이 호들갑 떨며 지랄하느냐.

그럼 이 글을 쓰는 자칭 완치자인 나는 어떠냐?
유창한 말빨로 더듬지 않고 항상 자신 있게 말하냐?

음. 참으로 어려운 말이다.

한마디로 말하면 이젠 유창하다.
주위에서 내가 가끔 말 더듬으로 고생했다고 하면 믿지를 않는다.

그러나 가끔 긴장될 때 막힌다 더듬는다.
그러나 막히고 더듬는다고 이젠 자학하지 않는다.
그러나 자연스럽게 흘러 넘긴다.
즉 더듬을 때 더듬을 수 있다.

말 더듬이 어떻게 완치되는지 아는가?

처음엔 한번 더듬으면 한 달이고 두 달이고 계속 되새기며 자학한다. 이것이 마음의 내공이 쌓이면서 한 달이 보름이 되고 다음에 1주일이 되고 3일이 되고 하루가 되고 10시간이 되고 1시간이 되고 30분이 되고 5분이 된다. 5분이 1분이 되고 30초가 되고 10초가 되고 1초가 되고 0.5초가 된다.

말 더듬 습관을 없애고 예방하는 것이 아니다.
더듬었을 때 얼마나 빨리 흘러 넘길 수 있는가.
말 더듬 자체가 일어남이 문제가 아니라 거기에 걸리지 않고 얼마나 빨리 흘려 넘길 수 있는가.

    그물에 걸리지 않는 바람처럼.
    진흙에 물들지 않는 연꽃처럼.

    더듬는 것이 별 두렵지 않다.
    안 더듬는 것이 좋지도 않다.
    그냥 더듬거나 말거나 말에 대해 신경을 안쓴다.

내가 아는 절대 다수의 말 더듬는 우리 동지들의 목표는 말을 더듬지 않고 말하는 것을 목표로 나름대로 피나는 연습을 한다.

    목표를 바꿔보라.
    더듬어도 자연스럽게 흘러버리는 경지를 목표로 정하라.

    정상인들도 아마 앞으로 절대로 더듬어서는 안 된다고 반협박하며 말하라고 하면 100명이면 99명이 긴장되어서 우리처럼 말 더듬이 될 것이다.

    안 더듬고 유창하게 말하는 것이 목표가 아닌 더듬는 것이 극도에 비정상의 공포를 느끼는 것이 아닌 더듬었을 때 자연스럽게 웃으며 넘길 수 있는 것을 목표로 하라.

더듬고 안 더듬고 이 차원을 뛰어넘어 더듬든지 말든지 말자체에 신경을 끄는 것을 목표로 하라.

음. 두번째 사기치니 기분이 좀 묘하다.

13) 말 더듬 고치는 법3

세 번째 사기.

내가 경험한 말 더듬 완치 과정을 돌이켜보면 마치 스님들이 깨달음을 얻기 위한 과정과 넘 유사하다.

자르고 잘라서 요점만 얘기하면 말 더듬을 없애는 것이 아닌 무관심해지는 것이다.

엄청 크게 보였던 것이 점점 작아져 보이는 것.
증상은 옛날이나 지금이나 있지만 해석은 180도 다르다.
절대 더듬어서는 안 된다고 아니라 더듬을 수 있다.

사춘기 때 한창 혈기 왕성할 때 목욕탕을 가면 가끔 거시기가 흥분되어 곤경에 처할 때가 있다.

뜨거운 탕에서 나와야 하는데 흥분이 가라앉지를 않니.

이럴 때 어떻게 하는가.

일부러 딴생각을 하거나 주의를 딴 데로 돌리려고 노력한다.

말 더듬 치료가 어려운 것이 바로 이와 같은 것이다.

아무리 좋은 방법이라 해도 그 자체가 말 더듬에 자꾸 주의를 주어 말 더듬 자체를 강화시킨다.

고치려고 노력하면 할수록 그 노력 자체가 말 더듬을 점점 내재화시킨다.

정상인들은 말을 더듬지 않는 것이 아니라 더듬거나 말거나 우리처럼 과민반응 하지 않는데 있다….

(물론 현상적으로도 우리처럼 더듬지는 않지만…)

말 더듬에 무관심하려는 노력 자체가 말 더듬에 관심을 갖게 하는 것이다.

도 닦는 선사들의 하는 말을 이해하는가???

끊지 않으면서 끊는다.

깨달음을 얻으려면 깨달음을 버려라.

이 말들이 결국은 깨달음은 생각의 범위 밖에 있다는 것인데…
또 어려워진다.

한번 질문해 보라.
왜 더듬지 못하는가?
왜 마음 놓고 더듬지 못하는가?

하루 종일 더듬는데 무슨 말이냐고?
우리가 더듬는 것은 더듬지 않으려고 필사적으로 노력하다 더듬는 뒤틀린 말 더듬이다….

정상인들이 가끔 더듬는 자연스러운 말 더듬과는 다르다.
말 더듬도 격이 있다….
우린 피하려고 발버둥 치다 막혀 버벅대는 뒤틀리고 비정상적인 말 더듬이다.

정반대로 생각하라.
더듬지 않는 방법을 연구하지 말고 어떻게 하면 자연스럽게 더듬을 수 있는지.

말의 유창성은 하나의 부산물이다.

말 더듬의 공포가 줄어들면 줄어들수록 말의 유창성은 증가된다.

뒤틀린 말 더듬이 아니라 어떻게 하면 자연스러운 말 더듬으로 될지 연구하라.

단 1%라도 말 막힘을 말 더듬을 허용하라.

가끔 모임에 나가보면 더듬지 않고 두려워하지 않고 자신감 있고 당당하게 말하는 것을 목표로 연습한다는 사람들을 많이 본다.

음.
그 사람들 만나보면 얼굴 표정이 딱딱하다.
더듬지 않으려고 내면의 불안을 콘크리트로 도배를 한 것 같다.
로보트가 되려는지.

그 사람들 지하철에서 많은 사람들 앞에서 연설하고 노력하는 모습은 사뭇 감격스러운 것을 넘어 눈물겹기까지 하다.

내가 그 사람들의 이 눈물겨운 노력을 평가절하하고 싶지 않다.
그러나 이런 방법은 평생 훈련해야 하고 좀 지나면 소위 재발이니 약발이 떨어진다니 한다.

목표를 수정하라….

사시사철 맑은 날만 있는 것이 아니듯이

여름이 있으면 겨울이 있듯이

자신감과 용기를 인정하듯

불안과 두려움도 인정하라.

자신감과 두려움은 동전의 양면 같은 것이다.

두려움을 없애려고 말고 두려움을 받아들이는 자신감을 키워라.

자신감 있게 두려워하는 것을 목표로 하라.

당당하게 불안해하라.

쓰고 보니 말이 빗나갔다.

오늘 하루도 열심히.

14) 말 더듬 고치는 법4

네 번째 사기를 쳐야 하는데.

산 정상에서 막걸리를 마신 적이 있는가.

땀 뻐질 대며 스스로 다그치며 올라가서 먹는 막걸리 대포 한잔.

이것을 언어로 문자로 표현했을 때 과연 얼마나 타인에게 전달할 수 있을까.

음.

막걸리 맛을 표현하는 것처럼 사기치는 것도 쉽지는 않다.

말 더듬은 더듬는 방법을 알아야 고친다.
더듬어야 완치된다….

이게 왠 x같은 소리냐고?
말 더듬이가 말을 더듬는 방법을 알아야 돼?
어떻게 하면 더듬지 않을까 지금 이 순간도 발성법이니 성격 강화니 x나 열심히 하는데.

내 글을 열심히 읽은 사기 피해자들은 아마 어렴풋이 알리라….
한번 좀 더 깊이 사기 속으로 들어가 보자….

맘공부를 x나 하면 할수록 그 맘의 깊이에 x나게 놀라지만 말 더듬은 즉 말 더듬을 경험하지 않으려는 마음의 의식적 무의식적인 저항이다.
요즘 새로나님이 말 더듬에 대해 좋은 글 많이 올려주셨는데.

저항의 반대말은 뭘까요??

(이왕 당하는 사기 열심히 당해봐라.)

그렇다.

경험이다.

한번 잘 생각해 봐라….

우리의 성인 말 더듬은 더듬지 않으려고 x나 지랄 떨다가 더듬는(말 더듬 자체를 보면 입을 씰룩대거나 막혀 버벅대는 등으로 신체의 다양한 모습으로 나타난다.)

즉, 말 더듬을 경험하지 않으려다 더듬는 것이다….

저항의 다른 말은 회피이다….

상상 속의 말 더듬을 회피하려다 현실에서 더듬는다.

정상인과 더듬는 우리와 차이점은?

안 더듬고 더듬고의 차이인가?

약간만 한 꺼풀만 벗기면 더듬을 수 있고 더듬을 수 없다이다….

이 얼마나 아이러니한 현실인가????

안 더듬는 사람은 더듬을 수 있고 더듬는 우리는 더듬을 수 없다니.

좀 더 세련되게 말하면 말 더듬을 허용할 수 있는 마음과 말 더듬은 절대로 일어나서는 안 되는 마음 차이다.

좀 좀 더 더 세련되게 말하면 말 더듬이 일어나든지 말든지 신경 안 쓰는 마음과 말 더듬이 일어날까 초긴장 상태에서 말 더듬을 사형집행 하는 것처럼 느끼는 마음의 차이랄까.

가만히 맘속을 들여다 봐라.

지금 이 순간에도 우리 마음속에는 절대로 더듬어서는 안 된다는 마음으로 우리를 꽉 옭아매여 있다….

한번 일부러 더듬어 본 적이 있는가?
생각만 해도 아찔하다고?
쥐구멍이라고 들어가고 싶다고?

말 더듬 완치의 테스트를 어떻게 할까?

자신감 있고 당당하게 수많은 사람 앞에서 유창한 말빨로 말하는 것????
이것을 위해서 지하철에서 길바닥에서 버스에서 며칠 자신감과 배짱

훈련하며 발성법으로 말하면 약발이 들어 말할 수 있나?

차라리 약장사가 되라.

평소 자신이 가장 어렵고 힘든 자리에서 불안하고 두려워하며 버벅거리며 막히며 더듬을 수 있느냐 없느냐.

말 더듬 치료에서 유창성 확보는 치료의 50%도 진행되지 않은 상태이다.

말을 더듬어서는 절대로 안 된다에서 말을 더듬을 수도 있다로 여기서 더 나아가 말을 더듬거나 말거나 상태로 나아간다.

당신은 얼마나 더듬을 수 있는가?
한번 맘 놓고 시원하게 더듬은 적이 있는가??

정말 한번 해봐라.
수십 년 묵은 체증이 쫙 내려간다는 표현이 바로 경험할 것이다.

그 짜릿짜릿한 경험을 어떻게 말로 사기 칠까???

자기가 가장 숨기고 싶은 사람 앞에서 가장 발음하기 어려운 말로 더듬을 수 있을 때 치료는 거의 마무리 단계로 간다.

넘 어렵다고?
차라리 성격 강화나 발성법이나 한다고?
이러다 죽을 때까지 한다….

자 다시 한번 사기 친다….
어떻게 더듬을 수 있는가 연구해라.
어떻게 좀 더 버벅댈 수 있는지.

음.
네 번째 사기 이것으로 마친다.

3월 1일 관악산 등반이 있습니다….
서울대 관악산 입구로 9시까지 나오시기 바랍니다.
각자 점심 먹을거리는 싸가지고 오시고 나중에 술판이 벌어질 때를 위하여 돈 1만 원 정도 지참하셔서 오세요.

그럼.

15) 절망에 관해

절망, 낙담, 무너짐, 실패, 공포.
참 너무 우리에겐 익숙한 말들이다.

말 더듬으로 사는 것이 힘겨운 것이 사실이다.
그러나 어떻게 하겠는가.
싫든 좋든 지금 이러한 모습으로 살고 있으니.

더듬는 것이, 피하는 것이 싫지만 이미 우리 몸에 각인된 이 습관을 어떻게 하나.
말 더듬을 인정하고 여기서 모든 것을 계획하라.
우리가 유창하게 말하는 것은 환상이다.

우리가 말 더듬임을 받아들이자.
당장 못하는 것은 못하는 거고 하는 거만 하자.

절망에 익숙해지는 것.
절망을 가슴으로 받아들이고 충분히 느끼고 경험하는 것.

섣불리 절망을 희망으로 바꾸려 하지 말자.

오히려 절망을 가슴으로 흠뻑 경험할 때 희망의 새싹이 자란다.

절망의 감정들을 섣불리 없애려고 하지 마라.
세상이 나쁜 것이라고 딱지 붙인 것이지 그것은 하나의 에너지 덩어리이다.

후배님들.
지금은 잘 이해 안 될지도 모르겠지만 여기에 엄청난 비밀이 있다.
새로운 희망의 세계로 가는 창조의 문.
절망의 깊숙한 곳에 엄청난 놀라운 세상이 있다.
절망이 놀라운 축복임을.

즐거운 주말 보내세요.

16) 몸 바라보기

몸을 잘 스캔하면 흐르지 못한 에너지를 풀어줄 수 있습니다.
처음 공황 상태에 빠질 때 우리 몸의 어디서부터 시작해서 어떻게 경직되는지 신체를 잘 스캔하세요..

저 같은 경우 심장에서 시작하여 횡격막 부분이 순간적으로 벼락 맞듯 굳어지면서 급속히 빠르게 위로 진행이 되는 것을 볼 수 있어요.

경직을 없애는 것이 아닌 경직을 알아차리기만 하세요.
몸으로.

경직되어서 호흡이 아주 답답할 정도로 멈추어질 때의 몸 상태를 알아차리세요.
판단분별 하지 마시고.

어떻게 고통스럽고 괴로운지 보기만 하세요.
공포의 정점은 소멸 곧 죽음의 상황과 똑같습니다.
이것이 말 더듬과 연관되어 있어 쉽게 치료되지 않는 것입니다.

내가 어떻게 더듬는지 알아차리는 것이 치료예요.
더듬지 않는 것이 아니라 어떻게 더듬어지는가를 세부적으로 알면 알수록 뭉쳐진 에너지를 풀 수 있어요.

다연님과 sunrise1945님 덕분으로 다시 마음공부 하면서 뭉쳐진 에너지 많이 푸네요.
참으로 좋은 인연입니다.

17) 핵심은

더듬지 않으려고 하는 것을 포기하는 것.

공황의 정점에서 최선의 방법은 어떻게 잘하려고 하는 노력을 쉽게 하는 것.

그냥 바라보는 것.

어머니의 대지처럼 품어 안는 것.

그 순간에 무위하는 것.

아무것도 할 수 없음을 알아차리는 것.

십자가의 고통을 받아들이는 것.

그 공황의 정점에서 내가 할 수 있는 것이 아무것도 없음을 그냥 알아차리는 것이 가장 좋은 최선의 방법임을.

18) 쉽게 더듬기

무의식의 억압된 감정을 풀 때 가장 거칠고 무거운 감정부터 올라옵니다. 그래서 처음에는 그 엄청난 감정에 매몰당하는 것이 정상입니다.

감정의 기복이 많아지는 것도 바로 이때입니다.

정상적이고 자연스러운 것이죠.

커다란 두렵고 공포스런 감정이 많이 의식화되면 그 안에 따뜻하고 긍정적인 감정들이 올라옵니다.
이러한 감정들도 취하지 말고 알아차리고 흘러보내야 합니다.
좋든 나쁘든 알아차리고 흘러보내는 것.
사실 이게 다이지요.

인류 역사 문화 자체가 어찌 보면 다 금기입니다.
어릴 때 교육이 어쩌면 '뭐뭐 하지 말라' 한마디로 이거죠.
더듬으면 안 된다.
우리는 이렇게 세뇌당한 것이고.

부정적이고 긍정적이고 다 우주의 파동이고 에너지입니다.
사람들이 명명해서 슬픔이니 기쁨이니 두려움이니 설레임이니 지정한 것이지 다 에너지입니다.

그러나 우리는 부정적이라고 지칭한 감정은 억압하고, 긍정적이라고 지칭한 감정만 행복이라고 합니다.

흐르지 못한 에너지를 흐르게 하는 것이 치료입니다.
어찌 보면 말더듬은 말을 쉽게 더듬게 하는 것이 치료입니다.
거부감 없이 극단적인 공포감과 두려움 없이 현상적인 더듬는 버벅감이 있어 불편하지만 자연스럽게 더듬을 수 있는 것이 목표입니다.

화두를 어떻게 더듬지 않을까가 아니고 어떻게 하면 쉽게 편하게 더듬을 수 있을까로 잡으세요.

어떤 방법이 되었든 인연 닿는 방법을 골라 적용해 보세요.

말 더듬으로 인해 우리는 내면세계를 여행할 수 있는 티켓을 얻었습니다. 아주 굉장한 티켓입니다. 쉽게 얻을 수 없는….
그렇게 맘고생 하고 현실에서 세속적인 피해를 입었지만 세상에 공짜는 없습니다.

날씨가 많이 차가워졌습니다.
오늘은 즐거운 금요일.
치열한 일거리를 마치고 설레는 주말입니다.
마음공부 꾸준히 하시고 행복한 주말 보내세요.

19) 내일도 말 공포증은 일어난다.

말 더듬의 치유에 있어서 아무리 탁월한 기법이라도 말 더듬에 대한 전체적인 이해 없이는 도로 아미타불이 된다.

제가 회원들과 전화 통화에서 가장 많이 듣는 말이 "어떻게 하면 더듬지 않고 말할 수 있느냐?"이다.

우리를 도와주시는 여러 선생님들의 의견을 종합해 봐도 아무리 훌륭한 말더듬 치유기법도 장기간의 시간이 요구된다.

사이비 말 더듬 학원의 구분법 중 하나가 10일 완치니 1주일 완치하고 떠들어대면 여기는 안 가봐도 100% 사이비다.

말 더듬 치유법은 여러 가지다.

우리 협회를 도와주시는 선생님들도 각각 다른 시각으로 말 더듬을 접근하신다.

다음 글은 내가 바라보는 시각인즉 받아들일 것은 받아들이고 버릴 것은 버린다는 자세로 읽기 바랍니다.

강박적인 말 공포증을 어떻게 control 할 것인가?

어제도 오늘도 내일도 한 달 후에도 말 공포증은 일어난다.

사실 우리가 제일 싫은 것도 공포증이다.

즉 예기 불안이다. 예기 불안이 오면 신체적인 경직이 반드시 수반된다.

이러한 공포증은 내 의지하고는 무관하게 일어난다.

순간적으로 찾아오는 말 공포증과 신체적인 경직은 막을 수 없다.

이러한 극도의 공포 상태에서 최선의 방법은 무엇인가?
그냥 느낄 수밖에 없다.
고통을 당하는 방법이 가장 좋다.
그러한 공포 상태에 익숙해지는 것이다.

무서워서 피하면 피할수록 더 무서워진다.
물론 이러한 공포를 100% 수용하면 이것은 완치다.

신기하게도 이러한 공포를 느끼면 느낄수록 공포증이 사라진다.

내가 생각하기에 제일 중요한 것은 우리 의지하고는 상관없이 일어나는 강박적인 말 공포증을 받아들이는 태도다.
언제 어디서나 시도 때도 없이 일어나는, 내 의지하고는 상관없이, 불예측성의 특성을 가진 말 막힘 공포증이 일어나는 것에 신경 쓰지 않고 능동적으로 얼마나 피하지 않고 느껴주고 받아들이느냐의 것이다.

즉 말 막힘 공포증과 이에 수반되는 신체적인 경직이 일어나는 것에 집착하지 않고 내 의지하고는 상관없이 일어나는 공황 상태를 얼마큼 받아들이며 control 하는가의 태도이다.

오늘도 공포심은 일어난다.

그러나 받아들인다.

내일도 공포심이 일어날 것이다.

그래도 받아들인다.

받아들이다 보면 자연스럽게 공포심의 횟수와 강도가 줄어든다.

일어나는 공포심을 막는 것은 길 가다가 섹시한 여자(?)보고 흥분되는 것을 막는 것과 똑같다.

고자일지라도 흥분되는 것을 막을 수 있나?

흥분은 자연스러운 감정이다.

마찬가지로 공포심도 자연스러운 감정이었다.

자꾸 억압하고 피하고 없애려고 하니까 지금처럼 커진 것이다.

지금도 일어나는 공포심을 바라보면서.

2장
소리 님

1. 말 고민의 시작

어린 시절 기억이 떠오릅니다.

옆집 친구 이름을 부르는데 이상하게 친구 이름이 나오질 않습니다. 이상하다. 이상하다.

생각하다가 한참 만에 친구 이름을 불렀습니다.

그때가 초등학교 5학년 11살이었습니다.

그때부터 나의 말 고민이 시작되어서 지금에까지 이르게 되었습니다.

지금 당신이 말하는 데 어떤 고민이 있거나 발음이 내 생각대로 나오지 않는다면 웬만하면 걸리지 않고, 또 정말 빠져나오기도 어려운 마법이 걸린 겁니다.

주위에 둘러보면 당신처럼 말 고민을 하는 사람을 찾아보기는 쉽지 않을 겁니다. 물론 말이 유창하지 못해서 고민하는 사람은 종종 볼 수 있습니다. 하지만 당신처럼 말이 제때 나오지 않아서 쩔쩔매는 사람은 아주 드뭅니다.

사람은 아주 오래전부터 다른 사람에게 말하는 것이 아주 자연스러운 행동이었고 당연한 것이었습니다.

우리는 왜 이런 자연스럽고 당연한 것이 어렵고 쩔쩔매는 걸까요?

그 이유는 바로 우리가 이것에 문제의식을 가지고 있기 때문입니다. 말에 대한 고민이 없는 일반 사람은 당연한 것이지만 말을 하는데 대해서 아무런 문제의식이 없고 고민이 없습니다.

우리는 어렸을 적 부모로부터 형제로부터 친구로부터 우리가 말하는 것에 대해서 잘못하고 있다는 지적을 받은 결과 보통 사람에게는 없는 말에 대한 문제의식이 생긴 겁니다.

그 문제의식에 따라서 우리는 말할 때 더듬지 않고 막히지 않고 유창하게 말을 하려는 생각을 하게 됩니다.

이런 생각을 하는 자체로 우리는 우리의 자연스러운 말을 가로막게 되는 것이죠.

말할 때는 말의 내용에 대해서만 생각하고 발음은 아무런 의식 없이 술술 나오는 것인데도 우리는 '말을, 발음을 어떻게 해야겠다'라는 생각을 합니다.

내가 말할 때 막히고 더듬으면 어쩌나 하고 미리 겁을 먹고 두려운 상태에서 말하니 말이 막히는 것이 당연한 것이고 자연스러운 것이 아닐까요?

이런 상태에서 우린 지금껏 오랫동안 버티며 살아온 것입니다. 하루하루 가슴 졸이면서 그 많은 상황들을 잘 버티면서 살아온 것입니다.

그래도 이 글을 읽고 있는 당신은 인생에서 낙오되지 않고 여기까지 살아왔으니 그나마 인생의 기나긴 레이스에서 성공했다고 보아야 하지 않을까요.

말을 더듬지 않고 막히지 않고 남들에게 창피를 당하지 않고 말 고민이 없는 일반사람처럼 살고 싶은가요?
마법에서 벗어나는 신통한 주문은 없습니다. 만병통치약은 어디에도 없습니다.
그러나 우리의 생각과 가치관과 인생관이 바뀐다면 서서히 말 고민이 옅어질 수 있습니다. 그렇게 살다 보면 언젠가 말 고민이 없는 일반인처럼 살아가는 나 자신을 알아차릴 날이 올 겁니다.

말 고민이 없어진다면 인생이 아주 술술 잘 풀릴까요?
미안하지만 그렇지 않습니다. 지금껏 몰랐던 다른 고민이 여기요 여기요 하면서 손을 들고 머리를 쳐들 겁니다.
인생은 고민의 연속입니다. 이런 고민이 없어진다면 또 다른 고민이 생기게 됩니다. 아주 자연스러운 것이죠.
어떤 고민이 생기면 그 고민을 어떻게 받아들이고 넘기느냐에 따라서 사소한 에피소드로 끝날 수도 있고 우리의 말 고민이라는 괴물처럼 성장할 수도 있습니다.

다시 한번 간곡히 말씀을 드리고 싶습니다.

인생에는 삶에는 수많은 고민과 어려움이 생기게 마련이고 우리의 말 고민도 그중의 하나일 뿐이라는 것을 받아들여야 합니다. 아직은 말 고민이 대단히 큰, 인생을 허비하게 만들 정도로 아주 힘이 쎈 대마왕처럼 보일지라도 말이죠.

말이 막혀서 말을 더듬거려서 다른 사람에게 한심하게 보이는 것은 어쩔 수 없습니다. 그것이 한심하게 보인다면 우리가 그 사실을 바꿀 수는 없습니다.

다른 사람의 생각과 시각을 우리가 바꿀 수는 없습니다.

우리가 바꿀 수 있는 건 우리의 시각과 생각입니다.

우리의 시각과 생각을 바꿀 수 있다면 그 상황을 너무 비약시키지 말고 좀 더 차분하게 흘려보낼 수도 있겠죠.

이런 마음가짐이 된다면 또는 이런 마음가짐과 함께 발성 연습을 함께 하면 좋습니다.

굳이 발성 연습이 아니라도 매일 10분이나 20분 정도 좋아하는 책을 소리내어 읽는 것도 꽤 좋습니다.

책을 낭독하는 것만으로도 내 목소리를 내가 들으면서 내 발성을 가다듬을 수 있고 좀 더 느긋하고 여유작작한 발성으로도 바꿔 갈 수 있습니다.

2. 성인 말 막힘의 유래

　말이 막히고 더듬는 성인들은 자신이 언제부터 어떤 이유로 더듬고 막히게 되었는지 정확히 모르는 경우가 많습니다.
　처음부터 태어났을 때부터 언어 발성학 구조적으로 발성에 문제가 없는 경우입니다.
　신체적으로 결함이 있다면 그 경우는 제외해야 합니다.
　어렸을 적 말을 더듬지 않고 막히지 않고 말을 배우다가 유년기 시절 어느 순간에 말에 대한 의식이 생기면서 말이 막히고 더듬게 되어 그것이 성인이 된 지금까지도 오래된 습관, 고통으로 나의 단 단면으로 나와 함께 있는 것입니다.
　말을 배우기 시작하는 유년기 시절 우리의 말은 성인의 말처럼 매끄럽지 않고, 투박하며, 더듬거리기도 합니다.
　말을 배우는 과정이기 때문입니다.
　그런데 어렸을 적 말이 막히고 더듬는 것은 자연스럽게 말을 배우는 과정인데, 그것을 주위의 가족이나 친구, 나에게 큰 영향력이 있는 사람이 나의 말이 이상하다고 잘못되었다고 지적합니다.
　보통 부모인 경우가 대다수입니다.
　나의 생존에 커다란 영향력을 가지고 있는 사람(보통 아버지나 어머니)이 내가 말하는 것이 잘못되었다고 천천히 똑바로 말하라고 지적하면,

나는 내 말이 잘못되었나 하고 의구심을 가질 것입니다.

그 지적이 한두 번에 그치지 않고 계속해서 내가 말하는 것에 대하여 제동을 걸고 말을 똑바로 하라고 지적하고 훈계하고 야단을 치면 나는 드디어 말하는 것에 대해서 의식을 투영하게 됩니다.

말은 의식을 하지 않고 말의 내용에 대해서만 생각하고 말을 하는 발성에 대해서는 전혀 의식 없이 말하는 것인데도 앞서 말 자체에 대한 지적을 반복하여 받은 아이는 말할 때마다 내가 말을 안 더듬고 안 막히고 잘해야지 하는 다짐을 하게 되고, 말하기 전부터 내가 말을 더듬지 않고 이번에는 잘해야겠다 또는 이번에는 말을 더듬고 막히지 않을까 전전긍긍하고 걱정을 하게 되는 것입니다.

이 아이는 결국 말 막힘 말 더듬의 굴레에 갇혀버린 것입니다.

이때라도 올바른 방법으로 말에 대한 부담감을 없애준다면 오래지 않아 말 더듬 말 막힘 습관이 없어지겠지만, 대다수 경우는 '말을 더듬지 않고 잘해야겠다'라는 잘못된 인식이 계속 쌓이고 아이가 커서 청소년이 되고 어른이 되어가면서 사회생활의 비중이 높아지고 많은 사람과 어울려야 하는 상황이 더 많아지면서 말에 대한 의식과 걱정과 두려움은 커지게 됩니다.

이 아이는 어른이 되어서 결국 성인 말 더듬이가 되어 버리는 것입니다.

추신) 말은 자연스럽게 의식하지 않고 하는 것인데, 말 자체에 대하여 자꾸 제동을 걸고 의식을 하게 되면 누구라도 말 더듬 말 막힘 습관을 가질 수밖에 없습니다.

3. 말 더듬이란

여기서 말하는 말 더듬은 성인 말 더듬을 말합니다.

말 더듬이란 자기를 억제하는 것이다.

자기를 보호하는 것이다.

괴로움을 겪고 싶지 않은 마음에 자신을 보호하는 것이며 자신을 타인으로부터 격리하는 것이다.

말 더듬이란 말 막힘의 또 다른 이름이며,

말 막힘은 본인 스스로 억제하는 것이다.

말을 하여야 함을 알지만 말을 하기 싫은 마음과의 투쟁의 산물이다.

왜 혼자 있을 때는 말이 자연스럽게 잘 나오는지 설명이 된다.

말 더듬은 나 스스로를 어떤 고상한 높은 경지에 올려놓고, 타인을 아래로 내려다보며 나 자신을 스스로 예찬하며 나 이외의 타인을 경멸하는 도중에 나오는 것이다.

나는 타인과 그 무엇도 다를 바 없는데.

나는 내가 경멸하는 타인… 그 타인일 뿐인데.

백만 불짜리라 착각하고 쓰고 있는 그 선글라스를 벗어 던져 버려라.

4. 말 고민의 본질

말 고민의 본질은 두려움입니다.

자신의 두려움과 맞부딪히기를 망설이는 것이 말 고민입니다.

말 고민은 겉으로 드러나는 하나의 현상에 불과합니다.

그 밑에 말 고민을 불러일으키는 원인을 알아야 합니다.

말 고민의 밑바닥에는 두려움이 있습니다.

두려움의 원인은 무엇인가요

두려움의 원인은 자신의 본모습과 마주치는 것을 피하고 싶음입니다. 자신의 본모습에 대한 허상, 잘못된 신념, 윤색된 가치관이 근저에 도사리고 있습니다. 오랫동안 자신을 길들여 왔던 거짓된 나의 모습을 바로 직시해야 합니다.

자신의 눈을 가려왔던 색안경을 벗어버리십시오.

아무것도 거리낄 것이 없는 나는 그 누구에게도 당당하고 자유롭습니다.

5. 말 막힘을 고치고 싶다면

말 막힘을 고치고 싶다면, 그 고치고 싶다는 생각, 욕구, 욕망을 모두 내려놓으세요.

말 막힘은 본인이 스스로 키운 허깨비 망상입니다. 말 막힘에 대해서 고민하고 생각할수록 말 막힘의 공포와 두려움은 커집니다.

반면에 말 막힘에 대하여 생각하지 않고, 고민하지 않고 그대로 놔두면 말 막힘의 공포, 두려움은 작아집니다.

매일 일상생활, 직장생활 속에서 피하지 말고, 현실에 부딪히세요. 막히면 막히는 대로, 더듬으면 더듬는 대로 그대로의 나 자신을 인정하고 받아들이세요. '상대방이 나를 어떻게 볼까. 바보라고 생각할까' 하는 생각을 버리세요. 설사 상대방이 그렇게 생각하더라도 하는 수 없어요. 상대방의 생각은 내가 어찌할 수 없어요.

대신 나 자신에 대해서 벌을 주지 마세요. 그런 나를 가만히 바라보고 인정해 주세요.

말을 안 더듬기 위해 미리 연습을 하거나 훈련을 하지 마세요. 그런 연습이나 훈련은 일시적으로 효과가 있어 보이나, 내 마음속의 말 더듬 공포는 더 커집니다.

말 더듬, 말 막힘의 힘을 빼기 위해서는 두렵더라도 피하지 말고 말을 해야 할 상황에 말을 하면 되고, 또 올바른 말 습관을 들여서 오랫동안 잘못 키워진 말 습관을 덮어씌워야 합니다. 그것을 없애려고 하지 말고, 올바른 습관을 길러서 예전의 올바르지 못한 습관을 희미하게 만들면 됩니다.

그러나 습관은 오래도록 남아있을 거예요.

습관은 남아있더라도 말 더듬, 말 막힘 의식이 옅어지면 그것으로 나는 자유로워진 거예요.

6. 말 막힘을 가진 사람들의 특징

① 대개 어렸을 적 큰마음의 상처를 가지고 있다.

② 성격이 급하다.

③ 무엇이든 완벽하게 하고자 하는 완전욕이 크다.

④ 주위 사람들의 평가에 민감하다.

⑤ 두뇌가 우수하다(지능이 높은 편이다).

⑥ 이것저것 흥미가 많지만, 또한 쉽게 질리고 싫증을 낸다.

⑦ 예기 불안을 가지고 있다.

⑧ 자신이 말을 더듬고 막히는 것을 상대방에게 보이는 것을 극도로 두려워한다.

⑨ 항상 더듬지는 않는다. 노래를 부르거나 어린아이에게는 더듬거나 막히지 않는다.

7. 어떤 선택을 하던지

매일매일 어떤 선택을 하던지 기회의 문과 상실의 문이 열립니다.

기회의 문과 상실의 문이 동시에 열립니다.

상실의 문으로 들어가지 마시고, 기회의 문으로 들어가세요.

어떤 선택을 하던지, 불행만 오는 건 아니고, 또한 행운만 오는 것은 아님니다.

불행과 행운 중 행운의 문을 여세요!!

8. 분별하는 마음

우리의 분별하는 마음을 가만히 지켜보며 그 마음의 양극단을 가운데로 모으려는 노력을 하다 보면 우리의 말에 대한 고민도 조금씩 풀리기 시작합니다.

말을 잘하는 사람, 말을 못 하는 사람으로 구분 짓는 그런 이분법에서 벗어나면 벗어날수록 우리의 말에 대한 고민도 점차 옅어지고 마침내 평상심을 되찾게 될 것입니다.

9. 말 더듬 말 막힘 증상이란

나 자신 아직 말 막힘에 대한 두려움에서 벗어나지 못했습니다.
하지만 어떻게 해서 이것이 작동하는지는 좀 알것 같습니다.
"자연스러운 것에 대한 지속적인 간섭"
이것이 원인이라고 나름 결론을 내립니다.
말하는 것은 자연스러운 것입니다.
우리가 호흡을 하는 것만큼이나 전문적인 스피치 능력을 향상시키려는 목적 외에는 일부러 제재를 가할 필요가 없습니다.

'어떤 이유로 지속적으로 관심을 갖고 어떻게 어떻게 해야 한다…'라는 문제의식이 오랫동안 지속된다면 필히 말하는데 문제가 발생할 것입니다.

우리는 모두 자연적인 치유 능력이 있습니다.

자연스러운 것이 일시적으로 부자연스러운 현상이 발생하더라도 그것에 연연하지 않고 문제의식을 가지지 않고 그냥 놔두면 저절로 다시 자연스럽게 됩니다.

우리가 말하는 능력은 수십억 년의 생명의 진화 과정을 거쳐서 우리 몸에 체화된 것입니다.

억지로 억누를 필요가 없고 그래서도 안 됩니다.

다시 한번 자신을 돌아봅시다.

아직까지도 내 말을 억누르고 있지 않은가요.

'어떻게 어떻게 말해야 한다'라고 자신을 벌주고 있지 않은가요.

말이 막히고 더듬거렸다고 자신을 미워하고 '앞으로는 안 더듬어야겠다'라고 자신을 더욱 옥죄일 부질없는 희망을 주고 있지 않은가요.

10. 최고의 치유는

말 더듬과 말 막힘의 실패 의식에 갇혀있지 말고.

더듬어도 괜찮다.

더듬을 수 있다.

'더듬더라도 막히더라도 할 말은 한다'라는 자신감입니다.

한탄만 하지 말고 그래도 열심히 살아가는 것입니다.

모든 것이 다 막혀 죽으란 법은 없습니다.

살고자 하면 사는 것입니다.

11. 시지프스의 신화

영원히 커다란 바위를 산꼭대기로 밀어 올려야만 했던 시지프스처럼 우리는 아주 오랜 시간 고통받고 있다.

시지프스는 아무 결과가 없는 일을 무한히 반복해야만 했다.

우리는 매번 다음에는 그러지 말자. 잘해보자. 마음을 먹지만 그것은 도루묵이 되어 버린다.

그 이유는 무엇일까.

허깨비처럼 보이는 말이 막히면 어떡하나 하는 두려움 과거의 사건이 먹이가 되어 앞에 벌어질 일을 예단하고 미리 두려워하는 것이다.

그 두려움은 어디에서 생길까.

두려움은 남과 나를 비교하는 데에서 생긴다.

남들보다 더 우월하고 싶은 마음, 더 윗자리에 올라가고 싶은 마음, 더 성공하고 싶은 마음은 '그렇게 되지 못하면 어떡하지'라는 불안을 낳는다.

불안은 필시 두려움을 낳는다.

그러나 그 두려움은 손으로 만질 수 있는 형태가 아니다.

나의 마음속에서 잉태된 것이다.

내가 남과 비교하면서 시작된 것이다.

그러나 그 두려움은 인간으로서 사회생활을 해감에 있어서 어쩔 수 없이 생기게 되는 두려움이다.

그것으로부터 벗어날 수는 없다.

나는 두려움 자체를 무서워하는가. 아니면 두려워하는 대상 그것을 무서워하는가.

무엇이 두려울 때 나는 두려움을 바라보고 있는가.

그 두려움과 나는 같은 공간을 차지하고 있지 않은가.

그렇다면 나는 곧 두려움과 같은 것이며 나는 두려움에 대하여 아무것도 할 수가 없다.

아무것도 할 수 없다는 것을 알게 되면 그 때 두려움은 사라지게 된다.

12. 음지에서 양지로 옮겨가야

말 더듬 공포증은 그것을 숨기려 하면 할수록 그 위력이 커진다.

그것을 두려워하고 숨기려 하면 그것은 그 두려움을 먹이로 삼고 자신의 몸집을 불린다.

우리의 공포를 먹이로 삼고 위세를 떨치고, 우리가 올바른 인식을 갖지 않는 한, 평생동안 우리의 바짓가랑이를 잡고 저승까지 따라다닐 것이다.

그것은 분명 드러내기에 유쾌한 것은 아니지만, 우리가 지금까지 불필요한 과도한 주의를 집중시켜 키워온 허깨비 같은 공포증을 가진 것을 바르게 직시하고, 이제는 그것을 음지에서 양지로 옮겨야 한다.

음지로 자꾸만 가려고 하는 그것을 양지로 자꾸만 끄집어내야 한다.

햇빛에 타버리는 고대의 괴물처럼 그것은 점차로 작아지고 위력을 상실하며, 결국에는 사그라질 것이다.

13. 생각과 마음의 고리를 끊기 위해서

생각을 멈출 수는 없다.

생각은 자동적으로 올라온다.

생각이 올라오면 그에 따라 감정이 생긴다.

생각에 따른 감정…….

불편한 감정, 불안한 감정, 창피한 감정, 어색한 감정, 열등감, 우월감, 노여움, 공포, 유쾌함, 행복감, 불행감, 만족감, 불만족….

정의감, 결벽, 외경, 안심감, 무상감, 신비감, 감사함, 피로감, 들뜸, 혐오심, 두려움, 미움….

감정에 대해 쓰려니 막상 감정이란 무엇인가 의문이 든다.

감정이란 어떤 현상이나 사건을 접했을 때 마음에서 일어나는 느낌이나 기분을 말한다.

우리는 주로 과거에 일어났었던 사건을 떠올린다. 순간적으로 머리에 떠오른다. 생각하는 것이다.

생각하면서 동시에 감정을 느낀다.

생각과 감정 그리고 그에 따른 신체적 반응이 연쇄적으로 일어난다.

과거의 어떤 사건이나 상황을 아주 창피했었던 일로 기억한다면 신체적 반응도 그에 따라 나타날 것이다.

과거의 그 상황과 지금의 상황이 유사한 상황이라는 생각이 들면 당장 그 상황에서 벗어나려 할 것이다.

몸이 긴장되고, 몸에 힘이 들어간다.

몸이 경직된다.

당연한 수순이다.

말을 해야 하는 경우로 생각하면, 과거의 불쾌했었던 상황이 떠올라, 지금의 상황에 비춰서 과거의 경험을 다시 경험하지 않으려 할 것이다.

왜… 아주 불쾌한 경험이었기 때문에.

몸이 굳어지고, 발성기관에 과도한 힘이 들어간다. 호흡도 원활하지 못하다….

당연히 말이 디디더 더듬거리고 막히게 된다….

14. 나는 완전함을 바라고 있는가

자신을 돌아봅시다.

나는 완전함을 바라고 있지 않은가.

나는 완전욕이 있지 않은가.

조금이라도 내 마음에 거리끼는 것이 있으면 견디지 못하고, 결국 그것을 해결해 내고야 마는 성격이 아닙니까.

나는 열심히 노력하면 멋진, 훌륭한 사람이 될 수 있다고 생각합니다.

나는 세상 그 어디엔가 완전한 사람이 있다고 생각합니다.

세상 사람들을 멋진 사람들과 열등한 사람들로 구분하고 있지 않은가요.

나를 멋진 사람의 일원으로 생각하지만, 이 증상 때문에 내가 그곳에 끼지 못하고 있는 것 같지 않나요.

이 증상만 없어지면 그 누구보다 더 멋지고, 대단한 사람이 될 수 있다고 생각하지 않나요.

그렇다면, 나를 옥죄는 내 완전욕은 어디에서 온 것일까요.

나의 태어날 때부터의 기질, 성격으로부터도 연유합니다.

또한 부모의 가르침으로부터도 연유합니다.

부모의 과도한 통제는 무엇인가요. 나 자신을 통제하라는 요구입니다.

나 자신을 통제할 수 있다는 믿음이 부지불식간에 스며들게 됩니다.

그것은 나의 완전욕, 완전함을 바라는 성격으로, 그러한 사람으로 만듭니다.

그러던 중, 어떠한 현상에 접하게 됩니다.

주위의 말 더듬을 흉내 낼 수도 있고, 이러저러한 좌절을 겪게 됩니다.

말 더듬을 그냥 넘어가지 못하고, 대단히 열등한 것으로 생각하는 자신과 자식의 말 더듬을 보고, 큰일 날것처럼 펄쩍 뛰며 왜 말을 더듬는 거니? 하고 말을 더듬으면 안 돼….

'절대 말을 더듬지 말고 유창하게 말해야 한다…'라고 문제의식을 주입하는 부모….

이 둘의 만남은 필요충분조건입니다….

자신의 말 더듬을 문제시하는 의식을 갈수록 깊어집니다.

말 더듬에 대하여 생각하고, 더듬지 말자 하는 다짐과 온갖 훈련은 말 더듬 의식을 강화시킬 뿐입니다.

15. 말 더듬, 말 막힘은 병이 아닙니다.

말 더듬, 말 막힘은 병이 아닙니다.

약을 먹어서 해결될 수 있는 병이 아닙니다.

말 더듬, 말 막힘은 자신의 그릇된 믿음, 신념에서 나온 하나의 증상일 뿐입니다.

말 더듬 증상은 불면증, 적면증 증상과 같습니다. 뿌리가 같습니다. 그

뿌리를 올바르게 고쳐잡으면 그 증상은 자연스레 사라집니다.

말 더듬은 어디에서 일어날까요.

욕구가 생길 때 충족시킬 수도 있고 포기(수용)할 수도 있는데 둘 사이 어디에선가 갈등이 있습니다. 갈등은 그것을 수용(포기)하느냐, 아니면 충족시키느냐의 문제입니다.

자신의 욕구를 수용하지 못하고, 충족시키려 하지만, 욕구가 충족되지 못하면 불안감이 엄습합니다. 불안감은 한 번으로 끝나지 않고 계속해서 불안감에 휩싸입니다.

왜, 수용하거나 충족시키거나 둘 중의 하나를 택하게 될까요.

그것은 자기 가치관의 문제입니다.

그 가치관은 어디에서 오나요.

그 가치관은 자신의 관점으로부터 옵니다.

관점은 무엇인가요.

관점은 자신의 정체성으로부터 옵니다.

정체성은 무엇인가요.

정체성이란 자신이 삶을 바라보며 가지는, 삶은 어떠어떠한 것이다…. '인생은 어떠어떠한 것이다'라는 정의입니다.

다른 사람의 것이 아닌 자신에게 유일한 진리인 것이 정체성인 것이고, 이것은 자신의 삶에 대해 가져온 앎입니다.

수십 년간 자신이 살아오면서 경험해 온, 느껴온, 모든 것의 총합이 자신의 앎입니다.

결국 말 더듬, 말 막힘은 자신이 삶에 대해 가지는 그릇된 앎으로부터 연유합니다.

그릇된 앎을 어떻게 해야 올바른 앎으로 고쳐나갈 수 있을까요….

16. 완전함을 바라는 것은 당연한 심리이지만 그것에는 한계가 있다

모든 증세가 다 마찬가지다.

사람으로서 무슨 일에든지 완전함을 바라는 것은 당연한 심리이지만 그 완전에는 한계가 있다.

조금이라도 불쾌한 일이 있으면 이것을 완전히 없애려는 무리한 싸움이 오히려 그 불쾌한 것에 주의를 주게 되어 나중에는 그 불쾌한 것의 전문가가 되고 마는 것이다.

17. 말 공포에 파묻히지 말고 바라보자

말이 막힌다.

말이 막힐 것을 생각하였다…. 그리고 말이 막힌다.

호흡이 가빠지고 말은 목 아래 턱 걸려서 버버벅거리고 있다.

얼굴이 달아오르고 머리는 띵하니 쥐가 난다.

식은땀이 난다.

말 막힘의 공포에 완전히 몰입한 것이다.

그러나, 그 순간 나의 모습을 내가 바라보자.

객관적으로 조금씩 조금씩 공포에 갇힌 내 자아로부터 조금씩 객관적인 위치로 벗어나자….

그 공포는 내가 만들어 낸 것이다.

'내가 만들어 낸 것이므로 내가 사라지게 할 수 있다'라는 생각을 하고, 버벅거리는 내 모습을 객관적 내가 바라보자….

18. 진정성에 대하여

여기저기서 말한다.

말 더듬는 것을 허용하라. 인정하라. 수용하라….

그러면 고통이 줄어들 것이고 결국에는 증상이 사라질 것이다.

그러나 그 증상은 사라지지 않았다.

왜인가.

말 더듬을 인정하고, 허용하라는 것도 결국 이렇게 하면 말 더듬는 증상에서 벗어날 수 있다는 마음이기 때문이다.

거기에는 진정성이 없다.

진정성이란, 말 더듬 자체가 비정상적인 것이 아니라는 것.

그 자체가 자연스러운 현상이라는 받아들임.

앎이 있어야지만 결국 증상은 호전이 된다.

앎은 지식이다.

관점이다.

어떤 관점에서 세상을 바라보는가가 모든 것을 좌우한다.

19. 여러 증상으로 고생하는 근본 원인에 대하여

글을 쓰고 있는 나뿐만 아니라 이 세상 누구나 고민스러운 것이 있고 남들에게 밝히기 싫은 자신의 단점들이 있을 것이다.

난 어렸을 적부터 말을 더듬고 막히는 습관이 있었다.

그 습관을 없애기 위해서 수 많은 노력과 고민과 갈등이 있었다.

그러나 결국 그런 노력은 헛된 것이었다.

내가 바라보기 싫어하는, 즉 내 자신의 것이라 인정하기 싫어하는 마음 때문에 그것을 내 것이 아니라 자위했고, 밀어내기 급급했던 것이다.

그런 나의 모습이 남의 눈에 비치는 것을 극도로 회피했던 것이다. 이미 그것은 나에게 있는 것인데, 어떻게 그것을 숨기고 회피하고 없는 것인 양 남들을 대할 수 있을 것인가.

그것은 나 자신을 부정하는 것이었다.

나 자신의 모습을 부정하며 어떻게 그것을 극복하려 할 수 있겠는가.

그것을 내 것이라 받아들이면, 인정하면 그 나쁜 습관이 그 지독히 혐오했던 것이 나에게 고착이 되지 않을까 두려워한 것이다.

그것은 당연한 생각이었다.

그러나 그것마저 인정하고 포용하는 마음은 더욱더 나 자신의 한계를 크게 확장시켜 준다.

나의 장점, 나의 단점, 나의 부족한 점, 나의 모든 개성이 어울려 보다 온전한 나 자신으로 살아가는 것이다.

나의 단점을 모두 없애버리고 나의 장점만으로 세상을 살아갈 수 있을까.

그렇다 해도 그 장점 중 몇몇이 단점으로 바뀔 수밖에 없다.

이것은 자연의 이치이다.

이런 성격의 글을 그동안 여러 차례 올린 것 같다.

어렴풋이 알 것도 같던 그것들이 보다 확실해지고 뚜렷해져 간다.

세상을 살아가는 사람들 그 수많은 사람들 모두 자신의 여러 모습들을 끌어안고 살아가고 있다.

그것이 보통 사람들이다….

지극히 인간적인.

20. 모두 다 거기서 거기라네

이 세상 무엇이든 그 극이 존재한다.

빛과 어두움

기쁨과 슬픔

행복과 불행

즐거움과 괴로움 등등

우리는 그 좋은 쪽을 바라고, 좋지 않은 쪽을 피하게 된다.

말 더듬으로 고민하는 사람은 말 더듬는 자체를 열등한 것이라 생각한다. 말 더듬는 자체를 열등한 것이라 생각하는 것이 아니라, 내가 말 더듬는 것을 본 상대방이 나를 열등하다고 생각할 것이라 생각하고 괴로워한다.

혹시나 또 말을 더듬지 않을까 노심초사한다.

온 신경이 거기로 집중이 된다.

온 신경이 말로 집중이 되니 그곳에 힘이 간다.

말의 내용이 아니라 말을 안 더듬고 하는 데에만 집중하니 그쪽에 힘이 가게 되고 부적절한 힘이 가해져서 결국 경직이 되고 만다.

이것이 계속 반복되어 말을 하려고 하면 자동으로 발성에 굉장히 좋지 않은 상태가 되어 버리는 것이다.

과거의 어느 순간 말을 더듬었을 것이다. 누구나 더듬는 것이니까. 그러나 그 순간 나는 그 말 더듬을 물고 늘어진 것이다. 문제시 삼은 것이다. 문제시 삼은 그것이 계속 누적되고 발전되어 전형적인 성인 말 더듬이인 신경증자가 되고 만 것이다.

나의 완전욕, 사람은 노력하면 어느 면에서나 완전해질 수 있다는 허상이 그 원인이다.

보통 사람은 좋은 쪽으로 노력은 하지만 완전해질 수 없다는 것을 안다.

하지만 신경증자는 내가 노력하면 완전해질 수 있다고 믿는다.

불가능하게 높은 목표치를 잡아 놓고 내가 거기에 다다르지 못함을 괴로워하는 것이다.

그러나 모든 사람은 완전하지 못하다.

신, 절대자가 100이라면, 신경증자는 자기도 노력하면 7, 80까지는 오를 수 있으리라 착각한다.

하지만 보통 사람들은 겨우 10 언저리에서 왔다 갔다 하는 것이다.

모두가 밑바닥에서 똑같이 평등한 존재이다.

무언가 고상한 척 해 봤자 거기서 거기인 것이다.

원래가 불완전한 세상이기 때문이다.

이 불완전한 세상에서 살아가는 우리 인간도 불완전할 수밖에 없다.

모든 것이 상대적인 시각, 기준이기 때문이다.

모두가 행복하다면 그 누가 행복이라는 것을 알 수 있을까.

모두가 괴로워한다면 그 누가 불행하다고 생각할까.

불행한 남이 있으므로 내가 행복하다고 생각한다.

하지만 우리가 행복해지고자 노력하는 것은 당연한 것이다.

그러나 언제나 항상 행복한 상태일 수만은 없는 것이다.

인생은 괴로움도 있고 슬픔도 있고 기쁨도 있고, 행복한 순간도 있는 것이다.

모든 신경증자들은 인생의 괴로움을 짊어지지 않으려 한다.

행복만을 바라는 것이다.

그러나 그 행복이란 것은 내가 지어낸 기준이 아닌가.

인생에서 자신의 짐을 기꺼이 짊어지는 사람의 짐은 가벼워지고, 인생에서 자신의 짐을 짊어지지 않으려 하는 사람의 짐은 한없이 무거워지는 것이다.

인생은 괴로움도 있고 즐거움도 같이 공존하는 것이다.

이것이 인간의 삶이다.

부자, 권력자, 능력자들을 부러워할 것 없다.

모두다 나름대로 괴로워하며 살아가고 있다.

모두다 자신의 인생의 짐을 짊어지고 살아가고 있다.

대통령도, 국회의원도, 평범한 회사원도, 거리의 청소부도 모두 다 비슷비슷한 인생의 한 자락을 붙잡고 살아가고 있는 것이다.

21. 나이 50에 접어들어서

어릴 적 중학교, 고등학교 시절에는 정말 괴로운 시간이 많았습니다.

남들 다 쉽게 하는 책 읽기라던가 간단한 발표에서 말 한마디가 나오지 않아 쩔쩔매고 얼굴을 붉히고 서 있다가 선생님이 앉으라는 말에 가만히 깃털마냥 앉으면 어디 쥐구멍이라도 들어가고 싶을 때가 많았습니다.

아직도 그 시절을 떠올리면 얼굴이 화끈거리고 머리가 핑핑 돌 것 같습니다.

그런데 어찌어찌 살다 보니 가까스로 대학 문턱을 넘고 그렇게 힘들 것 같았던 군대도 다녀오고 더 힘들 것 같았던 회사도 다니고 지금은 어엿한 중간 간부로 퇴직을 바라보는 나이가 되었습니다.

그간 버텨온 길을 되짚어 보니 이런저런 모임도 많이 나가보고 언어교정원, 명상이며 심리치료, 최면 치료며 많이도 돌아다녔습니다.

아직도 힘들 때는 힘듭니다. 말이 버벅거릴 때가 있습니다.

그런데 지금은 그것을 버텨내고 넘길 수 있는 여유와 힘이 어릴 적에 비해선 많습니다.

입법고시 합격 후 사무관으로 공무원을 시작했던 말을 더듬었던 선배는 말 고민에서 벗어나자 모든 고민이 사라질 줄 알았는데, 그렇지 않더라는 말을 했습니다.

세상 살아가는데 고민이 말 고민 밖에 있겠나요? 가족들 간의 문제, 친구들과의 문제, 직장 문제, 이성 문제, 경제적인 문제 등등 많은 문제들을 우리는 달고 삽니다.

그중에 한 가지가 말 고민인 것인데 우리는 그것을 아주 커다랗게 그것이 오직 우리에게 유일한 고민거리마냥 확대해 버리고 말았습니다.

말 고민의 비중이 작아지면 다른 고민이 마치 풍선이 부풀어 오르는 것처럼 더 커져 보이게 마련입니다.

이 글을 읽는 말을 고민하는 분께 꼭 전하고 싶습니다.

비록 말 고민이 있더라도 그것을 너무 키우지 마세요. 누구나 가지고 있는 많은 고민 중의 하나로서 나는 말 고민을 가지고 있는 것이라고 생각해 주세요.

우리는 일생동안 여러 고민들과 함께 살아갈 수밖에 없습니다.

고민은 고민으로 놔두고 내가 하고 싶은 것, 내가 해야 하는 것에 집중하여 그것을 이루어 내고 성취감을 맛보세요.

내가 좋아하는 일에 몰두하면 할수록 나를 괴롭히던 그 고민거리들은 어느새 보이지도 않게 작아져 있을지 모릅니다.

그리고 또 하나 더 말씀드리면 말 고민이 작아지려면 인생과 삶의 전반적인 컨디션, 상황이 나아져야 합니다.

심리적인 면만 강조하거나 아니면 발성적인 면만 생각하지 말고

심리적인 면, 발성적인 면, 가족, 친구, 동료 등 주위 사람들과의 관계, 인생관, 세계관,

나의 욕구, 희망 등등 모든 면에서 보다 균형잡힌 삶이 된다면

말 더듬, 말 막힘의 고민은 저절로 줄어들 것입니다.

별도 참고 자료인 '말 더듬의 육각형' 자료를 꼭 정독해 보시길 추천드립니다.

부록
말더듬의 육각형

우리 말 더듬는 사람들 중에 해리슨과 같은 뛰어난 관찰자가 있다는 것은 대단한 행운인 것 같습니다. 이 글은 상당히 길고, 어떻게 보면 색다른 내용도 아니고, 지루하다고 느껴질 수도 있습니다. 하지만 수십 년의 자기 경험을 몇 년 동안 정리해서 쓴 사람과 며칠 동안 그 생각을 이해하려고 노력하면서 끙끙거리면서 어렵게 번역한 사람도 있다는 사실을 상기하시면서 글을 읽어 주시기를 바랍니다. 이글은 해리슨님의 가장 대표적인 글입니다.

글을 읽으실 때는 가볍게 읽지 마시고 원작자의 생각에 반론을 제기해 보려고 시도해 보십시오. 직접 육각형의 여섯 점을 그려놓고 자기를 한번 돌아보고 자기의 경험에 하나하나 비추어 보십시오. 아마 몇 번은 반복해서 읽어야 원작자의 생각을 어렴풋이 이해할 수 있다고 생각합니다.

말 더듬의 육각형

원제: DEVELOPING A NEW PARADIGM FOR STUTTERING

Written by John C. Harrison, The National Stuttering Project (johnnyh@holonet.net)

Translated by Yongsuk Choi (choiyongsuk@home.com)

세 개의 점으로 이루어진 세 개의 줄과 관련된 잘 알려진 퍼즐 문제가 있다. 네 개의 직선만을 사용해 종이에서 손을 떼지 않고 모든 아홉 개의 점을 통과해야만 한다. (역자주: 여러분도 한번 해보세요)

그 문제를 풀려고 하다가 답을 찾지 못하고 실망했던 기억이 있다. 잠시 끙끙대다가 도저히 풀 길이 없을 것 같아 그만 포기해 버리고 말았다. 그러나 도저히 포기해 버릴 수가 없어 다시 문제에 도전했다.

"도대체 내가 무엇을 생각하나? 내가 도대체 나를 어떻게 제한하고 있는걸까?"

결국 그 문제를 풀었다. 많은 사람들과 마찬가지로 그 직선들이 아홉 개의 점 둘레에만 있어야 한다고 생각한 것이다. 내가 스스로 지어낸 한계에서 벗어나자, 답은 곧 밝혀졌다.

위의 이야기로부터 얻은 교훈은 말 더듬으로부터 회복된 나의 경험담에 직접 적용된다. 창작 분야의 직업을 가진 사람으로서 어떤 문제를 풀려고 할 때 도저히 진전이 없다면, 그것은 잘못된 문제를 풀려고 한다는 것을 나는 경험으로 잘 알고 있었다. 지난 35년 동안 말을 더듬어 왔고 말더듬으로부터 완전히 회복되어(주1 참조) 20년을 살아온 사람으로서, 지금까지 성인 말 더듬을 정의하는 기준들은 우리들이 가지고 있는 문제의

구조를 충분히 설명할 수 없다고 믿어왔다. (주1: 완전한 회복이란 말은 나는 통제하는 말 더듬이가 아니란 뜻이다. 내 말 더듬이 사라졌을 뿐만 아니라 말 더듬는 사람이 가지고 있는 심리적인 상태가 전혀 없다. 말에 대한 두려움이 전혀 없을 뿐만 아니라 전화나 청중들 앞에서 말하는 기회를 즐거워한다)

내가 말 더듬으로 부터 벗어난 경험과 NSP(National Stuttering Project)의 경험을 바탕으로 나는 색다른 말 더듬의 정의와 기준을 제시하고 싶다.

본론으로 들어가기 전에 나의 말 더듬 과거에 대해서 간략하게 소개하고자 한다. 나는 말할 때 문제가 있다고 항상 느끼고 있었다. 네 살 반 때 뉴욕에 있는 언어, 청각 장애자를 위한 국립병원에 몇 달간 보내졌었다. 그리고 열여덟 살 때 다시 몇 달간 가서 치료를 받았다. 고등학교 문법 시간 때나 대학 시절 때 말 더듬과 관련된 경험들로 고통스러운 나날들을 보냈다. 내 말 더듬은 말이 안 나오고 막히는 경우였는데 그러한 현상은 친구들과 평상시 대화할 때는 별로 심하지 않은 상황적인 요소가 많았다. 수업 시간에 발표를 한다거나 처음 보는 권위적인 사람 앞에서는 말이 막혀 전혀 나오지 않았었다. 언제나 말을 더듬지 않는다는 사실은 나를 더욱더 고통스럽게 했다. 왜냐하면 나는 정상적인 사람의 사회에도 비정상적인 사람들의 사회에도 속하지 않았기 때문이다.

국립병원에 잠시 보내진 것 외에는 나는 정식으로 언어치료를 받은 적이 없다. 대신 나는 나의 이십 대 시절을 내가 말 더듬을 때 무엇을 하는가를 오랫동안 주의 깊게 관찰했고 내가 말 더듬이나 말 막힘이 일어날 때 생기는 행동이나 근육의 움직임 등을 체계적으로 인식해 나가기 시작했다. 나는 또 샌프란시스코에 이주해 와 그때 막 붐이 일기 시작했던 자아 완성 프로그램 등에 몰두했었다.

내 말 더듬은 어떻게 사라졌는가.

사람들은 자주 나에게 묻는다.
"언제부터 말을 더듬지 않게 됐어요?"

그럴 때 나는 이렇게 대답한다 "내가 말 더듬을 멈추려 하기 오래전에 그만 말 더듬이 멈추어버렸어요" 이건 단지 말장난이 아니고 단지 나에게 어떻게 변화가 왔는지를 나타내려고 하는 말이다. 내가 많은 자아 탐구 과정과 단체생활에서 발견한 것은 말 더듬이란 사실 여러 문제들이 종합되어 나타난 현상이란 점이다. 사실 내 입술과 혀, 기도, 그리고 가슴 등으로 나는 유창성을 방해하는 어떤 행동들을 해오고 있었다. 하지만 그런 신체적인 관찰이 모든 것은 아니었다. 나는 자신감이 결여되어 있었고, 완벽주의자였으며, 다른 사람들을 기쁘게 해 주려고 걱정하고 있었으며, 인생을 연극 같다고 생각하고 있었으며, 내 감정을 숨기고 드러내지 않았으며, 나 자신이 무엇을 느끼는지도 모르고 있었으며, 나의 왜곡된 면을 나의 본질이라고 믿어 왔다. 나 자신에 대해 깊이 파고들어 탐구할수록 나는 이러한 문제들이 상호 어떻게 연관이 되어있고 말 더듬에 영향을 끼치는지 알게 되었다. 그건 마치 내가 말이 막힐 때마다 모든 자아가 종합해서 또 다른 나의 입체영상이 되어 나타나는 것 같았다. 그런 자기 탐구의 기간동안 나의 말 더듬은 저절로 사라져 버리고 말았다. 물론 말 더듬는 버릇은 오랫동안 남아 있었지만 나의 인식은 완전히 180도 변했다. 나는 내가 하는 행동을 더 이상 말 더듬이라고 간주하지 않게 된 것이다.

무엇 때문에 말 더듬을 치료하기 어렵고 또 이 때문에 완치가 불가능하다고 생각하는가. 왜냐하면 말 더듬을 유창성의 장애로만 보기 때문이다. 하지만 말 더듬는 한 사람이 가지고 있는 모든 본질적인 문제들을 모두 이해할 때만 정확하게 설명된다고 할 수 있다. 그러한 본질적인 요소들은 최소한 여섯 가지가 있다고 생각한다: 행동, 감정, 인식, 믿음, 의지, 그리고 생리학적 반응. 이러한 결합체계는 여섯 개의 축을 가진 육각형으로 그려질 수가 있다. 우리는 이것을 말 더듬의 육각형이라 부르겠다. 이 결합체계는 서로의 상호 작용에 의해 결합체계의 안정된 균형을 유지하기 위해 시시각각으로 변하고 있다.

그 육각형의 자생 복원적 성격 때문에 어떤 한 점만 변하게 하려는 것은 매우 힘들다. 그렇기 때문에 말 더듬 치료를 받은 대부분의 사람들은 얼마 안 가 다시 재발한다. 그 주된 이유는 많은 말 더듬 치료 프로그램들이 말 더듬을 유발하는 육각형의 결합체계를 변화시키려는 아무런 노력도 하지 않은 채 말의 유창성 그 자체에만 초점을 맞춘 방법으로 치료를 하기 때문이다. 반면에 말 더듬을 사라지게 하려면 그 말 더듬을 유발하는 육각형의 모든 점들을 모두 동시에 바꾸어 연관되지 않은 하나의 점들로 모두 분해해 버려야 한다. 이 말 더듬의 육각형을 받치고 있는 우리들의 행동, 감정, 인식, 믿음, 의지, 생리적 현상을 바꾸어야 한다. 말 더듬에만 초점을 맞추는 것이 아니라 이러한 전체적이고 광범위한 전략을 세울 때 우리는 지속될수 있는 유창성을 가질수 있게 된다. 이러한 노력은 말 더듬에 대해 다른 인식을 가지는데 많은 계기가 될 수 있을 것이다.

영구적인 정신 가치 세우기

어떻게 새로운 틀이 여러분의 인식을 바꾸어 놓을 수 있는지를 이해하기 위해 다음의 상반된 예를 한번 살펴보자. 무선 조종 장난감 차의 작동을 보고 있는 두 구경꾼이 있다고 하자. 한 명은 2살짜리 어린애고, 또 한 사람은 기계공학 엔지니어다.

두 살짜리 어린아이의 눈에는 차는 살아있는 존재로 보인다. 차가 마음대로 앞으로 갔다, 멈추었다가, 회전하고, 또 가고 하는 하나의 생명체이다. 하지만 기계공학 엔지니어에게는 차는 살아 있는 어떤 것이 아니고 여러 가지 부품으로 만들어진 물건일 뿐이다. 그는 모터를 살펴보고, 전자부품을 검사하고, 아마 도면을 보고 싶어 할지도 모른다. 왜냐하면 그는 각기 다른 부품들이 어떻게 상호 연관되어 작용하는지 잘 알기 때문이다.

이러한 유사한 관점은 내가 말 더듬을 어떻게 보아왔고 또 지금 어떻게 보고 있는지 별로 다를 바 없다. 십 대 때는 말 더듬을 내가 매일 살아가야 하는데 예측할 수 없이 생겨나는 하나의 생명체를 가진 무언가로 생각했었다. 하지만 문을 열고 들어가 실체를 본 지금은 말 더듬은 그 어떤 무언가가 아니라 어떤 특정한 관련이 있는 요소들의 집합체라는 것을 이해하게 되었다. 하지만 여기서 내 말을 더 진행하는 데 문제가 있다. 왜냐하면 여러분은 내가 말하는 말 더듬의 의미에 대해서 정확하게 모르기 때문이다. 내가 말하는 말 더듬이 사탕 그릇에 담긴 사탕을 몰래 꺼내먹다 들켜서 우물쭈물 말하는 8살짜리 어린아이를 말하는 것인지, 아니면 친구에게 소개를 받아 자기 이름을 말하려고 하다 막혀버린 성인 말 더듬을 말하는 것인지 어떻게 같은 문제에 대해 말하는 것이 아닌데 우리의 토론을 계속할 수 있겠는가?

의미를 명확하게 하기 위하여 우리는 '말 더듬'이란 용어를 버려야만 한다. 유창성의 장애라는 학회지의 편집장에게 보내는 편지에서 나는 '말 더듬'이란 용어가 얼마나 광범위하고 부정확해서 모든 사람을 혼동시키고 있는지 주장한 바 있다. 나의 관찰로는 사람들이 슬플 때나, 감정이 격해 있을 때 생기는 말 더듬은 우리처럼 굳어지고 말이 막힐 때 투쟁하는 전형적인 성인 말 더듬과는 크게 다르다고 본다. 감정이 급변했을 때 생기는 말 더듬은 우리의 본능에 기인한 것이고 만성적인 말 더듬은 말을 하려고 투쟁하거나 말이 안 막힐 때까지 반복하는 전혀 다른 요인에서 기인한 것이다. 말 더듬이라는 공통된 용어를 통해서 우리는 연관성을 부여하려고 하지만, 그 둘은 크게 다른 현상이다. 그 둘의 현상을 말 더듬이라는 하나의 용어로 부름으로써 우리에게 끝없는 혼란을 가중시키고 있다. 그 두 가지 다른 말 더듬을 흔히 일차적, 이차적 말 더듬이라고 언어치료사들은 부르고 있다.

이러한 이유로 나는 '말 더듬'이라는 용어를 쓰지 말 것을 제안한다. (광범위한 토론에서 쓰일때만 제외하고). 그리고 다음의 각기 다른 5가지 행동들을 고유한 용어로써 다르게 표현할 것을 제안한다.

① 대뇌의 손상이나 지능의 문제로 생긴 말 더듬을 병리학적 말 더듬이라고 부르자.

② 어린아이들이 말을 배우는 과정에서 생긴 말 더듬을 발달상의 말 더듬이라고 부르자. 이러한 발달상의 말 더듬은 성인 말 더듬에서 보여지는 발전 형태와는 구분되고 다르다. 발달상의 말 더듬은 흔히 어린 애들이

성장하기 전에 저절로 없어진다. 이 시기에 치료를 빨리 받을수록 효과가 크기 때문에 거의 대부분의 아이들은 특별한 노력 없이도 유창성을 회복할 수 있다.(여기서는 병리학적인 말 더듬과 발달상의 말 더듬은 논의하지 않기로 하자 왜냐하면 우리는 만성적인 말 더듬에 대해서 관심이 있으니까).

③ 잠시 화난 사람이나 당황한 사람들에게서 나타나는 간단하고 무의식적인 말 더듬을 위해서 우리는 용어를 하나 만들어야 한다. 이것을 BOBULATING 라고 하자. 거의 모든 사람들이 긴장된 상황에서 이렇게 말을 가볍게 더듬는다. 하지만 이것은 만성적이고 고질적인 말 더듬이 아니다. 만일 그렇다 하더라도 그 사람은 자신의 그런 행동을 인식하지 못하고 있다. 그래서 그런 행동에 대한 나쁜 감정을 가질 수가 없다.

④ 사람들이 날숨을 막거나, 근육을 경직시키거나 해서 생기는 투쟁적인 말 막힘을 우리는 말 막힘이라고 부르자. 이러한 형태는 그의 의식이 불편한 감정이나 자기 인식 등 어떤 부정적인 요인에서 오는 것이다. 이러한 만성적인 말 더듬은 보통 사람들이 생각하는 말 더듬으로서 어른이 된 후에도 남아있게 된다. 발달상의 말 더듬이나 BOBULATING과는 달리 이러한 말 더듬은 말하는 사람이 어떠한 불쾌한 결과로부터 자신을 보호하기 위한 하나의 수단이다.

⑤ 마지막으로 사람들이 말할 때 반복하는 것은 어떠한 앞의 말이나 단어에 대한 막힘을 불안해하여 생기는 말 더듬이다. 이럴 때 그 사람은 단지 불안하다고 느끼는 단어로부터 준비가 되었다고 느낄 때까지 단지 시간을 벌고 있는 것이다. 우리는 이러한 말 더듬을 말 반복이라고 부르자. 말 반복도 투쟁적인 말 더듬의 형태로서 말 막힘을 회피하려는 하나의 노력이다. 그래서 말 막힘과 말 반복은 같은 뿌리에 원인이 있다.

많은 독자들이 '말 더듬'이라는 공통된 생각의 굴레에 얽매여 있는 걸 잘 알고 있다. 하지만 발달상의 말 더듬과 BOBULATING 그리고 말 막힘, 말 반복은 훈련되지 않은 눈에는 다 똑같이 보일 수가 있다. 이렇게 다른 모든 말 더듬을 하나의 용어로 표현하는 것은 문제 해결에 전혀 도움이 되지 않는다. (주2, 3 참조)

(주2: '말 더듬'이란 용어가 정확한 용어로서 굉장히 많은 부족함을 느낀 사람은 내가 처음이 아니다. 1989년 12월에 R.M. Boehmler and S.I. Boehmler에 '유창성의 장애'라는 학회지에서 그들은 이와 같이 지적한 바 있다. 언어치료사들 사이에서 말 더듬의 원인이 밝혀지지 않았다는 공통된 의견이 있다. 이러한 이해의 부족은 미진한 연구 노력에 있는 것이 아니라 그것은 아마 대답할 수 없는 질문을 하는데 이유가 있을지도 모른다. 만일 우리가 좀 더 상세한 질문을 한다면, 우리는 벌써 말 더듬을 유발하는 많은 행동들을 알고 있다. '말 더듬'이라는 용어는 광범위한 행동, 감

정 등의 현상을 나타내고 있다. 그 용어는 추상적인 개념을 규정하는 용어로써 쓰여지고 있다. 그러한 추상적인 용어를 사용함으로써 과학적인 방법으로는 규명되어지지 않아서 답할 수 없는 질문을 하고 있다. 우리는 추상적이고 광범위한 질문에 과학적으로 답할 수가 없다. 무엇이 말 더듬을 일으키냐는 물음 대신에 '무엇이 말 반복을 일으킬까? 무엇이 말 막힘을 가져올까?' 하는 것이 유창성의 장애를 보다 상세하게 분류하면 더욱더 생산적인 결론을 얻을 수 있을 것이다. (중략)

만일 우리가 대답할 수 있는 형태로 질문을 한다면, 우리는 기존의 연구 결과를 통해 얻어진 자료들을 통해 '말 더듬'의 원인을 알고 있다고 믿고 있다.

주2: Eugene B. Cooper 박사도 또한 같은 생각을 가지고 있다. 임상실험이라는 잡지에서 가진 기자회견에서 그는 유창성의 장애에 대한 많은 이해를 가지고 '말 더듬'이라는 용어는 '암'이라는 용어처럼 문제 해결의 토론에 필요한 충분한 정보를 가지고 있지 않다. (생략).)

공통된 구조물

몇 년 전에 달라스에서 열린 NSP 모임에서 말 더듬의 육각형에 관한 작은 세미나를 개최했다. "여기 있는 사람들 중에 몇 사람이나 몸무게 때문에 고민해 본 적이 있어요?"하고 질문했다. 반이 넘는 사람들이 손을 들었다. 나는 준비해 간 챠트를 넘기면서 말했다. "여러분도 잘 아시다시피 살을 뺀 사람들의 85%가 다이어트에서 실패합니다. 그러니 한번 왜 다이어트에 실패했는지 그 이유를 열거해 보기로 합시다. 도대체 왜 다이어트가 성공하기 어려울까요?" 사람들은 하나둘 이유를 말하기 시작했다. "재미가 없어요", "치유되기 어려워요", "살빠지는데 진전이 없어요", "스트레스를 받으면 막 먹어요" 몇 분 안에 우리는 30개에서 40개의 원인을 나열할 수 있었다. 다음 나는 다음 글씨를 칠판에 써 내려갔다. "왜 사람들이 말더듬 치료를 받아도 별로 효과가 없을까요?"

바늘 굴러가는 소리가 들릴 정도로 주위가 조용해졌다. 놀랍게도 다이어트에 실패하는 확률은 말 더듬 치료의 실패율과 거의 비슷한 85%를 넘고 있다. 다이어트의 성공과 말 더듬 치료에 성공의 열쇠는 두 문제가 다 육각형의 틀과 관련이 있다.

이점을 잘 이해하기 위해서 살 빼기와 말 막힘 문제에 육각형의 틀이 어떻게 적용되는지를 알아보자.

육각형의 여섯 점

① 생리학적 반응 : 어떤 사람들은 과체중이 될 소질을 가지고 태어난다. 이러한 사람들은 지방의 농도가 높고, 신진대사가 느리며, 문제가 있는 갑상선을 가지고 태어난다. 마찬가지로 사람들은 스트레스에 다르게 반응한다. 자동차의 배기 기관에서 시끄러운 소리가 날 때 어떤 사람의 신경계는 전혀 반응하지 않지만 다른 사람들은 매우 민감하게 반응한다. 우리가 잘 알다시피 긴장은 개인의 중추신경계를 방해하여 말 더듬을 유발할 수 있다. 이러한 생리학적인 차이는 개인 각기 다른 근육 반응과, 신경전달, 신경계의 한계, 호흡순환 또는 언어 신경중추의 연결 관계, 언어 중추 신경계의 진행, 계획이나 실행 등에 있다. 하지만 이러한 어떠한 개인의 말 더듬 형태가 투쟁적인 막힘이든 일시적이고 가벼운 말 더듬이던 이러한 행동은 또 다른 많은 원인에 이유가 있다. 말 더듬이 유전적인 요인이냐 아니냐의 토론은 BOBULATING, 말 막힘, 또는 말 반복이라는 차이점을 구분하는 것에 실패해서 생기는 요인이다. 이러한 '말 더듬'의 용어에 합의가 없었기 때문에 끝없는 혼란을 불러온다.

② 행동 : "어떤 행동들이 다이어트에 방해가 되는가?" 이 질문에 많은 사람들이 답하기 시작했다. '입에 먹을 것 가져가는 행위', '과자를 먹는 일', '아이스크림을 먹는 행동'. 이러한 행동을 줄일 수 있다면 몸무게를 많

이 줄일 수 있을 것이다. 마찬가지로 유창성을 가로막는 행동으로 '날숨을 붙잡고', '입술을 오물이고', '기도를 막고' 하는 행동이 있다. 우리는 이러한 행동을 줄일 수 있다면 유창함이 이루어질 수 있다는 걸 잘 알고 있다.

③ 감정 : 여러분이 불편한 자리의 파티에 가 본 적이 있다면 맛있는 디저트 쟁반이 나왔을 때 식욕을 억제하기가 어려웠을 것이다. 이처럼 사람은 걱정이 될 때 먹는다. 이것은 감정이 행동에 영향을 끼치는 실례이다. 그러나 또 행동은(과식) 비만을 불러와 또다시 감정에 영향을 끼칠 수가 있게 된다. 이러한 악순환의 고리는 어떠한 행동이나 습관들이 없어지지 않고 영구히 존재할 수 있는지를 설명해 준다. 마찬가지로 어린 시절의 감정적인 요인들로 발생한 BOBULATING은 만성적인 말 더듬에 영향을 끼치게 된다. 이러한 가벼운 말 더듬이 만성적인 말 더듬으로 발전되는 데는 제때 말하지 못해 생긴 다음과 같은 감정들(실망, 두려움, 당황감, 낙담, 절망)을 유발하게 되어 말 막힘, 말 반복과 같은 만성적인 형태를 고착시키게 된다.

④ 인식 : 우리의 인식은 우리의 믿음이나, 기대, 그리고 마음의 상태로부터 영향을 받는다. 예를 들면 바짝 마른 거식증 환자는 자기가 비만이라고 생각하고 굶어 죽는 상태까지 이른다. 마찬가지로 자기가 말하는 게 다른 사람의 반응에 커다란 영향을 끼칠 거라고 믿는 우리같이 별난 사람들은 큰 긴장감을 갖게 되고 그것이 말 더듬이나 말 막힘을 가져온다.

⑤ 믿음 : 우리의 믿음은 지금까지 받은 교육에 영향을 받는다. 특히 우리가 가장 믿고 사랑하는 부모님들의 영향력은 너무나 지대해서 그분들의 말은 우리의 가치관 형성에 큰 영향을 준다. 믿음은 또 살아가는 동안 경험이나 세상에 대한 어떠한 기대로부터 만들어지기도 한다. 우리의 기분에 따라 변하기 쉬운 인식과는 달리 믿음은 쉽게 변하지 않고 계속 남아있게 된다. 잘못된 믿음은 우리를 한 단계 아래로 내려놓아 우리가 변하는 것을 어렵게 한다. 우리는 우리가 날씬해질 수 없다고 믿는지도 모른다. 우리는 우리가 예쁜 여자나 멋진 남자하고 데이트할 수 없다고 믿는지도 모른다. 우리는 자신감을 가지는 것이 옳지 않다고 믿고 있는지도 모른다. 우리는 우리가 말을 더듬기 때문에 다른 사람들과 다른 존재라고 믿고 있는지 모른다. 한번 믿음이 굳어지면 우리의 기대에 맞는 세상 모양을 만들어 낸다. 그 결과 우리는 세상을 색안경을 끼고 보게 된다.

⑥ 의지 : 우리는 일상생활을 유지하기 위해서 일정한 행동 양식을 개발하게 된다. 하지만 이러한 행동 양식들이 때로는 우리에게 악영향을 끼치는 경우가 있다. 예를 들면 권위적인 사람에 대해 반항적이면 그 사람이 아무리 친근하게 어떤 부탁을 해왔다고 해도 그것을 무례한 요구로 받아들이고 그것으로 그 사람의 권위를 손상시키려는 교활한 음모를 만들게 된다. 만일 요구가 몸무게를 줄이는 것이면 우리는 대신 냉장고로 향할지도 모른다. 만일 요구가 다이어트 프로그램에 가는 것이라면 더럭 화를 내고 반항할지 모른다. 이 때문에 살 빼기 치료의 효과를 불신하고 그

것이 실패하는 결과를 가져온다. 마찬가지로 말 막힘도 우리가 말을 하려고 하는 의지가 일어나는 동시에 우리의 마음속 깊은 곳에 숨겨진 다른 커다란 반대되는 의지가 우리 자신을 표현하는 것을 두려워하고 있다. 그러한 두 가지의 의지가 우리를 반대 방향으로 서로 잡아당길 때 우리는 말 막힘을 경험하고 있다.

자가 유지의 구조

그러면 말 더듬의 육각형을 떠받치고 있는 것은 도대체 무엇일까? 그것은 여섯 개의 점이 상호 연관 작용을 하면서 서로를 끌어당기고 있기 때문이다. 이러한 작용은 시시각각 지금 이 순간에도 일어나고 있다. 예를 들면 우리의 믿음만이 인식에 영향을 미치는 것이 아니기 때문이다. 우리의 인식은 감정, 행동 심지어는 우리의 유전적인 성향으로부터도 영향을 받기 때문이다. 어느 한 점의 변화는 다른 모든 점에게 변화를 가져온다. 이러한 원리는 모든 여섯 점에게 적용되어 진다.

우리 말의 유창성에 변화를 주려고 할 때 이처럼 연관되어 있는 관계를 이해하는 것이 매우 중요하다. 만약 어떤 사람이 언어치료 프로그램을 성공리에 마쳐서 상당히 말이 유창해졌다고 하자. 그 후 그 사람은 부정적인 감정이나, 부정적인 믿음, 생리적인 반응의 변화 등 말 더듬의 육각형을 지탱하고 있는 어떤 다른 점에 변화를 주지 못했다. 그러면 어떠한 일이 벌어지겠는가?

말 막힘이 다시 재발한다.(살 빼기의 경우에는 몸무게가 다시 늘어난다) 이러한 결과가 오는 이유는 각각의 점들이 유창함을 유도하도록 바뀐 육각형에 다시 나쁜 영향을 미치기 때문이다. 그래서 시간이 지날수록 원래의 모양으로 돌아오는 것이다.

말 더듬의 육각형은 성공적인 언어치료를 받은 사람들이 유창함을 유지시키는 것을 설명할 수 있다. 그들은 벌써 모든 육각형의 다른 점들에 괄목할 만한 변화를 주어 그 육각형이 자유롭고, 자신감 있는 말의 유창성을 유지시키고 있는 것이다.

실제 적용 분야

지금까지 내가 광범위하게 육각형을 설명했다. 나는 말 막힘을 유발하는 최소한의 여섯 가지 요소가 있다고 제안했고 그 요소들은 생리학적인 반응, 감정, 인식, 믿음, 행동 그리고 의지이다. 나는 그 각각의 요소들이 서로에게 끊임없이 영향을 주고, 영향을 받고 있다고 설명했다. 그러면 그 육각형이 우리가 말하는데 어떻게 영향을 주는지 한번 자세하게 알아보자.

내가 일하고 있는 맥킨토시 컴퓨터에 있는 워드 프로그램 중 맞춤법을 체크하는 프로그램의 도움이 없이는 일을 할 수 없을 정도다. 내가 단어 한 자 한 자를 써 내려갈 때마다 컴퓨터는 RAM memory에 있는 사전과 비교를 한 뒤 틀릴 때마다 삐 소리를 낸다. 그 삐 소리는 내가 타자를 치자마자 수백분의 일 초도 안 돼서 무척 빨리 소리 난다. 하지만 다음의 예에서 볼 수 있듯이 이것은 사람의 마음보다 빠르지 않다.

몇 년 전 저녁 라디오 방송의 터크쇼를 듣고 있었는데 진행자는 이런 말을 했다. "회사에서 '기집애'들은 아니 내가 무슨 말을 했는지 믿기 어렵지만 여성들의 권익이 보장되어야 한다." 그 진행자는 커다란 실수를 저질렀다. 여성이란 단어를 기집애라고 부르다니. 하지만 진행 과정에서 그는 곧바로 정정을 했다. 그 진행자는 기집애란 단어를 말해놓고 귀로 들은 다음 마음속으로 적절한 단어를 생각해 낸 다음 정정을 해버린 거다. 한숨도 쉬지 않고 말이다. 그렇게 마음은 빠르게 작동하는 것이다.

말을 더듬는 사람들의 마음은 최신에 전투기에 장착된 고성능 레이다가 수백 미터 밖에 있는 지형지물을 찾아내어 컴퓨터에 정보를 보내는 것처럼 작동한다. 말 막힘의 경우에는 그러한 위협은 어떤 단어에 대한 공포일 수도 있고 감정과 연관이 있는 상황일 수도 있다. 이렇게 마음이 빨리 작동하기 때문에 앞에 있는 단어를 살펴볼 수 있는 충분한 시간이 있고 단어 하나하나를 우리의 머릿속에 있는 경험과 비교를 해보아서 만일 위협이 느껴진다면 자기방어를 시작한다. 그 방어 전략이란 위험이 지나갈 때까지 말을 막고 있는 것이다.

나는 말 막힘의 원인을 애매한 유전적인 요소나 모르는 어떤 요인에서 찾는 것보다는 우리가 벌써 가지고 있는 지식과 정보를 바탕으로 연구해 보자고 제안한다. 우리의 말 막힘은 감정, 인식, 믿음 그리고 의지가 번개처럼 빨리 종합되어 한마디 한마디를 할 때 나타나는 현상이다. 그래서 나는 말 더듬의 육각형이 우리의 마음과 몸이 상호 작용을 하고 실생활에서 어떻게 나타나는지를 보여주는 전형적인 틀이라고 제안한다.

어떻게 육각형이 작용하는가

육각형이 어떻게 작용하는지를 보기 위해서 다음과 같은 상황을 설정해 보자. Bob이라는 수줍은 젊은 남자가 카페에서 만난 매력적인 한 여성에게 보이는 마음 상태를 한번 살펴보자. 그는 "안녕하십니까. 내 이름은 Bob인데 저는 지금 방금 샌프란시스코에 도착했거든요. 시간 있으시면 저랑 커피 한잔하시겠습니까?"라는 말을 하려고 한다.

여기서 한번 말 더듬의 육각형을 살펴보자. Bob은 그 여성을 매우 매력적이라고 인식한다. 하지만 Bob은 자기가 그녀와 동등하다고 인식하고 있지 않다. 그래서 그녀에게 자기를 인정하는 모든 힘을 주고 만다. 해서, 그의 인식은 그에게 부정적인 영향을 미친다.

Bob이 자신을 한 단계 아래로 내려놓았기 때문에 그의 믿음은 그녀가 자기에게 관심이 없다고 생각한다. 그래서 그녀가 그의 제안을 거부할 것이라고 생각한다. 이때 믿음도 부정적인 영향을 미치고 있다. 심지어 자기의 경험으로 미루어 보아 그의 이름을 말하는 것도 어려울 거라고 생각한다.

하지만 Bob은 그녀가 너무 아름답고 매력적이기 때문에 지속적으로 시도한다. 그러나 그의 인식과 믿음이 벌써 부정적인 요소들이 혼합되어 있기 때문에 부정적인 감정 상태를 가져온다. 이 감정 상태는 거절당할지도 모른다는 두려움, 거절당하고 난 후의 마음의 상처, 자기 경멸, 공포 등이다. 그러면 그가 말을 하려고 하는 상태를 한번 가까이 다가가 살펴보자. 그는 긴장 상태에서 빠르게 반응하는 유전적인 성향을 가지고 있다. 그래서 그의 이름을 말하려고 할 때 그의 긴장에 대한 반응은 매우 높아진다. 그의 이름이 말하기 어려운 이유는 사람들이 이름은 아무런 머뭇거림 없이 말하기를 기대하기 때문이다. 그래서 그의 몸이 있는 아드레날린의 양은 갑자기 치솟고, 혈압이 올라가며, 근육이 경직된다. 이러한 유전적인 성향에 의해 반응하는 것들은 위험에 대치하기 위한 것이다. 긴장된 상황에서 위험을 만난 것이다. 하지만 이것은 육체적인 위험이 아니다.

단지 사회적인 긴장된 상황일 뿐이다. 그러나 우리의 몸은 그 둘을 구별해서 받아들이지 않는다. 그래서 Bob은 긴장을 풀고 편안하게 해보려고 노력한다. 이런 노력이 그의 자신감을 회복하는 데 도움이 되겠는가? 그렇지 않다. 왜냐하면 그의 생리학적 반응은 벌써 불필요한 불안감이나 불쾌감을 만들었기 때문이다.

Bob은 또한 상반된 의지를 가지고 있다. 한쪽에서 그녀와 말하고 싶어 한다. 또 한쪽에서는 거절당하는 게 무서워서 그냥 있고자 한다. 그래서 그의 숨어있는 의지도 또한 부정적인 영향을 끼친다.

만일 이러한 상황에서 Bob이 그의 이름을 자신 있게 말할 수 있으면 그는 그가 지어낸 자기의 자아상 밖에 있는 행동을 하는 것이다. 만일 그가 내 이름은 Bob인데 라는 말을 하려고 했다면 그때 두 가지의 커다란 공포를 뛰어넘으려고 하고 있다. 첫 번째 공포는 말이 막힐지도 모른다는 것과 두 번째 공포는 너무 무례하지 않은 행동이지 않으냐라는 두려움이다. 그래서 그는 안정된 영역으로 후퇴해서 말을 막고 동시에 말을 하려고 노력한다.

그의 말하려고 하는 의지와 말하고 싶지 않다는 의지가 같은 크기라면 그는 말이 막힌다. 어떤 방향으로도 움직일 수가 없는 것이다. 그 말 막힘은 하나의 공포 상태를 만들어 잠시 그의 정신을 빼놓는다. 그는 그의 경험이나 다른 사람들과의 관계를 망각한다. 필사적으로 한마디 한마디 말하려고 노력하는 순간 그는 valsalva maneuver라는 신체적인 노력 현상을 나타낸다("Stuttering and the Valsalva Mechanism: A Hypothesis in Need of Investigation." William D. Parry, J. Fluency Disord., 10 (1985) 317-324.) 이러한 필사적인 노력으로 한마디 한마디 말할 때마다 기도를 막고, 호흡기관의 근육을 경직시키고, 흉부의 공기의 압력을 높인다. (다른 현상으로 Bob이란 말을 하는게 안전하다고 생각 할 때까지 말 반복 현상이 나타날 수도 있다). 그는 두려움이 줄어들어 긴장된 근육이 이완 될 때까지 말을 막고 있다가 말을 계속해 나간다. 우리가 잘 알고 있듯이 이러한 습관된 행동 역시 우리에게 부정적인 영향을 끼친다. 이러한 부정적인 요소가 종합되어 지속되는 부정적인 틀을 만든다. 이러한 현상은 Bob이 말이 막힐 때만 적용되는 것만 아니라 말 더듬의 육각형의 모든 점이 어떻게 그의 말하는 능력에 영향을 미치는 것을 보여주는 좋은 예이다.

말 막힘이 레이다처럼 그때 상황에 따라 단어에 따라 작동하는지를 살펴보자. 단어 하나하나가 부정적인 또는 긍정적인 하나의 말 더듬 육각형이라고 하자. 마음은 말 더듬의 육각형에 저장된 정보를 고성능 레이다처럼 미리 위험을 판독하고 있다. 만일 육각형에 저장된 정보가 위협이라고 판단되면 즉각 알아차려서 Bob의 생존 시스템은 그 위험의 말을 막거나 반복함으로써 피하려고 하는 것이다. 그래서, 자기를 존중하는 마음이 낮은 날에는 모든 단어가 위험한 존재로 다가오고, 기분이 좋은 날에는 같은 말이 잘 나오는 것을 경험하게 된다. 하지만 어떤 단어는 좋은 날이나 나쁜 날이든 부정적인 요소나 긍정적인 요소가 확고해서 말이 막히거나 잘 나오게 된다. '말 더듬'과 같이 부정적인 요소가 확고한 말은 모든 것이 잘 진행되는 때에도 막히게 된다.

다른 상황설정

Bob의 인식을 부정적인 면에서 긍정적인 면으로 바꾸어 보자. 이전에 그는 인정받지 못하고 있다고 생각했지만 지금은 자신감을 가지고 접근할 수 있다고 생각해 보자. 그의 새로운 인식은 그의 믿음에 영향을 끼친다. 이전에 그는 가난한 작가로서 자신감이 결여되어 있었다. 어떤 여자가 그런 사람과 데이트를 하겠는가? 그녀를 위해 무엇을 해 줄 수 있단 말인가? 하지만 재능을 인정받기 시작한 작가로서 이제 그는 자기가 가치 있는 사람이라고 생각한다. 그는 자기가 자신감을 가지고 누구에게나 말할 수 있는 사람이라고 생각한다.

이러한 긍정적인 인식과 믿음은 긍정적인 감정을 가져온다. 다시 긍정적인 감정은 더욱더 향상된 인식과 감정을 유도한다. 그가 Bob이라고 하는 자기 이름을 말하려고 할 때 보통 때처럼 말을 막으려고 하는 부정적인 의지는 더 이상 그 새롭게 바뀐 육각형에 맞지 않는다. Bob이라는 그의 이름은 이제 그가 자랑스러워하는 마음이다. 그가 그녀에게 인정받지 못해도 세상이 무너지는 그런 상황이 아니기 때문에 더 이상 그의 신경계는 긴장 상태로 반응하지 않는다. 그의 감정이 차분하고 안정된 상태에 있기 때문에 위의 다른 예에서 나타났던 생리학적인 반응이 일어나지 않는다. 이러한 긍정적인 육각형의 상황에서 Bob은 더 이상 말 막힘을 느낄 필요가 없다.

Bob은 자기의 감정을 자기가 만나는 모든 사람과 나누고 감추지 않는다. 그가 긍정적인 대답을 기대하기 때문에 그는 그녀의 반응에 대한 긍정적인 감정을 불어넣는다. 수많은 이러한 경험을 하고 마지막으로 변화하기까지, 말 더듬의 육각형은 상처받기 쉽다. 예를 들면 출판된 책에 대한 동료의 비판 같은 경우이다. 이러한 육각형의 각각의 점으로부터 개인의 말이 영향을 받고 있기 때문에 Bob의 경우에는 왜 자기 자신이 말이 잘 나오고 있는지를 모르는 것이다. 그가 아는 모든 것은 '단지 말이 잘나오는 날이다'라고 느낄 뿐이다.

내가 말 더듬의 육각형을 좋아하는 이유는 내가 가지고 있는 말 더듬에 대한 모든 의문에 대한 답을 제공해 주기 때문이다. 그러면 한번 몇몇 예를 들어 보자.

- 질문 : 왜 말 더듬이 어떤 가정에서 나타나는 것입니까? 이러한 이유로 말 더듬을 유전이라고 생각하지 않습니까?

- 답 : 전혀 그렇지 않습니다. 사람들이 생각지 못하는 것은 단지 나쁜

유전적인 요소뿐만 아니라 부정적인 감정, 인식, 믿음, 생리학적 반응들도 한 세대에서 다음 세대로 전달된다는 것입니다. 이러한 점은 '어떻게 유태인 엄마가 되는가'라는 Dan Greenberg의 책이 다른 세대들에게 호응을 얻고 있는 것과 같습니다. 태도, 가치관, 행동 양식 등은 어떤 문화와 가정 안에서 시간을 초월해서 전달이 됩니다. 말 더듬의 육각형이 어떤 가정에 상존하고 있을 때 어떠한 상황에 의해 한 개인의 말 더듬이 시작되는 것은 단지 시간문제일 뿐입니다. 그러한 요소들이 나타나 형태를 만들면 여러분들은 처음으로 말 더듬을 경험하게 됩니다.

- 질문 : 말을 더듬는 모든 아이들이 말 더듬으로 발전하지 않는 이유는 무엇입니까?

- 답 : 어린아이들의 말 더듬은 BOBULATING이거나 발달상의 말 더듬입니다. 만성적인 말 더듬을 형성하기 위해서는 감정, 인식, 믿음, 심리학적인 포함한 모든 것이 작용해야 하는데 이것은 상당한 시간이 필요합니다. 만일 어린아이가 좋은 환경에서 긴장을 제거할 수 있다면 말 막힘을 가져오는 투쟁, 회피 등 행동을 가질 기회가 전혀 없습니다. 다시 말해서 말 더듬의 육각형이 생겨날 수 있는 기회가 전혀 없다는 거지요.

- 질문 : 왜 조금 전에 어린아이에게 아무 문제 없이 말할 수 있었던 사람이 잠시 후 어른들과 말할 때는 말을 더듬을까요?

- 답 : 이것을 설명하기 위해서 유치원 여교사 Jean이 부딪치는 두 가지 다른 상황을 봅시다. 수업 시간에 Jean은 자신을 제일 위의 사람이라고 생각합니다. 그녀의 감정은 어린아이들을 부모처럼 돌보아야 한다고 느낍니다. 그녀의 말은 곧 법입니다. 누구도 그녀의 권위에 도전할 수 있는 사람은 없습니다. 그래서 그녀의 의지는 언제나 명확합니다. 누구도 그녀를 통제 할 수 없고 누구도 그녀를 평가할 만한 능력을 가진 사람이 없습니다. 이렇게 위협이 없는 상태에선 그녀의 믿음은 진실과 항상 근접합니다. 그래서 그녀가 말을 하려고 할 때는 말을 막을 이유가 전혀 없고 편하고 유창하게 말합니다.

하지만 수업이 끝나고 선생님들의 모임으로 가서 발표를 하려고 할 때는 그녀는 전혀 다른 환경에 놓이게 됩니다. 이래서 육각형은 전혀 다르게 움직이게 됩니다. 동료들 간의 모임에서 Jean이 좋은 능력을 발휘해야만 된다는 믿음이 있습니다. 굉장히 권위적으로 생긴 교장 선생님으로 그녀는 자기가 평가받고 있다고 생각합니다. 그리하여 이러한 감정들은 두려움과 자기 경멸 등을 유발하고 표현하기 어려운 감정뿐만 아니라 자기를 인정조차 할 수 없는 상황에 빠집니다. 다른 사람들이 자기를 평가하고 있다는 것을 감지하고 Jean은 두려움을 느끼고 몸은 신체적인 위험인지 사회적인 위험인지 구별을 할 수 없습니다.

이러한 위협을 느끼는 환경에서 그녀의 의지는 두 가지로 갈라집니다. 발표를 하고 싶다는 생각과 자신을 위험에 빠트리지 않겠다는 의지. 시도와 회피 다음에 나타나는 그녀의 말 막힘과 말 반복은 너무나 자명합니다.

위의 예는 말이 막히는 모든 사람에게 적용될 수는 없지만 어떻게 육각형이 한 개인에 지대한 영향을 끼치는지를 잘 보여주고 있습니다. 그래서 말의 유창성에 영향을 끼치는 실재를 깨닫는 데 도움이 될 수 있습니다.

- 질문 : 왜 사람들이 나이를 먹을수록 말 더듬이나 말 막힘이 줄어들거나 없어질까요?

- 답 : 사람들이 일생을 살아가면서 말 더듬의 육각형을 구성하고 있는 점에 계속 변화를 줍니다. 개인의 능력을 개발하고, 가치를 다시 생각하고, 말 더듬의 육각형을 바꿀 수 있는 정직, 자기 사랑, 표현의 자유 등 많은 변화를 가져옵니다. 이러한 것들이 유창성을 도와주는 것이지요.

말 더듬의 육각형은 Eugene B. Cooper 박사가 1986년 디트로이트에서 개최된 American Speech-Language-Hearing Association의 학회에

서 발표한 만성말 더듬 증후군(CPS)이라는 이론의 기초가 되기도 했다. Cooper 박사는 만성말 더듬 증후군을 여러 가지의 공존하는 심리학적, 생리학적, 그리고 환경적인 요인들이 복합되어 나타나는 유창성 장애라고 묘사하고 다음과 갖은 특징이 있다고 했다. (a) 완화된 후에 다시 재발하고 (b) 인식과 감정과 행동의 반응으로 특징지어지며 (c) 치료가 어렵고 기존 치료법으로는 완치가 어렵다.

말 더듬의 육각형은 이런 만성말 더듬 증후군를 잘 설명할 수 있다. 만성말 더듬 증후군을 가지고 있는 사람은 육각형을 둘러싼 모든 점에 변화를 주기를 꺼리거나 능력이 결여되어 있어서 육각형이 오랫동안 지속될 수 있는 유창성을 확보하기가 어렵다. 예를 들면 어떤 사람은 아직 준비가 되어있지 않다는 감정을 가지고 있어서 모든 관계를 단절하고 세상을 편견을 가지고 본다. 이러한 결과 그는 자신의 기본적인 믿음을 바꿔보려는 노력을 포기한다. 이런 상태에서 언어치료를 받는 것은 받는 것은 아무런 효과가 없다.

말 더듬의 육각형은 문제점을 파악하고 그 부분에 대해서 변화를 줌으로써 유창성에 큰 도움을 주는 데 유용하게 쓰일 수 있다. 그래서 한 개인이 그의 인식을 바꾸어서 긴장을 25% 줄이고 그래서 25% 자신감을 가지고 자기 비하감을 25% 줄이고 언어치료를 받은 다음에 그는 말이 25% 유창하게 나오는 육각형을 만들 수 있게 된다. 그 개인은 단번에 완벽히 유창하게 되지는 않겠지만 그가 필요한 정도의 유창성은 얻을 수 있다. 이렇게 말 더듬의 육각형은 개인의 취약점을 잘 보여 줄 수가 있어 언어치료사와 피치료자 간에 말에만 초점을 맞춘 채로 다른 문제들은 전혀 배제하는 것을 막게 도와준다.

어떤 문제들은 풀 수가 없다.

'완치'라는 말을 우리가 항상 생각하는 이유는 말 더듬을 수학 문제와 같다고 생각하기 때문이다. 사실 여러분들은 많은 유창성 형성 프로그램에서 권하고 있는 것처럼 문제의 초점을 비켜 감으로써 어떤 행동을 사라지게 만들 수 있다. 하지만 한 발짝 더 나아가서 말 더듬의 육각형을 지지하고 있는 모든 점들의 선을 용해해 버리지 않는 한 말 더듬 행동은 언제나 다시 돌아올 것이다.

왜냐구요?

말 더듬 문제를 풀려고 노력하면 할수록 그 문제를 강하게 불러들인다. 왜냐하면 문제를 풀기 위해서는 문제가 존재하여야 하기 때문이다.

이러한 상황은 말 더듬 문제를 풀 수 없다는 것인가? 전혀 그렇지 않다.

여러분은 어려운 수학 문제를 풀 수 있다. 여러분은 회사의 조직을 어떻게 개편할 것인지 다음 휴가는 어디서 보낼 것인지 어떠한 답을 찾아낼 수 있다. 왜냐하면 그런 것에 대해 고민할 때는 문제 자체가 사라지지 않기 때문이다. 하지만 여러분이 어떤 것이 사라지기를 바랄 때는 여러분은 그 문제를 풀려고 해서는 안 된다. 여러분은 용해해 버려야 한다. 이건 단지 말장난이 아니다. 이것은 문제 해결의 두 가지 접근 방식의 차이점이다.

여러분이 문제를 풀려고 할 때 문제의 형태가 바뀌더라도 항상 존재하여야만 한다. 하지만 여러분이 문제를 용해해 버렸을 때 분해된 문제는 더 이상 존재하지 않는다. 여러분은 육각형의 각각의 점들을 상호 작용시킬 수 없게 모든 선을 끊어 버려야만 한다. 여러분은 그 구조를 아예 없애 버림으로써 문제를 해결할 수 있다.

여러분이 열 살짜리 어린아이 세 명으로 이루어진 제멋대로의 갱 놀이를 멈추게 하고 싶다고 하자. 만일 여러분이 그 어린아이들을 갱단으로 취급하면 하마 한시적인 성공을 거둘 수는 있을지도 모른다. 그 어린아이들을 갱단 취급하면 그 존재를 더욱더 확고히 하는 결과 밖에 안된다. 하지만 그 어린아이들을 다른 청소년 단체에 참가시켜서 각각의 다른 역할을 부여한다면 그 갱단은 자연히 해체되어 버리고 만다. 그 갱단을 구성하고 있는 요소들이 해체되어 다른 구조로 흡수되어 버려서 더 이상 갱단을 유지하고 있던 구조가 유지를 못 하게 하는 것이다. 마찬가지로 말 더듬에 초점을 맞추는 많은 언어치료는 개개인의 한 문제에만 중점을 둔 반면에 여섯 가지 측면을 분해하려고 노력하면은 우리의 한가지 잘못된 외에 다른 여섯 가지를 생각해 볼 기회가 생긴다. 내경험으로 미루어 볼 때 말에만 얽매이는 것보다는 말 더듬을 구성하고 있는 여섯 가지 문제에 대해 집중한 것이 훨씬 더 생산적이었다.

언어치료사의 역할

이러한 새로운 틀에 대한 언어치료사의 역할은 무엇이 될 수 있을까? 과연 변화가 필요할까? 얼마 전 워싱턴에서 열린 NSP 십 주년 모임에서 나는 말 더듬의 육각형에 대한 세미나를 개최하고 돌아오는 길에 내 세미나에 참석했던 한 명을 공항에서 만난 적이 있었다. 그는 나에게 물었다. "언어치료사들에게 다른 많은 역할을 기대한다는 것은 현실적으로 어렵지 않습니까?" 이와 같은 질문은 아리조나 주립대학의 Don Mowrer 박사에 의해 인터넷상에서 토론 되어진 적이 있다. Mowrer 박사는 언어치료사들에게 심리학자 또는 자신감과 행동 의식을 바꿀 수 있는 그런 역할을 기대하기는 어렵다. 하지만 나 또한 동네 의원의 의사에게 비뇨기과, 심장과, 피부과 등의 전문의 역할을 기대하고 있지 않다. 동네 의원의 가정의는 문제를 파악할 수 있는 가장 중요한 창구이다. 그들은 어떤 분야에 있어서 그들만의 전문 분야를 가지고 있을 수 있겠지만 그들이 피치료자의 전체적인 문제를 이해한다는 것은 매우 중요하다. 마찬가지로 능력 있는 언어치료사는 언어치료 분야 뿐의 전문가로서만 아니라 피치료자의 말에 영향을 끼치는 다른 요인들을 파악할 필요가 있다. 그러면, 동네 의원의 가정의처럼 그가 치료할 수 없는 부분은 전문가들에게 피치료자를 보낼 수 있을 것이다. 하지만 이와 같은 일을 하기 위해서는 언어치료사는 유창성의 장애에만 초점을 맞추는 게 아니라 말 더듬의 구조에 대해서 광범위한 이해를 가지고 있어야만 한다.

요약

오랜기간동안 사람들은 말 막힘이 어떤 유전적인 요인에 의해서 생기는 어떤 현상인지를 규명하려고 노력해 왔다. 나는 말 막힘은 실제로는 한 개인의 생리학적인 반응, 행동, 감정, 인식, 믿음, 의지 등의 요인들이 복합적으로 구성되어서 생기는 현상이라고 제안한다. 이러한 구조는 정적으로 가만히 놓여있는 것이 아니고 상황에 따라 시시각각으로 변하는 매우 역동적으로 변하는 구조이다.

① 말 더듬의 육각형을 구성하고 있는 점들은 매우 역동적으로 상호연관 관계로 이루어져 있다. 만일 모든 구성 요소들이 부정적으로 향하고

있다면 말 막힘은 더욱더 심해진다. 그래서 단지 한 점을 긍정적인 방향으로 고친다고 해도 언제나 그 점은 다른 부정적인 점들의 영향으로 인해 다시 원상태로 복구된다. 마치 말 더듬 치료를 받은 후 다시 곧 재발하는 것과 마찬가지 경우다. 반면에 말이 잘 나오는 기간에는 한 개인의 신체적 정신적 상태가 긍정적으로 향하고 있다. 이와 반대로 사업에 실패하거나, 실연을 당하거나, 우연치 않은 어떤 일을 당했을 때 모든 육각형을 구성하고 있는 모든 점이 나쁜 방향으로 향해서 말 더듬이 심해지게 된다.

② 한 단어는 그 자체가 육각형의 구조를 가지고 있어서 우리가 그 단어에 대해 부정적인 감정을 가지고 있다면 그것으로 인한 나쁜 느낌을 피하기 위해 말을 막는다.

③ 우리가 말을 할 때 마음은 고성능 레이다처럼 앞에 다가올 위협된 단어를 미리 찾아내어 수백분의 일 초안에 정보를 제공한다. 거의 무의식의 상태에서 개인이 가지고 있는 감정적인, 신체적인 사회적인 위험의 인식으로부터 보호하기 위해 말 막힘이 일어난다.

④ 어떠한 상황은 항상 어떤 방향으로 고착되어 있다. 예를 들어 자기 이름을 말하는 데 어려움이 있는 사람은 반드시 자기 이름과 연관된 인식, 믿음, 감정, 그리고 의지를 살펴보아야 한다.

⑤ 감정을 막기 위한 가장 효과적인 수단은 감정을 표현하는 수단인 말을 막아 버리는 것이다. 날숨을 막고, 발성과 관련된 근육을 경직시키는 것은 가장 효과적인 말 막힘 방법이다. 말을 하려고 노력하는 동안 실행하는 Valsalva Maneuver도 말 막힘을 가져온다.

⑥ 말 반복도 원하지 않는 감정을 피하려고 하는 하나의 다른 방법이다. 말 반복은 개인이 어떠한 앞에 다가올 단어에서 말 막힘을 두려워해서 생기는 현상이다.

⑦ 발달상의 말 더듬이나, BOBULATING, 말 막힘/말 반복은 다른 원인에 의해 발생한다. 이것들이 공통된 원인을 가지고 있지 않기 때문에 서로 다른 용어로서 정의될 필요가 있다.

⑧ 개인의 인생을 긍정적인 방향으로 바꾸는 것은 육각형을 긍정적으로 바꾸어 논다. 이러한 변화의 결과로 편안하고 유창하게 말이 나오는 걸 경험하게 된다. 육각형을 둘러싼 많은 점들에게 변화를 주면 줄수록 여러분은 보다 긍정적인 구조물을 만들 수 있어 지속적으로 계속될 수 있는 유창성을 획득할 수 있게 된다.

앞의 무선 조종 장난감 차에서 설명한 것처럼 나는 언제나 말 막힘을 충동적이고 예측할 수 없이 살아 움직일 수 없는 어떤 것으로 인식해 왔었다. 나의 말 더듬으로부터의 회복은 내가 이런 애매한 생각에 도전을 하고 문을 열고 들어가서 안에 무엇이 있는지를 살펴보았을 때 말 더듬 안에 무엇이 있는지를 발견하게 되었다. 그때부터 나의 신체는 새로 정렬되었으며, 나의 감정은 차에 휘발유를 채웠고, 나의 믿음은 기어를 바꾸었으며, 나의 계획은 모든 부품들을 연결했으며, 나의 인식은 앞길을 정했다. 그리고 나의 행동은 지금의 말 더듬에서 벗어난 나로 이끌어 주었다.

편집후기

후천적인 말 더듬은 대개 유전적인 기질 또는 유년 시절 부모님이라든지 주위 가까운 사람들의 지적, 놀림, 호통, 꾸중 등으로 인해 말을 더듬으면 안 된다는 의식이 생기는 것이 성인 말 더듬의 시작이다.

말 막힘, 말 더듬의 의식이 생기면 여간해서 회복하기가 어렵다. 말을 더듬지 않고 유창하게 해야 한다는 의식이 자꾸만 더 우리의 몸을 긴장하게 하고 긴장된 몸은 더욱 말 막힘, 말 더듬의 결과를 가져오기 때문이다.

나 역시 말 더듬, 말 막힘의 열등감에 오랜 시간 시달려 왔고 아직까지도 자유롭지는 못하다. 그러나 몇 년 전 대구의 자조 모임인 '풀말 모임'에 참여하면서 모임 회원들의 긍정적인 에너지, 회복에 대한 자신감, 모임만이 가지고 있는 풀림 방법과 노하우로 인해 풀말 모임에 꾸준히 참여하고 자신만의 심리적 회복을 거치면 비록 일반인처럼 되지는 못할지언정 사회생활을 하는 데 있어서 어려움이 없는 상태로 회복이 되리라 확신을 가지게 되었다.

여러 회원들이 풀림 모임만의 고유한 치료 및 훈련방법을 통해 완치로 나아간 사례가 여럿 나오게 되었다.

비록 시간상, 공간적인 제약으로 오프라인 풀말 모임에 참여하지 못하더라도 이 책에 쓰여있는 대로 노력하고 또한 보다 깨어있는 의식을 가질 수 있도록 삶의 순간순간 적용해 간다면 오랜 시간 자신을 괴롭혀 온 말 막힘과 말 더듬 증상이 많이 호전되리라 생각한다.

다시 강조하지만, 이 책에 풀말 모임에서의 노하우와 치료 및 훈련 방법에 대해 자세히 소개하고 있으니 이를 실천하고 이와 함께 심리적인 회복까지 되도록 포기하지 말고 노력해 주시길 당부드린다.

2024년 봄을 맞이하며
풀말 모임 편집 소리

맺음말

50년 헤맨 뒤에서 비로소 말 더듬의 민낯을 알게 되었다. 고난 고통 시련의 어두운 터널을 통과하면서 말 더듬 치료의 길을 찾을 수 있었다.

수많은 실패의 과정을 거치면서 서서히 말 더듬의 실체를 깨닫게 되었다. 왜 이렇게 오랜 세월을 방황한 뒤 이제야 말 더듬의 본질을 이해하고 제대로 된 치료 방법을 알게 되었을까?

무엇보다도, 절박함과 간절함의 문제일 것이다.

사람은 죽을 만큼 힘들면 그때 서야 움직이기 시작한다. 발버둥 치면서 해결 방법을 찾기 시작한다. 그래서 시행착오라는 말이 나오지 않았는가!

인생을 살아오면서 느낀 것은 깨지는 아픔의 과정 없이는 진정한 깨달음을 얻기 어렵다는 것이다. 어설픈 지식이나 깨달음으로는 자기 자신을 변화시킬 수가 없다는 사실이다.

인생은 노력을 통해서 많은 걸 얻을 수 있고, 심지어 노력 여하에 따라 인생 자체를 개조할 수도 있을 것이다.

그런데, 죽을 둥 살 둥 노력해도 안 되는 게 있다는 사실을 알게 되었다. 오히려 몸을 더 경직시키고 상황을 더 악화시킬 수도 있다는 것을… 그것도 처절하게 실패를 한 뒤에야 깨닫게 되었다. 그건 바로 말 더듬 치료였다.

"세상에 노력해도 안 되는 게 있구나"라는 것을 뼈저리게 체험하게 되었다. "노력은 배신하지 않는다."라는 말은 말 더듬 치료에는 해당하지 않는다는 사실도 알게 되었다.

몇 년 동안 내 삶의 모든 걸 갈아 넣었지만, 야심 찬 도전은 처절한 실패로 막을 내리게 되었다.

우울증, 무기력증, 불면증의 3종 세트가 인생을 이리저리 마구 흔들고 낭떠러지로 내몰았다. 그때 나를 일으켜 세운 건 바로 대구 풀말 모임이었다. 여기서 에너지를 얻고 돌파구를 찾을 수 있었다.

대구 풀말 모임을 만난 건 내 인생 최고의 축복 중 하나라고 생각한다.

이곳을 만나지 않았더라면 내 인생은 아직도 여기저기 휘둘리고 헤매는 인생을 살아가고 있을 것이다.

풀말 모임 회원들은 대한민국 거의 모든 학원, 거의 모든 방법을 아마도 시도했을 것이다.

그래서 말이 왜 막히고, 왜 더듬는지에 대한 정확한 메커니즘을 알아낼 수 있었고 수많은 시행착오와 훈련 끝에 효과적인 치료 로드맵을 만들어낼 수 있었다.

물론, 이 방법이 최고라고 감히 말하지는 않는다. 하지만 지금까지는 최고인 것 같다.

노력이라는 것은 정확한 방법을 알고 시도해야 한다. 그렇지 않으면 몸도 상하고 마음도 함께 무너져 내릴 수 있다.

무엇보다 말 더듬 치료는 정확한 방법을 먼저 알고 접근해야 한다. 의욕만 가지고 시도하면 처절한 실패를 할 수 있는 게 말 더듬 치료이다.

이 책에 있는 치료 방법과 훈련 방법을 정확히 터득하고 실천하여 자신의 것으로 만들어 나가기를 바란다.

여기의 글은 회원분들의 피와 땀과 고통의 눈물이 녹아있다는 것을 기억해 주길 바란다.

이 책이 나올 수 있도록 오랜 시간 준비하고 에너지를 쏟아부은 회장님 이하 모든 풀말 회원들께 진심으로 감사를 드린다.

아무튼 이 책의 내용을 잘 취사선택하여 말 더듬의 터널에서 빠져나오길 바란다.

더 이상 말 더듬에 휘둘리지 않는 삶, 말 더듬에 끌려다니지 않는 삶, 주체적인 삶 즉 주인공의 삶을 살아가기를 간절히 바란다.

인생은 태어나서 죽을 때까지 선택을 해야 한다.

최선이 아니더라도 차선은 선택해야만 한다. 선택하지 않으면 선택당하는 최악의 인생을 살아야 한다.

하루하루 행동하는 삶, 실천하는 삶을 선택하기를 학수고대하면서….

2024년 3월 어느 날
화려하게 개화하는 목련과 벚꽃을 기다리며…
퍼니가이 씀